BACKEN,
DESSERTS & CO.

Parragon Books Ltd
Queen Street House
4 Queen Street
Bath BA1 1HE, UK

Satz und Redaktion: trans texas publishing, Köln

ISBN 978-1-4454-7679-7

Printed in China

HINWEIS

Sind Zutaten in Löffelmengen angegeben, ist immer ein gestrichener Löffel gemeint. Ein Teelöffel entspricht 5 ml, ein Esslöffel 15 ml.

Sofern nichts anderes angegeben ist, wird Vollmilch (3,5 % Fett) verwendet.

Bei Eiern und einzelnen Gemüsesorten, z. B. Kartoffeln, verwenden Sie mittelgroße Exemplare. Pfeffer sollte stets frisch gemahlen sein.

Sofern die Schale von Zitrusfrüchten benötigt wird, verwenden Sie unbedingt unbehandelte Früchte.

Kinder, ältere Menschen, Schwangere, Kranke und Rekonvaleszenten sollten auf Gerichte mit rohen oder nur leicht gegarten Eiern verzichten.

Für jeden Geschmack und jede Gelegenheit das passende Rezept

BACKEN, DESSERTS & CO.

Parragon

Bath • New York • Singapore • Hong Kong • Cologne • Delhi
Melbourne • Amsterdam • Johannesburg • Auckland • Shenzhen

Inhalt
Backen süß & herzhaft

Leckereien mit Schokolade

Backen

süß & herzhaft

Einführung

Vielleicht haben Sie sich ans Backen bisher nicht herangetraut und Brot, Kleingebäck, Plätzchen und Kuchen lieber in der Bäckerei oder im Supermarkt eingekauft – aber mit ein paar Grundkenntnissen und „Tricks" kann Selberbacken nicht nur Spaß machen, sondern auch exzellente Ergebnisse hervorbringen. Wenn Sie dabei die folgenden einfachen Grundregeln beachten, steht dem Erfolg Ihrer Backkarriere nichts mehr im Weg!

• Rezepte sorgfältig durchlesen und die richtigen Zutaten verwenden. Wer z. B. das Backpulver vergisst, muss sich nicht wundern, wenn der Kuchen nicht aufgeht!

• Den Backofen immer rechtzeitig auf die richtige Temperatur vorheizen.

• Die geeignete Backform verwenden, weil die Mengenangaben im Rezept exakt darauf ausgelegt sind.

• Vor dem Backen alle erforderlichen Geräte vorbereiten – z. B. Formen bzw. Backbleche nach Bedarf einfetten oder mit Backpapier auslegen.

• Alle Zutaten genau abwiegen bzw. abmessen und Zubereitungsschritte wie Hacken, Schneiden oder Raspeln vorab ausführen.

• Folgen Sie den Rezeptanweisungen Schritt für Schritt in der angegebenen Reihenfolge. Hochwertige Zutaten garantieren die besten Ergebnisse – Kuchen werden mit Roh- bzw. Farinzucker besonders lecker; herzhafte Ofengerichte gelingen mit frischem Gemüse, Fisch und Fleisch mit Herkunftsbezeichnung und kalt gepresstem Olivenöl am besten.

Mürbeteig

• Für Quiches und Tortenböden aus Mürbeteig sind Metallformen besser geeignet als solche aus Porzellan.

• Butter oder Margarine klein geschnitten bei Zimmertemperatur verarbeiten.

• Zum Anmischen eiskaltes Wasser verwenden.

• Teig am besten mit kühlen Zutaten und kalten Händen zubereiten.

• Trockenzutaten in eine Schüssel sieben, um einen lockeren Teig zu erhalten.

• Teig in Klarsichtfolie wickeln und vor der Weiterverarbeitung 30 Minuten im Kühlschrank ruhen lassen.

Brot

• Vorausplanen: Die meisten Rezepte umfassen ein bis zwei Aufgehphasen, in denen man den Teig warm stellt, bis sich sein Volumen verdoppelt hat.

• Zu kühles Mehl vor der Verarbeitung im Backofen bei niedriger Temperatur erwärmen.

• Flüssigkeit sollte lauwarm sein, um die Hefe zu aktivieren.

• Teig kneten: Mit einer Hand von sich weg, mit der anderen zu sich hin dehnen, dann die Ränder nach innen schlagen, den Teig um 90° drehen und wiederholen.

• Gar-Test: Von unten gegen das Brot klopfen – klingt es hohl, ist es fertig.

Kuchen

• Aus Spring- und Latexformen lässt sich Kuchen leichter lösen.

• Vor der Teigzubereitung alle Zutaten auf Zimmertemperatur bringen.

• Butter und Zucker am besten mit einem elektrischen Handrührer schaumig rühren.

• Trockenzutaten vorsichtig mit einem Metalllöffel oder einem Teigspachtel in Form einer 8 unterziehen. So kommt Luft in den Teig, die den Kuchen lockerer macht.

• Ist ein Kuchen durch, gibt er unter leichtem Druck federnd nach, und an einem in die Kuchenmitte gesteckten Metallspießchen klebt beim Herausziehen kein Teig mehr.

Grundrezepte

Einfacher Mürbeteig

ERGIBT 1 TORTENBODEN
(20 cm Ø)

175 g Mehl, plus etwas mehr zum Bestäuben
100 g kalte Butter oder Margarine, in kleinen Stücken
1 Prise Salz
1 Eigelb, mit 1–2 EL Wasser verrührt

Die Zubereitung von Mürbeteig ist recht einfach. Jedoch sollte man bei der Herstellung zügig vorgehen. Insbesondere wenn man fetthaltigen Teig zu lange knetet, wird er bröckelig.

1 Das Mehl in eine große Schüssel sieben. Butter oder Margarine zugeben und alles mit den Fingerspitzen feinkrümelig verreiben. Der Knethaken eines elektrischen Handrührgeräts ist nicht gut geeignet, da der Teig nicht flüssig genug ist.

2 Nacheinander Salz und Eigelb einrühren. Alles zu einem festen Teig kneten. In Frischhaltefolie einschlagen und 1 Stunde 30 Minuten in den Kühlschrank legen.

3 Den Teig auf einer leicht bemehlten Arbeitsfläche ausrollen. Den Boden der Form auf den Teig legen und mit einem scharfen Messer den Kreis ausschneiden. Die Form damit auslegen. Die restlichen Teigstreifen für den Rand der Form verwenden. Dann gemäß dem jeweiligen Rezept weiterverarbeiten.

Süßer Mürbeteig

ERGIBT 1 TORTENBODEN
(20 cm Ø)

225 g Mehl
115 g Butter
100 g Zucker
1 Eigelb
5 Tropfen Vanillearoma
etwas Wasser

Auf dieselbe Weise wie einfachen Mürbeteig zubereiten, aber nach dem Verreiben von Butter und Mehl den Zucker unterkneten. Eigelb und Vanillearoma einarbeiten und alles zu einem glatten Teig verkneten. Eventuell mehr Wasser zugeben.

Für das Blindbacken den Boden an einigen Stellen einstechen und mit Backpapier auslegen. Mit Backbohnen oder getrockneten Hülsenfrüchten beschweren, damit der Rand nicht zusammenfällt. 10–15 Minuten backen, bis der Teig fest ist.

Blätterteig

Die Herstellung von Blätterteig ist recht aufwändig. Als Grundregel gilt, dass Butter und Teig nicht miteinander verknetet werden. Stattdessen wir die Butter in Schichten aufgetragen. Hier ein Rezept für schnellen Blätterteig.

ERGIBT 6 TÖRTCHEN
(12 cm Ø)

175 g Mehl

⅛ l Wasser

¼ TL Salz

200 g Butter, gewürfelt

1 Das Mehl auf die Arbeitsplatte sieben und eine Vertiefung hineindrücken. Wasser und Salz zufügen, die Butter auf dem Rand des Mehls verteilen.

2 Alles zügig zu einem Teig verarbeiten, dabei die Butterwürfel in Klümpchen erhalten und nicht mit dem Mehl verkneten.

3 Den Teig zu einer Platte von 15 cm x 30 cm ausrollen. Die langen Seiten zur Mitte hin einschlagen, dann noch einmal zusammenklappen, sodass drei Schichten entstehen. 5 Minuten in den Kühlschrank legen. Aus dem Kühlschrank herausnehmen und auf die ursprüngliche Größe ausrollen. Dreimal wiederholen. Je nach Rezept weiter verarbeiten.

Biskuitboden

ERGIBT 1 TORTENBODEN
(20 cm Ø)

4 Eigelb
180 g Zucker
1 Päckchen Vanillezucker
4 Eiweiß
3–4 EL Wasser
250 g Mehl
3 gestrichene TL Backpulver

Den Backofen auf 180 °C vorheizen. Den Boden einer Springform einfetten und mit Mehl bestäuben. Eigelb, die Hälfte des Zuckers und Vanillezucker schaumig rühren. Eiweiß mit Wasser steif schlagen, dabei den restlichen Zucker zugeben. Den Eischnee unter die Eigelbmischung geben, Mehl und Backpulver darüber sieben und leicht unterziehen. Den Teig in die Springform geben und 25–30 Minuten backen.Den Boden aus dem Ofen nehmen, aus der Form lösen und 2 Stunden ruhen lassen.

Desserts

In den Augen überzeugter Nachtischliebhaber gehört zu jedem Menü als krönender Abschluss eine verlockende Süßspeise. Hierbei müssen genussvolles Schlemmen und gesunde Zutaten kein Widerspruch sein. Viele Rezepte in diesem Kapitel werden mit Früchten zubereitet – ideale Zutaten für gesunde Desserts mit äußerst verführerischem Aroma –, wie z. B. Brombeerauflauf (s. S. 21), Himbeertürmchen (s. S. 18), Zarte Obstnester (s. S. 26), Tarte Tatin mit Äpfeln (s. S. 24) und Gebackene Bananen (s. S. 46). Besonders köstliche Nachspeisen lassen sich auch mit Nüssen backen, so etwa Käsekuchen mit Pinienkernen (s. S. 32).

Königinnen-Dessert

Für 8 Personen

600 ml Milch
25 g Butter
225 g feiner Zucker
geriebene Schale von 1 Orange
4 Eier, getrennt
75 g Semmelbrösel
1 Prise Salz
6 EL Orangenmarmelade

TIPP
Wer die Baiserkruste etwas knuspriger mag, kann die Backzeit um 5 Minuten verlängern.

VARIATION
Semmelbrösel durch die gleiche Menge Biskuitteigbrösel ersetzen und Himbeer-, Erdbeer- oder Aprikosenmarmelade anstelle der Orangenmarmelade verwenden.

1 Eine Auflaufform mit ca. 1½ l Inhalt einfetten.

2 Milch, Butter, 50 g Zucker und die Orangenschale in einem Topf erwärmen.

3 Das Eigelb in einer Schüssel verquirlen. Die Milchmischung unter ständigem Rühren nach und nach zugeben.

3

4 Anschließend die Semmelbrösel einrühren. Die fertige Creme in die vorbereitete Form geben und 15 Minuten ruhen lassen.

5 Die Creme bei 180 °C im vorgeheizten Backofen 20–25 Minuten backen, bis sie stockt. Dann aus dem Ofen nehmen, den Ofen aber nicht ausschalten.

6 Das Eiweiß salzen und steif schlagen. Nach und nach den restlichen Zucker unterrühren.

6

7 Die Orangenmarmelade auf der gebackenen Creme verteilen, dann mit dem Eischnee vollständig bedecken.

7

8 Das Dessert weitere 20 Minuten im noch warmen Ofen backen, bis der Eischnee knusprig und leicht gebräunt ist.

Bread & Butter Pudding

Für 6 Personen

60 g Butter
4–5 Scheiben Weiß- oder Graubrot
4 EL Orangenmarmelade mit Stücken
geriebene Schale von 1 Zitrone
90–125 g Rosinen oder Sultaninen
40 g Orangeat und Zitronat, gehackt
1 TL gemahlener Zimt oder Apfelstrudelgewürz
1 Kochapfel, geschält, entkernt und grob gerieben
90 g hellbrauner Zucker
3 Eier
500 ml Milch
2 EL Farinzucker

1 Eine feuerfeste Form mit Butter einfetten und die Brotscheiben mit Butter bestreichen. Dann die Marmelade auf das Brot geben.

2 Die Form mit dem Brot auslegen und die Zitronenschale, die Hälfte der Rosinen oder Sultaninen, die Hälfte des Orangeats und Zitronats, die Gewürze, den ganzen Apfel und die Hälfte des Zuckers darüber streuen.

3 Noch 1 Schicht Brot darüber legen. Eventuell zurechtschneiden, damit es in die Form passt.

4 Fast alle restlichen Rosinen oder Sultaninen, Schale, Gewürze und hellbraunen Zucker gleichmäßig über das Brot streuen. Gegebenenfalls das Brot wieder passend schneiden.

5 Eier und Milch leicht verquirlen und die Mischung vorsichtig über das Brot gießen. Falls möglich, 20–30 Minuten ziehen lassen.

6 Farinzucker über den Pudding geben, die restlichen Rosinen oder Sultaninen darüber streuen und im vorgeheizten Backofen bei 200 °C 50–60 Minuten goldbraun backen. Sofort heiß servieren oder abkühlen lassen und kalt servieren.

2

5

6

Evas Apfelauflauf

Für 6 Personen

450 g Kochäpfel, geschält, entkernt
75 g Kristallzucker
1 EL Zitronensaft
50 g Sultaninen
75 g Butter
75 g feiner Zucker
1 Ei, verquirlt
150 g Mehl
1½ TL Backpulver
3 EL Milch
25 g gehobelte Mandeln
Vanillesauce oder Schlagsahne

TIPP

Für mehr Mandelgeschmack 25 g gemahlene Mandeln mit dem Mehl in Schritt 4 vermengen.

1 Äpfel in Scheiben schneiden. Eine Auflaufform (900 ml Inhalt) einfetten.

2 Äpfel, Kristallzucker, Zitronensaft und Sultaninen mischen und in die vorbereitete Form geben.

3 Butter und feinen Zucker schaumig schlagen. Dann nach und nach das Ei zugeben.

4 Mehl und Backpulver mischen und vorsichtig unter die Buttermischung heben. Dann die Milch einrühren, bis ein sehr weicher Teig entsteht.

5 Den Teig über die Äpfel geben und mit den Mandeln bestreuen.

6 Den Auflauf bei 180 °C im vorgeheizten Backofen 40–45 Minuten goldbraun backen.

7 Heiß mit Vanillesauce oder Schlagsahne servieren.

2

4

5

Himbeertürmchen

Für 8 Personen

175 g Mehl
2 TL Backpulver
100 g Butter, in kleinen Stücken
75 g Zucker
1 Eigelb
1 EL Rosenwasser
600 g Sahne, leicht geschlagen
225 g Himbeeren
DEKORATION
Puderzucker
Himbeeren und frische Minzeblätter, zum Garnieren

TIPP
Man kann die Böden einige Tage zuvor backen und in einem luftdichten Behälter lagern.

VARIATION
Mit Erdbeeren oder frischen Pfirsichspalten anstelle der Himbeeren schmeckt der Kuchen ebenfalls köstlich.

1 Mit etwas Butter 2 Backbleche leicht einfetten.

2 Für den Teig Mehl und Backpulver in eine Schüssel sieben.

3 Die Butter mit den Fingern in der Mehlmischung verreiben, bis ein krümeliger Teig entsteht.

3

4 Zucker, Eigelb und Rosenwasser einrühren und zu einem weichen Teig verarbeiten. Den Teig in zwei Hälften teilen.

4

5 Beide Teighälften zu runden Scheiben von etwa 20 cm Ø ausrollen, auf die vorbereiteten Backbleche legen und an den Rändern leicht einkräuseln.

5

6 Bei 190 °C im vorgeheizten Backofen 15 Minuten backen, bis beide Böden leicht gebräunt sind. Dann auf einem Rost abkühlen lassen.

7 Die Himbeeren unter die Sahne heben, und die Mischung auf einen der Kuchenböden streichen. Mit dem zweiten Boden abdecken und mit etwas Puderzucker bestreuen. Mit einigen Himbeeren und Minzeblättern dekorieren.

Fruchtnockerln

Für 6 Personen

1 kg Pflaumen, entsteint und in Spalten geschnitten
100 g feiner Zucker
1 EL Zitronensaft
250 g Mehl
75 g Kristallzucker
2 TL Backpulver
1 Ei, verquirlt
150 ml Buttermilch
75 g Butter, zerlassen und abgekühlt
Schlagsahne, zum Servieren

1 Eine Auflaufform (ca. 2 l Inhalt) leicht einfetten.

2 Pflaumen, feinen Zucker, Zitronensaft und 25 g Mehl in einer großen Schüssel vorsichtig vermengen.

3 Die so entstandene Mischung in der vorbereiteten Form gleichmäßig verteilen.

4 Das restliche Mehl, den Kristallzucker und das Backpulver in einer Schüssel vermengen.

5 Ei, Buttermilch sowie Butter zugeben und vorsichtig unterrühren, bis ein glatter Teig entsteht.

6 Den Teig löffelweise über die Pflaumenmischung geben, bis diese fast bedeckt ist.

7 Die Nockerln bei 190 °C im vorgeheizten Backofen 35–40 Minuten goldbraun backen.

8 Noch heiß mit einer Portion Schlagsahne servieren.

3

5

6

Brombeerauflauf

Für 4 Personen

450 g Brombeeren
75 g feiner Zucker
1 Ei
75 g brauner Zucker
75 g Butter, zerlassen
8 EL Milch
125 g Mehl
$1^{1}/_{4}$ TL Backpulver

1 Eine Auflaufform (ca. 900 ml Inhalt) einfetten.

2 Die Brombeeren und den feinen Zucker in einer großen Schüssel vorsichtig gründlich vermengen.

3 Die so entstandene Mischung in die vorbereitete Form geben.

4 Das Ei und den braunen Zucker verquirlen. Dann die Butter und die Milch einrühren.

5 Mehl und Backpulver mischen, in die Milchmischung sieben und vorsichtig zu einem glatten Teig verarbeiten.

6 Den Teig über die gezuckerten Brombeeren geben, sodass die Früchte ganz bedeckt sind.

7 Den Auflauf bei 180 °C im vorgeheizten Backofen 25–30 Minuten goldbraun backen.

8 Mit ein wenig Zucker bestreuen und noch heiß servieren.

Sirup-Sahne-Kuchen

Für 8 Personen

250 g Einfacher Mürbeteig (s.S. 10)
350 g heller Sirup
125 g frische Semmelbrösel
125 g Schlagsahne
geriebene Schale von ½ Zitrone oder Orange
2 EL Zitronen- oder Orangensaft
Vanillesauce, zum Servieren

TIPP

Das Abmessen von Sirup ist schwierig, weil er klebrig ist. Von einem vorher in heißes Wasser getauchten Löffel löst er sich leichter und vollständiger.

VARIATION

Mit dem zurückbehaltenen Teig können Sie auch ein Gittermuster gestalten.

1 Den Teig ausrollen und in eine Springform (20 cm Ø) einpassen; überschüssigen Teig für die Dekoration zurückbehalten. Den Teig in der Form mehrmals mit einer Gabel einstechen. Dann 30 Minuten kalt stellen.

2 Mit einem scharfen Messer oder einer kleinen Ausstechform beliebige Figuren wie Blätter, Herzen oder Sterne als Dekoration aus dem zurückbehaltenen Teig formen.

3 Sirup, Semmelbrösel, Sahne, Zitronen- oder Orangenschale und -saft in einer Schüssel verrühren.

2

4 Diese Mischung auf den gekühlten Teig in die Form geben und die Oberfläche rundum mit den vorbereiteten Figuren belegen.

5 Den Kuchen bei 190 °C im vorgeheizten Backofen 35–40 Minuten backen, bis die Füllung fest ist.

6 Den fertigen Kuchen abkühlen lassen, aus der Form nehmen und mit Vanillesauce servieren.

3

4

Tarte Tatin

Für 8 Personen

125 g Butter

125 g feiner Zucker

4 Äpfel, entkernt und geviertelt

250 g Einfacher Mürbeteig (s. S. 10)

Crème fraîche, zum Servieren

1 Butter und Zucker in einer feuerfesten Pfanne (24 cm Ø) bei mittlerer Hitze etwa 5 Minuten erwärmen, bis die Mischung karamellisiert. Dann sofort vom Herd nehmen.

2 Die Apfelviertel mit der Schale nach unten in die Pfanne legen. (Vorsicht, sie ist sehr heiß!) Die Pfanne wieder auf den Herd stellen und die Äpfel 2 Minuten köcheln lassen.

3 Den Teig auf einer leicht bemehlten Arbeitsfläche zu einer runden Scheibe ausrollen, die etwas größer als die Pfanne ist.

4 Den Teig auf die Äpfel legen, andrücken und die Enden so einschlagen, dass die Äpfel bedeckt sind.

5 Die Tarte bei 200 °C im vorgeheizten Backofen 20–25 Minuten goldbraun backen. Dann herausnehmen und 10 Minuten abkühlen lassen.

6 Die Tarte auf einen Teller stürzen, sodass die Äpfel nun obenauf sind. Noch warm mit Crème fraîche servieren.

2

4

Obststreusel

Für 8 Personen

TEIG
150 g Mehl
25 g feiner Zucker
125 Butter, in kleinen Stücken
1 EL Wasser

FÜLLUNG
250 g Himbeeren
450 g Pflaumen, entsteint und in Spalten geschnitten
3 EL Farinzucker

STREUSEL
125 g Mehl
75 g Farinzucker
100 g Butter, in kleinen Stücken
100 g gemischte Nüsse, gehackt
1 TL Zimt
Schlagsahne, zum Servieren

1 Für den Teig Mehl und Zucker mischen und in eine Schüssel geben. Die Butter darin mit den Fingern verreiben. Wasser zufügen und zu einem weichen Teig verarbeiten. In Frischhaltefolie wickeln und 30 Minuten kalt stellen.

1

3

2 Anschließend den Teig ausrollen und in eine Springform (24 cm Ø) einpassen. Mit einer Gabel einstechen und erneut 30 Minuten kalt stellen.

3 Für die Füllung Himbeeren, Pflaumen und Zucker mischen und auf dem Teig in der Springform verteilen.

4 Für die Streusel Mehl, Zucker und Butter mit den Fingern vermengen, bis eine krümelige Mischung entsteht. Dann Nüsse und Zimt zugeben.

5

5 Die Streusel über die Früchte streuen, und den so vorbereiteten Kuchen bei 200 °C im vorgeheizten Backofen 20–25 Minuten goldbraun backen. Abkühlen lassen und mit Schlagsahne servieren.

Zarte Obstnester

Für 4 Personen

1 Dessertapfel

1 reife Birne

2 EL Zitronensaft

60 g Butter oder Margarine

4 rechteckige Filo-Teigplatten

2 EL Diät-Aprikosenmarmelade

1 EL ungesüßter Orangensaft

1 EL ungesalzene Pistazien, fein gehackt

2 TL Puderzucker, zum Bestäuben

Vanillesauce, zum Servieren

TIPP

Die Filo-Teigplatten bis zur Verwendung mit einem sauberen, feuchten Küchentuch abdecken, weil sie sonst leicht austrocknen.

VARIATION

Andere Obstkombinationen sind ebenso lecker. Probieren Sie Pfirsich und Aprikose, Himbeere und Apfel oder Ananas und Mango.

1 Apfel und Birne entkernen, in dünne Scheiben schneiden und mit Zitronensaft beträufeln, um Bräunen zu verhindern.

2 Butter oder Margarine in einem kleinen Topf bei schwacher Hitze zerlassen. Die Filo-Teigplatten in Viertel schneiden und mit einem sauberen, feuchten Handtuch bedecken. 4 beschichtete Törtchenformen (10 cm Ø)

2

mit der zerlassenen Butter oder Margarine einfetten.

3 Pro Nest 4 Teigplatten einfetten. In jede Form 1 Platte drücken. Die 3 anderen jeweils leicht versetzt darauf legen. Mit dem restlichen Teig die weiteren 3 Nester zusammenfügen.

3

4 Apfel- und Birnenscheiben abwechselnd in die Nester schichten, die Teigränder leicht nach innen biegen.

4

5 Marmelade und Orangensaft glatt rühren und auf das Obst streichen. Bei 200 °C im vorgeheizten Backofen 12–15 Minuten backen.

6 Mit den Pistazien bestreuen, mit Puderzucker bestäuben und heiß mit Vanillesauce servieren.

Sahnekuchen

Für 8 Personen

TEIG
150 g Mehl
25 g Zucker
125 g Butter, in kleinen Stücken
1 EL Wasser
FÜLLUNG
3 Eier
150 g Schlagsahne
150 ml Milch
frisch geriebene Muskatnuss

1 Für den Teig Mehl und Zucker in einer Schüssel mischen. Die Butter mit den Fingern darin verreiben.

2 Das Wasser zufügen und zu einem weichen Teig verarbeiten. In Frischhaltefolie wickeln und 30 Minuten kalt stellen.

3 Den abgekühlten Teig auf einer leicht bemehlten Arbeitsfläche zu einer runden Scheibe von etwas mehr als 24 cm Ø ausrollen.

4 In eine Springform (24 cm Ø) einpassen. Überstehende Enden entfernen, den Boden mit einer Gabel einstechen und 30 Minuten kühlen.

5 Anschließend mit Backpapier und Backbohnen bedecken.

6 Im vorgeheizten Ofen bei 190 °C 15 Minuten blindbacken. Papier und Bohnen entfernen, dann den Teig weitere 15 Minuten backen.

7 Für die Füllung alle Zutaten verquirlen. Auf dem Teig verteilen und weitere 25–30 Minuten backen, bis die Füllung stockt. Auskühlen lassen und servieren.

Gefüllte Kipferl

Für 4 Personen

TEIG
500 g Mehl
150 g Butter, plus etwas mehr, zum Einfetten
150 g Zucker
4 Eier
25 g Hefe
125 ml warme Milch

FÜLLUNG
200 g Kastanienpüree
60 g Kakaopulver
60 g Zucker
60 g Mandeln, gehackt
60 g Amaretti, zerbröselt
180 g Orangenmarmelade

1 Das Mehl für den Teig in eine Rührschüssel sieben, dann mit Butter, Zucker und 3 Eiern verrühren.

2 Hefe und Milch in einer kleinen Schüssel verquirlen und in den Teig mischen.

3 Den Teig 20 Minuten kneten, mit einem sauberen Tuch abdecken und 1 Stunde an einem warmen Ort gehen lassen.

4 Kastanienpüree, Kakaopulver, Zucker, Mandeln, Amaretti und Orangenmarmelade in einer Schüssel mischen.

5 Ein Backblech einfetten und die Arbeitsfläche leicht bemehlen.

6 Den Teig dünn ausrollen und mit einem glatten Ausstecher 5 cm große Scheiben ausstechen.

7 Je 1 Teelöffel Füllung auf jede Scheibe geben, dann den Teig in der Mitte einschlagen und die Ränder festdrücken. Die Kipferl mit reichlich Zwischenraum auf dem Backblech verteilen.

8 Das letzte Ei verquirlen und die Kipferl damit rundum bestreichen. 20 Minuten im vorgeheizten Backofen bei 180 °C goldgelb backen. Heiß servieren.

Zitronenkuchen

Für 8 Personen

TEIG

150 g Mehl

25 g Zucker

125 g Butter, in kleinen Stücken

1 EL Wasser

FÜLLUNG

150 g Schlagsahne

100 g Zucker

4 Eier

geriebene Schale von 3 Zitronen

180 ml Zitronensaft

Puderzucker, zum Bestäuben

TIPP

Zuerst nur die Hälfte der Füllung auf den Teigboden gießen, die Form in den Ofen stellen und die restliche Füllung hineingießen.

1 Für den Teig Mehl und Zucker in einer Schüssel mischen. Die Butter mit den Fingern darin verreiben. Das Wasser zufügen und alles zu einem weichen Teig verarbeiten. Den Teig in Frischhaltefolie wickeln und 30 Minuten kalt stellen.

2 Den Teig auf einer leicht bemehlten Arbeitsfläche ausrollen und in eine Springform (24 cm Ø) einpassen. Den Boden mit einer Gabel einstechen und weitere 30 Minuten kalt stellen.

3 Den Teig mit Backpapier und Backbohnen bedecken und bei 190 °C im vorgeheizten Backofen 15 Minuten blindbacken. Backpapier und Bohnen entfernen und den Teig weitere 15 Minuten backen.

4 Für die Füllung Sahne, Zucker, Eier, Zitronenschale und Saft verquirlen. Die fertige Mischung auf dem Teig in der Springform verteilen und die Form auf ein Backblech stellen.

5 Den Kuchen 20 Minuten backen, bis die Füllung stockt. Anschließend gut abkühlen lassen und vor dem Servieren mit Puderzucker bestäuben.

Käsekuchen mit Pinienkernen

Für 8 Personen

TEIG

150 g Mehl

25 g Zucker

125 g Butter, in kleinen Stücken

1 EL Wasser

FÜLLUNG

350 g Quark

4 EL Schlagsahne

3 Eier

125 g Zucker

geriebene Schale von 1 Orange

100 g Pinienkerne

Puderzucker, zum Bestäuben

1 Für den Teig Mehl und Zucker in einer Schüssel mischen. Die Butter mit den Fingern darin verreiben. Das Wasser zufügen und alles zu einem weichen Teig verarbeiten. Den Teig in Frischhaltefolie wickeln und 30 Minuten kalt stellen.

2 Den Teig auf einer leicht bemehlten Arbeitsfläche ausrollen und in eine Springform (24 cm Ø) einpassen. Den Boden mit einer Gabel einstechen und erneut 30 Minuten kalt stellen.

3 Den Teig mit Backpapier und Backbohnen bedecken und bei 190 °C im vorgeheizten Backofen 15 Minuten blindbacken. Papier und Backbohnen entfernen und den Teig weitere 15 Minuten backen.

4 Für die Füllung Quark, Sahne, Eier, Zucker, Orangenschale und die Hälfte der Pinienkerne vermengen. Auf dem Teigboden verteilen und mit den restlichen Pinienkernen bestreuen.

1

2

4

5 Den Kuchen bei 170 °C im vorgeheizten Backofen 35 Minuten backen, bis die Füllung fest geworden ist. Aus dem Ofen nehmen, abkühlen lassen und vor dem Servieren mit Puderzucker bestäuben.

VARIATION

Sie können die Pinienkerne auch durch Mandelblättchen ersetzen.

Orangenkuchen

Für 6–8 Personen

TEIG
150 g Mehl
25 g Zucker
125 g Butter, in kleinen Stücken
1 EL Wasser

FÜLLUNG
geriebene Schale von 2 Orangen
140 ml Orangensaft
50 g frische Semmelbrösel
2 EL Zitronensaft
150 g Schlagsahne
50 g Butter
50 g Zucker
2 Eier, getrennt
Salz

ZUM SERVIEREN
Schlagsahne
Orangenschale, in Zesten

1 Für den Teig Mehl und Zucker in einer Schüssel mischen. Die Butter mit den Fingern darin verreiben. Wasser zufügen und alles zu einem weichen Teig verarbeiten. Den Teig in Frischhaltefolie wickeln und 30 Minuten kalt stellen.

4

5

2 Den Teig auf einer leicht bemehlten Arbeitsfläche ausrollen und in eine Springform (24 cm Ø) einpassen. Den Boden mit einer Gabel einstechen und erneut 30 Minuten kalt stellen.

3 Den Teig mit Backpapier und Backbohnen bedecken und bei 190 °C im vorgeheizten Backofen 15 Minuten blindbacken. Papier und Bohnen entfernen und weitere 15 Minuten backen.

4 Für die Füllung Orangenschale, -saft und Semmelbrösel in einer Schüssel mischen. Zitronensaft und Sahne zugießen. Butter und Zucker in einem kleinen Topf vorsichtig erhitzen, bis sich der Zucker auflöst. Vom Herd nehmen, Eigelb, 1 Prise Salz und die Zitrusmischung einrühren.

5 Das Eiweiß mit 1 Prise Salz steif schlagen und unter die Zitrusmischung heben.

6 Die Füllung auf dem Teig verteilen. Im vorgeheizten Backofen bei 170 °C 45 Minuten backen, bis die Füllung fest wird. Kurz abkühlen lassen und mit Schlagsahne und Orangenzesten servieren.

Kokoscremekuchen

Für 6–8 Personen

TEIG

150 g Mehl

25 g Zucker

125 g Butter, in kleinen Stücken

1 EL Wasser

FÜLLUNG

425 ml Milch

125 g Kokoscreme

3 Eigelb

125 g Zucker

50 g Mehl, gesiebt

25 g Kokosraspel

25 g kandierte Ananas, gehackt, plus etwas mehr, zum Garnieren

2 EL Rum oder Ananassaft

300 g Sahne, geschlagen

1 Für den Teig Mehl und Zucker in einer Schüssel mischen. Die Butter mit den Fingern darin verreiben. Wasser zufügen und zu einem weichen Teig verarbeiten. In Frischhaltefolie wickeln und 30 Minuten kalt stellen.

2 Den Teig ausrollen, in eine Springform (24 cm Ø) einpassen, den Boden mit einer Gabel einstechen und erneut 30 Minuten kalt stellen.

3 Anschließend mit Backpapier und Backbohnen bedecken und bei 190 °C im vorgeheizten Backofen 15 Minuten blindbacken. Papier und Bohnen entfernen und 15 Minuten backen. Dann abkühlen lassen.

4 Für die Füllung Milch und Kokoscreme unter Rühren erhitzen, bis die Kokoscreme schmilzt. Vom Herd nehmen.

5 Eigelb und Zucker schaumig schlagen. Mehl einstreuen, Kokosmilch einrühren, die Mischung wieder auf den Herd stellen, 8 Minuten unter Rühren einkochen, dann abkühlen lassen.

6 Kokosraspel, Ananas und Rum einrühren. Die Mischung auf dem Teig verteilen, mit Schlagsahne bestreichen, mit den restlichen Ananasstücken dekorieren, abkühlen und servieren.

Aprikosen-Cranberry-Kuchen

Für 8 Personen

TEIG

150 g Mehl

25 g Zucker

125 g Butter, in kleinen Stücken

1 EL Wasser

FÜLLUNG

200 g Butter

200 g Zucker

1 Ei

2 Eigelb

40 g Mehl, gesiebt

175 g gemahlene Mandeln

4 EL Schlagsahne

400 g Aprikosenhälften aus der Dose, abgetropft

125 g frische Cranberries

1 Für den Teig Mehl und Zucker in einer Schüssel mischen. Die Butter mit den Fingern darin verreiben. Wasser zufügen und alles zu einem weichen Teig verarbeiten. Den Teig in Frischhaltefolie wickeln und 30 Minuten kalt stellen.

2 Den Teig ausrollen und in eine Springform (24 cm Ø) einpassen. Den Boden mit einer Gabel einstechen und erneut 30 Minuten kalt stellen.

3 Den Teig mit Backpapier und Backbohnen bedecken und bei 190 °C im vorgeheizten Backofen 15 Minuten blindbacken. Papier und Bohnen entfernen und den Teig weitere 15 Minuten backen.

2

5

4 Für die Füllung Butter und Zucker schaumig schlagen. Ei und Eigelb zugeben, dann Mehl, Mandeln und Sahne einrühren.

5 Aprikosen und Cranberries auf dem Teig verteilen, darauf mit einem Löffel den Mandelschaum geben.

6 Den Kuchen 1 Stunde backen, bis die Füllung stockt. Kurz abkühlen lassen und warm oder kalt servieren.

Warmer Apfel-Käse-Kuchen

Für 8 Personen

175 g Mehl
3 TL Backpulver
1 Prise Salz
75 g brauner Zucker
100 g Datteln, entsteint und gehackt
500 g Äpfel, entkernt und gehackt
50 g Walnusskerne, gehackt
50 ml Sonnenblumenöl
2 Eier
175 g Red-Leicester-Käse, ersatzweise milder Gouda, gerieben

TIPP

Eventuelle Reste können im Kühlschrank gelagert und vor dem Verzehr aufgewärmt werden.

1 Eine Springform (24 cm Ø) einfetten und mit Backpapier auslegen.

2 Mehl, Backpulver und Salz in eine Schüssel sieben. Zucker, Datteln, Äpfel und Walnüsse zugeben und alles gut verrühren.

3 Öl und Eier verquirlen und gut mit den anderen Zutaten mischen.

4 Die Hälfte des Kuchenteigs in die vorbereitete Form füllen und die Oberfläche glatt streichen.

5 Den Teig mit dem Käse bestreuen. Den restlichen Teig darüber verteilen und ebenfalls glatt streichen.

6 Den Kuchen im vorgeheizten Backofen bei 180 °C 45–50 Minuten goldbraun backen.

7 In der Form etwas abkühlen lassen und noch warm servieren.

2

3

5

Mincemeat-Trauben-Tasche

Für 4 Personen

500 g Blätterteig (s. S. 11)

410 g Mincemeat (s. Tipp)

100 g Trauben, halbiert und entkernt

1 Ei, verquirlt, zum Bestreichen

Farinzucker, zum Bestreuen

TIPP

Mincemeat besteht aus getrockneten, eingelegten Früchten und ist in britischen Lebensmittelgeschäften oder über das Internet erhältlich.

VARIATION

Für einen intensiveren Geschmack geben Sie 2 Teelöffel Sherry an das Mincemeat.

1 Ein Backblech leicht einfetten und die Arbeitsfläche leicht bemehlen.

2 Den Teig darauf ausrollen und in 2 Rechtecke teilen.

3 Auf das Backblech 1 Teigrechteck legen und die Ränder mit Wasser bestreichen.

4 Mincemeat und Trauben in einer Schüssel vermengen und die Mischung auf das Teigstück verteilen; dabei einen Rand von etwa 2½ cm aussparen.

5 Das zweite Teigstück längs falten und entlang der Faltkante mehrere Male schräg einschneiden; dabei ebenfalls einen Rand von etwa 2½ cm stehen lassen.

6 Das Teigstück wieder aufklappen, über das belegte Rechteck legen,

die aufeinander liegenden Ränder gut zusammendrücken und leicht einkräuseln.

7 Die Teigoberfläche mit dem Ei bestreichen und mit Farinzucker bestreuen.

8 Die Teigtasche im vorgeheizten Backofen bei 220 °C 15 Minuten backen. Dann auf 180 °C reduzieren und die Tasche weitere 30 Minuten goldbraun backen.

9 Auf ein Rost legen und vor dem Servieren abkühlen lassen.

Limetten-Mandel-Törtchen

Ergibt 12 Stück

125 g Mehl

100 g weiche Butter

1 TL geriebene Limettenschale

1 EL Limettensaft

50 g Zucker

1 Ei

25 g gemahlene Mandeln

50 g Puderzucker, gesiebt

½ EL Wasser

1 Vom Mehl 5 Teelöffel und von der Butter 3 Teelöffel beiseite stellen.

2 Das übrige Mehl in eine Schüssel sieben und mit der restlichen Butter zu einem krümeligen Teig verreiben. Limettenschale und -saft einrühren und zu einem weichen Teig verarbeiten.

3 Den Teig auf einer leicht bemehlten Arbeitsfläche dünn ausrollen. 12 runde Scheiben von etwa 7½ cm Ø ausstechen und in kleine Tortelettförmchen drücken.

4 Die zurückbehaltene Butter und den Zucker in einer Schüssel schaumig verquirlen.

5 Das Ei unterrühren, dann die Mandeln und das beiseite gestellte Mehl zugeben.

6 Diese Mischung auf die Tortelettförmchen verteilen.

7 Im vorgeheizten Backofen bei 200 °C 15 Minuten goldbraun backen. Dann aus den Förmchen nehmen und abkühlen lassen.

8 Puderzucker und Wasser mischen, die Törtchen damit beträufeln.

3

5

6

Birnennester

Für 6 Personen

250 g Blätterteig (s. S. 11)
25 g brauner Zucker
25 g Butter
1 EL kandierter Ingwer, fein gehackt
3 Birnen, halbiert und entkernt
Butter, zerlassen, zum Bestreichen
Schlagsahne, zum Servieren

TIPP

Reichen Sie einige Kugeln Vanilleeis als eine besonders köstliche Beilage.

1 Den Teig auf einer leicht bemehlten Arbeitsfläche ausrollen und 6 runde Schreiben von 10 cm Ø daraus ausschneiden.

2 Die Scheiben auf einem Backblech 30 Minuten kalt stellen.

3 Zucker und Butter in einer Schüssel schaumig verquirlen. Dann den Ingwer unterrühren.

2

4 Die Teigscheiben mit einer Gabel einstechen und mit der Ingwermischung bestreichen.

5 Die Birnenhälften längs einschneiden, sodass sie an der Spitze noch zusammenhängen. Dann ein wenig auffächern.

6 Jedes Teigstück mit 1 aufgefächerten Birnenhälfte belegen. Die Teigränder hochstülpen und die Birnen mit Butter bestreichen.

7 Die Birnennester bei 200 °C im vorgeheizten Backofen 15–20 Minuten goldbraun backen. Warm mit etwas Sahne servieren.

5

6

Crème-Brûlée-Törtchen

Für 6 Personen

TEIG

150 g Mehl

25 g Zucker

125 g Butter, in kleinen Stücken

1 EL Wasser

FÜLLUNG

4 Eigelb

50 g Zucker

400 g Schlagsahne

5 Tropfen Vanillearoma

Farinzucker, zum Bestreuen

1 Für den Teig Mehl und Zucker in einer Schüssel mischen. Die Butter mit den Fingern darin verreiben. Wasser zufügen und zu einem weichen Teig verarbeiten. In Frischhaltefolie wickeln und 30 Minuten kalt stellen.

2 Den Teig ausrollen und in sechs Tortelettförmchen (10 cm Ø) einpassen. Mit einer Gabel einstechen und weitere 20 Minuten kalt stellen.

3 Den Teig mit Backpapier und Backbohnen bedecken und im vorgeheizten Backofen bei 190 °C

2

15 Minuten blindbacken. Dann Papier und Bohnen entfernen und den Teig weitere 10 Minuten backen.

4 Eigelb und Zucker verquirlen. Sahne und Vanille erhitzen und unter ständigem Rühren zugießen.

5 In einem Topf unter Rühren erwärmen, bis die Creme eindickt. Nicht aufkochen, da sie sonst gerinnt.

4

6 Die Creme etwas abkühlen lassen, auf die Tortelettförmchen verteilen, ganz abkühlen lassen und über Nacht kalt stellen.

7 Mit Farinzucker bestreuen, einige Minuten unter einem sehr heißen Grill bräunen und vor dem Servieren 2 Stunden kalt stellen.

7

Pavlova

Für 6 Personen

3 Eiweiß
1 Prise Salz
175 g Zucker
300 g Sahne, leicht geschlagen
frische Früchte nach Wahl
(z. B. Himbeeren, Erdbeeren, Pfirsiche, Maracujas und Physalis)

1 Ein Backblech mit Backpapier auslegen. Dann das Eiweiß salzen und steif schlagen.

2 Nach und nach den Zucker unterrühren, wobei sich jede Portion ganz auflösen soll.

3 Drei Viertel des Eischnees als runde Scheibe von etwa 20 cm Ø auf das Backblech streichen.

4 Den restlichen Eischnee löffelweise auf den Rand der Scheibe geben, sodass ein Nest entsteht.

5 Das Eischnee-Nest im vorgeheizten Backofen 75 Minuten bei 140 °C backen.

6 Abschalten, aber die Pavlova nicht herausnehmen, sondern im Backofen ganz abkühlen lassen.

7 Die Pavlova auf eine Kuchenplatte geben. Mit der geschlagenen Sahne bestreichen und mit der Früchtemischung belegen.

2

1

4

Mandel-Käseküchlein

Für 4 Personen

12 Amaretti

1 Eiweiß, leicht verquirlt

225 g Frischkäse

1/2 TL Mandelaroma

1/2 TL Limettenschale, fein gerieben

25 g gemahlene Mandeln

25 g Zucker

60 g Sultaninen

2 TL Gelatinepulver

2 EL kochendes Wasser

2 EL Limettensaft

GARNIERUNG

25 g Mandelblättchen, geröstet

Limettenzesten

3

5

1 Die Amaretti in einem verschlossenen Gefrierbeutel mit einer Teigrolle gut zerbröseln.

2 Die Brösel in einer Schüssel mit dem Eiweiß vermengen.

3 Auf ein mit Backpapier ausgelegtes Backblech 4 beschichtete 9-cm-Kuchenringe setzen. Die Keksmischung in die Ringe füllen und andrücken. Im vorgeheizten Backofen bei 180 °C 10 Minuten knusprig backen, dann abkühlen lassen.

4 Frischkäse, Mandelaroma, Limettenschale, Mandeln, Zucker und Sultaninen gründlich mischen.

5 Die Gelatine mit dem Wasser vermengen und den Limettensaft einrühren. Unter die Frischkäsemischung ziehen und auf die Keksböden verteilen. Glatt streichen und 1 Stunde im Kühlschrank fest werden lassen.

6 Die Käseküchlein aus den Ringen lösen und auf Teller setzen. Mit Mandelblättchen und Limettenzesten garnieren und servieren.

Gebackene Bananen

Für 4 Personen

4 Bananen
2 Passionsfrüchte
4 EL Orangensaft
4 EL Orangenlikör
ORANGENSAHNE
150 g Schlagsahne
3 EL Puderzucker
2 EL Orangenlikör

VARIATION

Für ein schnelles Dessert die Bananen nicht schälen, nur die Schalen aufschlitzen, jeweils 1 oder 2 Stücke Schokolade in die Öffnungen stecken, die Früchte in Alufolie wickeln, 10 Minuten grillen und sofort servieren.

1 Für die Orangensahne die Sahne mit dem Puderzucker mischen, in eine Schüssel geben und steif schlagen. Den Orangenlikör behutsam unterheben und bis zum Verzehr in den Kühlschrank stellen.

1

2 Bananen schälen und jede separat auf ein Stück Alufolie legen.

2

3 Die Passionsfrüchte halbieren und jeweils das Mark von ½ Frucht über 1 Banane ausdrücken. Dann mit Orangensaft und Likör beträufeln.

3

4 Die Bananen mit den Folienstücken vollständig umwickeln.

5 Diese Päckchen etwa 10 Minuten unter einem Grill weich garen.

6 Die Bananenpäckchen auf vorgewärmte Teller verteilen, öffnen und mit der gekühlten Orangensahne servieren.

Bratäpfel mit Brombeeren

Für 4 Personen

4 Kochäpfel

1 EL Zitronensaft

100 g küchenfertige Brombeeren

15 g Mandelblättchen

½ TL gemahlener Piment

½ TL geriebene Zitronenschale

2 EL Farinzucker

300 ml süßer Portwein

1 Zimtstange, in Stücken

2 TL Speisestärke, mit 2 EL kaltem Wasser angerührt

Vanillesauce, zum Servieren

1 Die Äpfel waschen und abtrocknen. In der Mitte die Schale rundum einschneiden. So garen die Äpfel besser.

2 Die Kerngehäuse ausstechen und das Innere der Äpfel mit Zitronensaft bestreichen, um Verfärbung zu verhindern. Die Äpfel in eine flache, feuerfeste Form stellen.

3 In einer Schüssel Brombeeren, Mandelblättchen, Piment, Zitronenschale und Zucker vermengen und in die ausgehöhlten Äpfel füllen.

4 Den Portwein in die Form gießen, den Zimt zufügen und die Äpfel bei 200 °C im vorgeheizten Backofen 35–40 Minuten backen.

5 Den Saft in einen Topf abgießen und die Äpfel warm halten.

6 Die Zimtstange entfernen und die angerührte Speisestärke zugießen. Unter Rühren aufkochen, bis die Sauce eindickt.

7 Die Portweinsauce über die Bratäpfel gießen und mit der erhitzten Vanillesauce servieren.

1

2

3

Gebackene Birnen mit Zimt

Für 4 Personen

4 reife Birnen
2 EL Zitronensaft
4 EL brauner Zucker
1 TL gemahlener Zimt
60 g Halbfettmargarine
Vanillesauce
Zitronenzesten, zum Garnieren

1 Die Birnen schälen, der Länge nach halbieren und entkernen. Mit Zitronensaft bepinseln, damit sie nicht braun werden. Mit der gewölbten Seite nach oben in einen beschichteten Bräter legen.

2 Zucker, Zimt und Margarine in einem kleinen Topf bei geringer Hitze unter Rühren erwärmen, bis der Zucker schmilzt. Nicht zu stark erhitzen, sonst verliert die Margarine zu viel Wasser. Danach die Mischung über die Birnen träufeln.

3 Die Birnen bei 200 °C im vorgeheizten Backofen 20–25 Minuten weich und goldbraun backen. Dabei von Zeit zu Zeit mit der Zuckerlösung begießen.

4 Die Vanillesauce erhitzen und auf 4 Dessertteller verteilen.

5 Auf jedem Teller 2 Birnenhälften anrichten, mit Zitronenzesten garnieren und servieren.

Italienischer Brotauflauf

Für 4 Personen

1 EL Butter

2 kleine Äpfel, geschält, entkernt und in Ringe geschnitten

75 g Zucker

2 EL Weißwein

100 g Brot, in Scheiben geschnitten und ohne Rinde

300 ml Halbrahm (s. Tipp)

2 Eier, verquirlt

Zesten von 1 Orange

VARIATION

Dem Auflauf einige, eventuell zerkleinerte Trockenfrüchte, etwa Aprikosen, zugeben.

1 Eine Auflaufform leicht mit der Butter einfetten.

2 Die Apfelringe auf dem Boden der Form verteilen und mit der Hälfte des Zuckers bestreuen.

3 Den Wein über die Äpfel gießen. Die Brotscheiben darauf legen und mit den Händen leicht andrücken.

4 Rahm, Eier, den restlichen Zucker und die Orangenschale vermengen, über die Brotscheiben gießen und 30 Sekunden einziehen lassen.

5 Auflauf 25 Minuten bei 180 °C im vorgeheizten Backofen goldbraun und fest backen. Etwas auskühlen lassen, aber noch warm servieren.

TIPP

Halbrahm ist bei uns nur selten erhältlich. Es handelt sich um Sahne mit 25 % Fettgehalt, die nicht kochfest ist, aber als Bindemittel verwendet werden kann. Als Ersatz kann man Sahne und Milch im Verhältnis 3:1 mischen.

Toskanischer Pudding

Für 4 Personen

1 EL Butter
80 g gemischte Trockenfrüchte
250 g Ricotta
3 Eigelb
50 g Zucker
1 TL Zimt
geriebene Schale von 1 Orange
Orangenzesten, zum Garnieren
Crème fraîche, zum Servieren

TIPP

Crème fraîche hat einen säuerlichen, nussigen Geschmack und ist dickflüssig, besitzt aber den gleichen Fettgehalt wie Schlagsahne (mindestens 30 %). Da sie beim Erhitzen nicht ausflockt, kann sie gut zum Kochen verwendet werden.

1 Mit der Butter 4 kleine Back- oder Auflaufformen einfetten.

2 Die Trockenfrüchte in eine Schüssel geben, mit warmem Wasser bedecken und 10 Minuten einweichen.

3 Ricotta und Eigelb in einer Schüssel vermengen. Zucker, Zimt und Orangenschale gut unterrühren.

4 Die Trockenfrüchte in einem über eine Schüssel gehaltenen Sieb abtropfen lassen, zu der Mischung geben und unterrühren.

5 Die Ricotta-Mischung auf die Back- oder Auflaufformen verteilen.

6 Die gefüllten Förmchen 15 Minuten bei 180 °C im vorgeheizten Backofen backen. Der Pudding sollte oben fest, aber nicht gebräunt sein.

7 Mit Orangenzesten garnieren und warm oder gekühlt mit etwas Crème fraîche servieren.

Zitronen-Mascarpone-Kuchen

Für 8 Personen

50 g Butter
150 g Ingwerkekse, ersatzweise einfache Butterkekse, zerstoßen
25 g kandierter Ingwer, gehackt
500 g Mascarpone
geriebene Schale und Saft von 2 Zitronen
100 g Zucker
2 Eier, getrennt
Fruchtcoulis (s. Tipp), zum Servieren

TIPP

Für die Fruchtcoulis 400 g frische Früchte 5 Minuten mit 2 Esslöffeln Wasser kochen. Dann durch ein Sieb streichen und mit 1 Esslöffel gesiebtem Puderzucker verrühren.

1

1 Eine Springform (26 cm Ø) leicht einfetten.

2 Die Butter in einer Pfanne zerlassen, Kekse und Ingwer unterrühren. Die Mischung auf dem Boden der vorbereiteten Backform verteilen und am Rand 1 cm hochziehen.

3 Mascarpone, Zitronenschale und -saft sowie Zucker und Eigelb zu einer cremigen Masse verrühren.

4 Das Eiweiß steif schlagen und unter die Creme heben.

2

2

5 Die Käsecreme über die Keksmasse in der Backform geben und im vorgeheizten Backofen bei 180 °C 35 45 Minuten backen, bis die Creme fest ist. Es kann vorkommen, dass die Creme beim Backen Risse bildet und etwas zusammenfällt.

6 In der Form auskühlen lassen und mit Fruchtcoulis servieren.

Honig-Pistazien-Nester

Für 4 Personen

Salz
250 g Engelshaarnudeln
(s. Tipp)
125 g Butter
200 g geschälte Pistazien, gehackt
125 g Zucker
125 g Honig
200 ml Wasser
2 TL Zitronensaft
griechischer Joghurt, zum Servieren

TIPP

Engelshaarnudeln sind in Italien auch als capelli d'angelo bekannt. Die langen, dünnen Nudeln werden getrocknet in Form von Nestern verkauft.

1 Salzwasser in einem großen Topf aufkochen. Die Nudeln darin bissfest kochen. Abgießen und wieder in den Topf geben. Mit der Butter vermengen. Abkühlen lassen.

2 Auf ein Backblech 4 kleine Flan-Ringe setzen. Die Nudeln in 8 Portionen aufteilen, 4 davon in die Ringe geben und leicht andrücken. Mit der Hälfte der Pistazien bestreuen, dann mit den restlichen Nudeln bedecken.

2

2

2

3 Im vorgeheizten Backofen bei 180 °C 45 Minuten goldbraun backen.

4 In der Zwischenzeit Zucker, Honig und Wasser in einem Topf bei schwacher Hitze aufkochen, dabei unablässig rühren, bis der Zucker vollständig aufgelöst ist. 10 Minuten köcheln lassen, den Zitronensaft zugießen und weitere 5 Minuten köcheln.

5 Die Nudelnester vorsichtig mit einem Palettenmesser auf einen Servierteller setzen. Mit dem Honigsirup übergießen, mit den restlichen Pistazien bestreuen und abkühlen lassen. Mit Joghurt servieren.

Bananentaschen

Für 4 Personen

TEIG
450 g Mehl
60 g Schweineschmalz
60 g Butter
125 ml Wasser
1 Eigelb, verquirlt
FÜLLUNG
2 große Bananen
80 g getrocknete Aprikosen, fein gehackt
1 Prise Muskatnuss
1 Spritzer Orangensaft
Puderzucker, zum Bestäuben
Sahne oder Eiscreme, zum Servieren

1 Für den Teig das Mehl in eine Rührschüssel sieben. Butter und Schweineschmalz zugeben und mit den Fingern einarbeiten, bis ein krümeliger Teig entsteht. Nach und nach das Wasser zugießen und zu einem weichen Teig verkneten. 30 Minuten in den Kühlschrank stellen.

2 In einer Schüssel die Bananen mit einer Gabel zerdrücken und Aprikosen, Muskatnuss und Orangensaft unterrühren.

3 Den Teig auf einer bemehlten Fläche ausrollen und 16 runde Scheiben von 10 cm Ø ausstechen.

4 Jeweils etwas Füllung auf die Hälfte jeder Platte geben und dann zusammenfalten. Die Ränder andrücken und mit den Zinken einer Gabel fest zusammenpressen.

5 Die Teigtaschen auf ein gefettetes Backblech legen und mit Eigelb bestreichen. Den Backofen auf 180 °C vorheizen. Die Oberseite der Taschen einschlitzen. Dann etwa 25 Minuten goldbraun backen.

6 Mit Puderzucker bestäuben und mit Sahne oder Eis servieren.

Chinesische Eiercremetörtchen

Ergibt 15 Stück

TEIG

175 g Mehl

3 EL Zucker

60 g Butter

25 g Schweineschmalz

2 EL Wasser

EIERCREME

2 Eier

60 g Zucker

175 ml Milch

1/2 TL gemahlene Muskatnuss

Muskatnuss, zum Garnieren

Schlagsahne, zum Servieren

1 Für den Teig das Mehl in eine Schüssel sieben und den Zucker zugeben. Butter und Schmalz einarbeiten, bis ein krümeliger Teig entsteht. Das Wasser zugeben und zu einem festen Teig verarbeiten.

2 Den Teig auf einer bemehlten Arbeitsplatte 5 Minuten kneten, bis er geschmeidig ist. Im Kühlschrank ruhen lassen.

3 Inzwischen für die Creme die Eier mit dem Zucker verquirlen. Nach und nach Milch und Muskatnuss zufügen und gut verrühren.

4 Den Teig in 15 gleich große Portionen teilen und diese rund ausrollen. Kleine Förmchen mit den Teigplatten auslegen.

5 Den Backofen auf 150 °C vorheizen. Die Eiercreme mit einem Löffel in die Teigförmchen füllen. Im Backofen 25–30 Minuten backen.

6 Die Eiercremetörtchen auf einem Kuchengitter etwas auskühlen lassen. Dann mit Muskatnuss bestäuben und mit geschlagener Sahne warm oder kalt servieren.

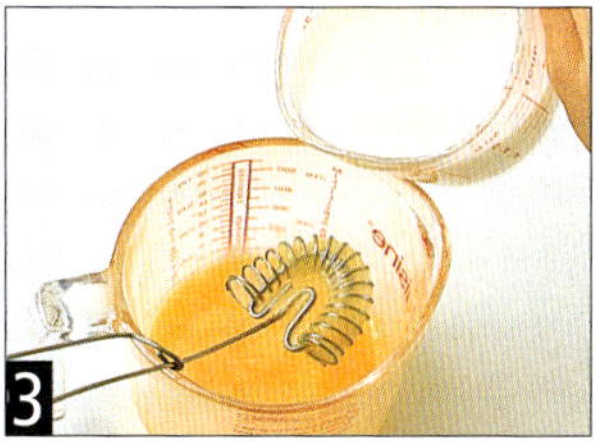
3

4

6

Kuchen & Brot

Mit den folgenden Rezepten können Sie selbst so traditionellen Einrichtungen wie dem Nachmittagskaffee oder -tee noch ganz neue Seiten abgewinnen – im Handumdrehen machen Sie beliebte Teegebäck-Klassiker durch Schokolade, Früchte, Nüsse und andere Leckereien noch unwiderstehlicher. Dieses Kapitel bietet Ihnen eine umfangreiche Auswahl verschiedener Kuchen- und Brotsorten – je nachdem, wie viel Zeit und Aufwand Sie investieren möchten. Denn Kleingebäck wie Cranberry-Muffins (s. S. 65), Mandelschnitten (s. S. 89) und Apfel-Scones (s. S. 96) lässt sich schneller und leichter zubereiten als große Kuchen und ist bei kleinen und großen Naschern gleichermaßen beliebt.

Korinthenbrot mit Zimt

Ergibt 1 Laib

- 350 g Mehl
- 1 Prise Salz
- 1 EL Backpulver
- 1 EL Zimt
- 150 g Butter, in kleinen Stücken
- 125 g brauner Zucker
- 175 g Korinthen
- geriebene Schale von 1 Orange
- 5–6 EL Orangensaft
- 6 EL Milch
- 2 Eier, leicht verquirlt

1 Eine Kastenform (20–25 cm) einfetten und den Boden mit Backpapier auslegen.

2 Mehl, Salz, Backpulver und Zimt in eine große Schüssel sieben. Die Butter mit den Fingern darin so lange verreiben, bis ein krümeliger Teig entsteht.

3 Zucker, Korinthen und Orangenschale einrühren. Orangensaft, Milch und Eier mischen, zu den trockenen Zutaten geben und gründlich vermengen.

4 Den Teig in die vorbereitete Form füllen und eine kleine Mulde in die Mitte drücken, damit er gleichmäßig aufgehen kann.

5 Den Laib bei 180 °C im vorgeheizten Backofen 60–70 Minuten backen, bis ein in die Mitte gestochener Metallspieß teigfrei bleibt.

6 Das fertige Brot kurz abkühlen lassen. Dann aus der Form nehmen und auf einem Rost vollständig auskühlen lassen.

2

3

4

TIPP

Der Teig muss nach der Zugabe der flüssigen Zutaten rasch verarbeitet werden, da das Backpulver sofort zu reagieren beginnt.

Bananen-Orangen-Cranberry-Brot

Ergibt 1 Laib

175 g Mehl
2 gehäufte TL Backpulver
150 g brauner Zucker
2 Bananen, zerdrückt
50 g Zitronat und Orangeat
25 g gemischte Nüsse, gehackt
50 g getrocknete Cranberries
5–6 EL Orangensaft
2 Eier, verquirlt
150 ml Sonnenblumenöl
75 g Puderzucker, gesiebt
geriebene Schale von 1 Orange

TIPP

Dieses Brot ist einige Tage haltbar, wenn es eingewickelt kühl und trocken gelagert wird.

1 Eine Kastenform (20–25 cm) einfetten und den Boden mit Backpapier auslegen.

2 Mehl und Backpulver in eine Schüssel sieben. Dann Zucker, Bananen, Zitronat, Orangeat, Nüsse und Cranberries einrühren.

3 Orangensaft, Eier und Öl verrühren. Zu den trockenen Zutaten geben und gut vermengen, bis ein glatter Teig entsteht. Den fertigen Teig in die vorbereitete Form geben.

4 Den Laib bei 180 °C im vorgeheizten Backofen etwa 1 Stunde backen, bis er fest geworden ist und ein in die Mitte gestochener Metallspieß teigfrei bleibt.

5 Das fertige Brot aus dem Ofen nehmen und auf einem Rost abkühlen lassen.

6 Den Puderzucker mit etwas Wasser mischen. Das Brot damit bestreichen und die Orangenschale darüber streuen. Die Glasur vor dem Servieren durchhärten lassen.

2

3

3

Bananen-Dattel-Brot

Ergibt 1 Laib

225 g Mehl
2¼ TL Backpulver
100 g Butter, in kleinen Stücken
75 g Zucker
125 g Datteln, entsteint und gehackt
2 Bananen, grob zerdrückt
2 Eier, leicht verquirlt
2 EL Honig

TIPP

Das Brot ist einige Tage haltbar, wenn es gut eingewickelt, kühl und trocken gelagert wird.

VARIATION

Man kann die Datteln auch durch andere getrocknete Früchte, wie Pflaumen oder Aprikosen, ersetzen.

1 Eine Kastenform (20–25 cm) einfetten und den Boden mit Backpapier auslegen.

2 Das Mehl in eine große Schüssel sieben. Die Butter zufügen und mit den Fingern zu einem krümeligen Teig verarbeiten.

3 Zucker, Datteln, Bananen, Eier und Honig darunter mengen und zu einem glatten Teig verarbeiten.

4 Den fertigen Teig in die vorbereitete Kastenform geben und mit einem Messer glatt streichen.

5 Den Laib bei 160 °C im vorgeheizten Backofen etwa 1 Stunde backen, bis er goldbraun ist und ein in die Mitte gestochener Metallspieß teigfrei bleibt.

6 Das fertige Brot 10 Minuten in der Form abkühlen lassen. Dann auf ein Küchengitter legen und ganz auskühlen lassen.

7 Warm oder kalt in dicke Scheiben geschnitten servieren.

Früchtebrot mit Erdbeer-Apfel-Mus

Ergibt 1 Laib

175 g Haferflocken
100 g brauner Zucker
1 TL gemahlener Zimt
125 g Sultaninen
175 g Rosinen
2 EL Malzextrakt
300 ml ungesüßter Apfelsaft
175 g Vollkornmehl
1½ TL Backpulver

FRUCHTKOMPOTT
250 g Erdbeeren, gewaschen und geputzt
2 Dessertäpfel, geschält, entkernt, gehackt und mit 1 TL Zitronensaft beträufelt
300 ml ungesüßter Apfelsaft

DEKORATION
Erdbeeren
Apfelspalten

1 Eine Kastenform (20–25cm) einfetten oder mit Backpapier auslegen. Haferflocken, Zucker, Zimt, Sultaninen, Rosinen und Malzextrakt in eine Schüssel geben. Den Apfelsaft zugießen, umrühren und 30 Minuten quellen lassen.

2 Mehl und Backpulver in die Mischung sieben, Kleierückstände aus dem Sieb unterrühren.

3 Den Teig in die Form geben und bei 180 °C im vorgeheizten Backofen 1½ Stunden backen.

4 Anschließend 10 Minuten abkühlen lassen, auf ein Gitter stürzen und auskühlen lassen.

5 Für das Mus Erdbeeren und Äpfel in einen Topf geben und den Apfelsaft zugießen. Aufkochen, dann abgedeckt 30 Minuten leicht kochen. Das Mus kräftig durchrühren und in ein vorgewärmtes Einmachglas füllen. Abkühlen lassen, beschriften und verschließen.

6 Das Früchtebrot mit 2 Esslöffeln Mus servieren, mit Apfelspalten und Erdbeeren garnieren.

1

5

Cranberry-Muffins

Ergibt 18 Stück

225 g Mehl

2 TL Backpulver

1 Prise Salz

50 g Zucker

50 g Butter, zerlassen

2 Eier, verquirlt

200 ml Milch

100 g frische Cranberries

2 TL frisch geriebener Parmesan

1 Zwei Muffinbleche leicht einfetten. Mehl, Backpulver und Salz in eine Schüssel sieben und mit dem Zucker vermengen.

2 Butter, Eier und Milch in einer zweiten Schüssel verquirlen, dann zu den trockenen Zutaten geben. Vorsichtig, aber gründlich vermengen, dann die Cranberries unterheben.

3 Den Teig in die vorbereiteten Formen füllen.

4 Jede Teigportion mit geriebenem Parmesan bestreuen.

5 Bei 200 °C im vorgeheizten Backofen 20 Minuten goldbraun backen.

6 Die fertigen Muffins in der Form etwas abkühlen lassen, dann auf einen Rost legen und vor dem Servieren ganz auskühlen lassen.

1

2

4

Dattel-Honig-Brot

Ergibt 1 Laib

250 g Mehl Type 550

75 g Mehl Type 1050

1 Päckchen Trockenhefe

½ TL Salz

200 ml lauwarmes Wasser

3 EL Sonnenblumenöl

3 EL Honig

75 g Datteln, gehackt

2 EL Sesamsamen

TIPP

Zum Aufgehen können Sie den Teig auch zugedeckt über einen Topf mit warmem Wasser stellen.

1 Eine Kastenform (20–25 cm) einfetten.

2 Das gesamte Mehl in eine Schüssel sieben und mit Trockenhefe und Salz vermengen. Wasser, Öl und Honig zugießen und zu einem festen Teig verarbeiten.

3 Den Teig auf einer leicht bemehlten Arbeitsfläche etwa 5 Minuten glatt kneten.

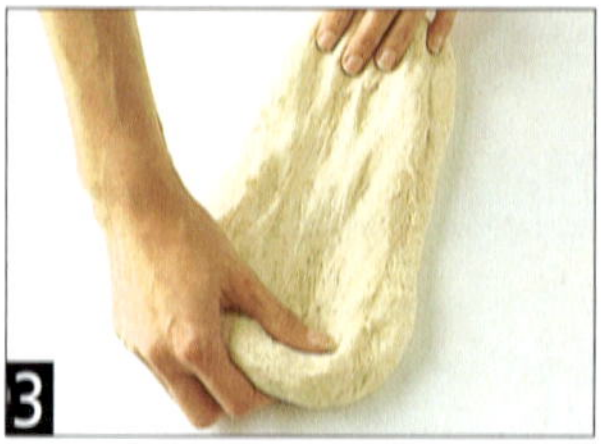

4 In einer eingefetteten Schüssel abgedeckt an einem warmen Ort etwa 1 Stunde gehen lassen, bis sich das Volumen verdoppelt hat.

5 Datteln und Sesam in den Teig kneten und diesen in die vorbereitete Form geben.

6 Abdecken und an einem warmen Ort 30 Minuten gehen lassen.

7 Den Laib bei 220 °C im vorgeheizten Backofen 30 Minuten backen, bis er hohl klingt, wenn man von unten dagegen klopft.

8 Das fertige Brot auf einem Rost abkühlen lassen und in dicke Scheiben geschnitten servieren.

Mangozopf

Ergibt 1 Zopf

450 g Mehl
1 TL Salz
1 Päckchen Trockenhefe
1 TL gemahlener Ingwer
50 g brauner Zucker
40 g Butter, in kleinen Stücken
1 kleine Mango, geschält, entsteint und püriert
250 ml lauwarmes Wasser
2 EL klarer Honig
125 g Sultaninen
1 Ei, verquirlt
Puderzucker, zum Bestäuben

1 Ein Backblech einfetten. Mehl und Salz in eine große Schüssel sieben. Trockenhefe, Ingwer und Zucker untermischen und die Butter mit den Fingern darin verreiben. Mangopüree, Wasser und Honig zugeben und zu einem festen Teig verarbeiten.

2 Von Hand auf einer leicht bemehlten Arbeitsfläche oder mit den Knethaken eines elektrischen Rührgeräts etwa 5 Minuten glatt kneten. Dann in eine eingefettete Schüssel geben, abdecken und an einem warmen Ort etwa 1 Stunde gehen lassen, bis sich sein Volumen verdoppelt hat.

3 Die Sultaninen in den Teig kneten. Diesen zu 2 etwa 25 cm langen Strängen formen. Vorsichtig umeinander drehen und die Enden festdrücken. Den so entstandenen Zopf auf das vorbereite Backblech legen, abdecken und weitere 40 Minuten gehen lassen.

4 Den Zopf mit dem Ei bestreichen und bei 220 °C im vorgeheizten Backofen 30 Minuten goldbraun backen. Abkühlen lassen und vor dem Servieren mit Puderzucker bestäuben.

TIPP

Wenn das Brot durchgebacken ist, klingt es hohl, wenn man von unten dagegen klopft.

1

1

Zitrusbrot

Ergibt 1 Laib

450 g Mehl
½ TL Salz
50 g Zucker
1 Päckchen Trockenhefe
50 g Butter, in kleinen Stücken
5–6 EL Orangensaft
4 EL Zitronensaft
3–4 EL Limettensaft
150 ml lauwarmes Wasser
1 Orange
1 Zitrone
1 Limette
1 EL klarer Honig

1 Ein Backblech leicht einfetten. Mehl und Salz in eine Schüssel sieben.

2 Gründlich mit Zucker und Trockenhefe vermengen.

3 Die Butter mit den Fingern in der Mehlmischung verreiben. Fruchtsäfte und Wasser zugießen und zu einem festen Teig verarbeiten.

4 Den Teig auf einer leicht bemehlten Arbeitsfläche etwa 5 Minuten glatt kneten. In eine eingefettete Schüssel geben, abdecken und an einem warmen Ort etwa 1 Stunde gehen lassen.

5 Die Schalen der Zitrusfrüchte reiben und in den Teig kneten.

6 Den Teig zu 2 unterschiedlich großen flachen Kugeln formen.

7 Die größere Kugel auf das Backblech geben, die kleinere auf die größere setzen.

8 Mit einem bemehlten Finger in die Mitte der oberen Teigkugel ein Loch drücken. Den Teig abdecken und weitere 40 Minuten gehen lassen.

9 Den aufgegangenen Teig bei 220 °C im vorgeheizten Backofen 35 Minuten backen. Aus dem Ofen nehmen und auf einen Rost legen. Mit Honig bestreichen und ganz abkühlen lassen.

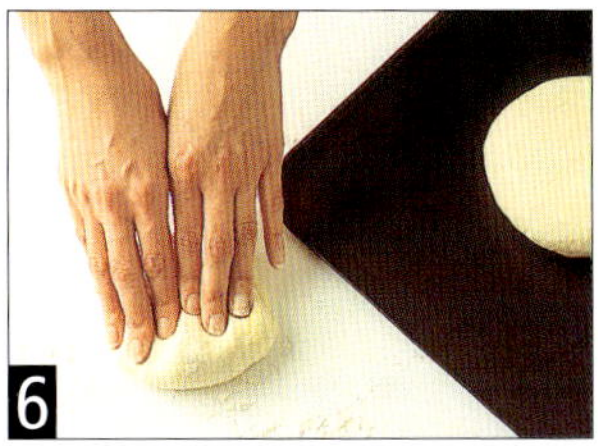
6

5

8

Schneckenkranz

Ergibt 1 Kranz

245 g Mehl
$1/2$ TL Salz
1 Päckchen Trockenhefe
25 g Butter, in kleinen Stücken
125 ml lauwarme Milch
1 Ei, verquirlt

FÜLLUNG
50 g weiche Butter
50 g brauner Zucker
25 g Haselnüsse, gehackt
25 g kandierter Ingwer, gehackt
50 g Zitronat und Orangeat
1 EL Rum oder Weinbrand

GLASUR
100 g Puderzucker
2 EL Zitronensaft

1 Ein Backblech einfetten. Mehl, Salz und Hefe in einer Schüssel mischen, Butter einkneten, Milch und Ei zugeben und zu einem festen Teig verarbeiten.

2 Den Teig in einer eingefetteten Schüssel abgedeckt etwa 40 Minuten gehen lassen. Noch einmal kurz durchkneten und zu einem 30 cm x 24 cm großen Rechteck ausrollen.

2

3 Für die Füllung Butter und Zucker schaumig schlagen. Haselnüsse, Ingwer, Zitronat, Orangeat und Rum zugeben. Den Teig mit dieser Mischung belegen; dabei einen Rand von $2\frac{1}{2}$ cm freilassen.

3

4 Den Teig von einer langen Seite her aufrollen und in je 5 cm dicke Scheiben schneiden. Diese in Kranzform so auf das Backblech legen, dass sie sich gerade berühren. Abdecken und noch einmal 30 Minuten gehen lassen.

4

5 Den Kranz bei 190 °C im vorgeheizten Backofen 20–30 Minuten goldbraun backen.

6 Puderzucker und Zitronensaft mischen. Den fertigen Kranz etwas abkühlen lassen und mit der Glasur beträufeln.

Schokoladenbrot

Ergibt 1 Laib

450 g Mehl
25 g Kakaopulver
1 TL Salz
1 Päckchen Trockenhefe
25 g brauner Zucker
1 EL Öl
300 ml lauwarmes Wasser

3

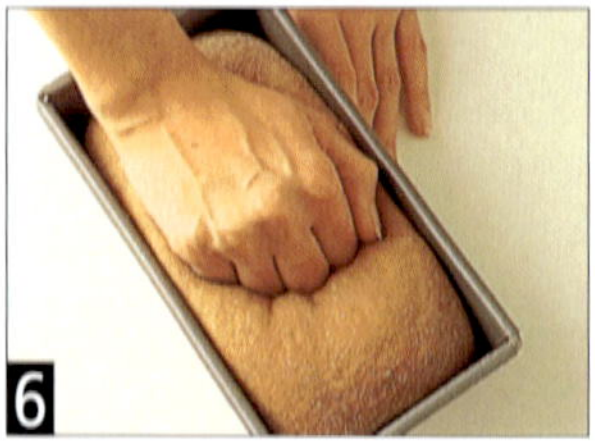
6

1 Eine Kastenform (20–25 cm) leicht einfetten.

2 Mehl und Kakaopulver in eine große Schüssel sieben. Salz, Trockenhefe und Zucker unterrühren.

3 Öl und Wasser zugeben und zu einem festen Teig verarbeiten.

4 Den Teig auf einer leicht bemehlten Arbeitsfläche etwa 5 Minuten glatt kneten.

5 In eine eingefettete Schüssel geben, abdecken und an einem warmen Ort etwa 1 Stunde gehen lassen, bis sich das Volumen verdoppelt hat.

6 Den aufgegangenen Teig noch einmal kurz durchkneten, in die vorbereitete Form geben und weitere 30 Minuten an einem warmen Ort gehen lassen.

7 Anschließend bei 200 °C im vorgeheizten Backofen 25–30 Minuten backen. Ist das Brot durchgebacken, klingt es hohl, wenn man auf die Unterseite klopft.

8 Das fertige Brot auf einem Rost abkühlen lassen und in Scheiben geschnitten servieren.

Rosinenschnecken

Ergibt 12 Stück

225 g Mehl
½ TL Salz
1 Päckchen Trockenhefe
25 g Butter, in kleinen Stücken
1 Ei, verquirlt
125 ml lauwarme Milch
2 EL Ahornsirup

FÜLLUNG
50 g weiche Butter
2 TL Zimt
50 g brauner Zucker
50 g Korinthen

1 Eine Backform mit einer Seitenlänge von 24 cm einfetten.

2 Mehl und Salz in eine Schüssel sieben. Trockenhefe einrühren. Butter mit den Fingern in der Mischung verreiben, bis ein krümeliger Teig entsteht. Ei und Milch zugeben und zu einem glatten Teig verarbeiten.

3 Den Teig in einer eingefetteten Schüssel abgedeckt an einem warmen Ort etwa 40 Minuten gehen lassen, bis sich sein Volumen verdoppelt hat.

4 Den Teig erneut 1 Minute kneten und zu einem 30 cm x 24 cm großen Rechteck ausrollen.

5 Für die Füllung Butter, Zimt und Zucker schaumig schlagen. Die Mischung auf den Teig streichen, dabei einen Rand von 2½ cm lassen. Anschließend die Korinthen über die Mischung streuen.

6 Den Teig von der langen Seite her aufrollen und vorsichtig zusammendrücken. Die Rolle in 12 Scheiben schneiden. Diese in die Form geben, abdecken und 30 Minuten gehen lassen.

7 Die Schnecken bei 190 °C im vorgeheizten Backofen 20–30 Minuten backen, bis sie gut aufgegangen sind. Mit Sirup bestreichen, etwas abkühlen lassen, aber noch warm servieren.

Knuspriger Früchtekuchen

Für 8 Personen

100 g weiche Butter
100 g Zucker
2 Eier, verquirlt
50 g Mehl, gesiebt
1½ TL Backpulver
100 g Polenta
225 g gemischte Trockenfrüchte
25 g Pinienkerne
geriebene Schale von 1 Zitrone
4 EL Zitronensaft
2 EL Milch

VARIATION

Für einen etwas leichteren Kuchen anstelle der Polenta 150 g Mehl und 1½ Teelöffel Backpulver verwenden.

1 Eine Backform (18 cm Ø) einfetten oder mit Backpapier auslegen.

2 Butter und Zucker in einer Schüssel schaumig schlagen.

3 Nach und nach die Eier zugeben und jeweils gründlich verquirlen.

4 Mehl, Backpulver und Polenta gründlich unterrühren.

5 Trockenfrüchte, Pinienkerne, Zitronenschale, Zitronensaft und Milch einrühren.

6 Den fertigen Teig in die vorbereitete Form füllen und glatt streichen.

7 Den Kuchen bei 180 °C im vorgeheizten Backofen 1 Stunde backen, bis ein in die Mitte gestochener Metallspieß teigfrei bleibt.

8 Den fertigen Kuchen vor dem Servieren in der Form abkühlen lassen.

Klementinenkuchen

Für 8 Personen

2 Klementinen

175 g weiche Butter

175 g Zucker

3 Eier, verquirlt

175 g Mehl

2 TL Backpulver

3 EL gemahlene Mandeln

3 EL Schlagsahne

6 EL Klementinensaft, 2 EL feiner Zucker und 3 Stücke weißer Würfelzucker, zerstoßen, zum Dekorieren

TIPP

Statt von Hand die Klementinenschale zusammen mit dem Zucker in der Küchenmaschine zerkleinern. Die Mischung dann mit der Butter in eine Schüssel geben und gut verquirlen.

1 Eine runde Kuchenform (18 cm Ø) einfetten und mit Backpapier auslegen.

2 Klementinenschale dünn abschälen und fein hacken. Die Schale in eine Schüssel geben und mit Butter und Zucker schaumig schlagen.

3 Nach und nach die Eier zugeben und jeweils gründlich verquirlen.

4 Mehl und Backpulver vorsichtig untermischen, dann Mandeln und Sahne zufügen und den fertigen Teig in die vorbereitete Form geben.

5 Den Teig bei 180 °C im vorgeheizten Backofen 55–60 Minuten backen, bis ein in die Mitte gestochener Metallspieß teigfrei bleibt. Den fertigen Kuchen etwas abkühlen lassen.

6 Für die Glasur Klementinensaft und Zucker in einem kleinen Topf zum Kochen bringen und 5 Minuten köcheln lassen.

7 Die Glasur über den Kuchen träufeln, bis sie aufgesogen ist. Dann mit dem zerstoßenen Würfelzucker bestreuen.

2

4

7

Kümmel-Sandkuchen

Für 8 Personen

220 g weiche Butter
175 g brauner Zucker
3 Eier, verquirlt
350 g Mehl
3½ TL Backpulver
1 EL Kümmel
geriebene Schale von 1 Zitrone
6 EL Milch
etwas Zitronat

1 Eine Kastenform (20–25 cm) einfetten und mit Backpapier auslegen.

2 Die Butter und den Zucker in einer Schüssel schaumig schlagen.

2

4

3 Nach und nach die Eier zugeben und jeweils gründlich verquirlen.

4 Mehl und Backpulver in die Mischung sieben und gut unterrühren.

5 Kümmel, Zitronenschale und Milch zugeben und alle Zutaten gut vermengen.

6 Den fertigen Teig in die vorbereitete Form geben und glatt streichen.

7 Den Kuchen bei 160 °C im vorgeheizten Backofen 20 Minuten backen.

5

TIPP

Zitronat finden Sie in jedem Supermarkt. Sie können auch Zitronat und Orangeat gemischt verwenden.

8 Aus dem Ofen nehmen, mit etwas Zitronat bestreuen und weitere 40 Minuten backen, bis er gut aufgegangen ist und ein in die Mitte gestochener Metallspieß teigfrei bleibt.

9 Den fertigen Kuchen in der Form kurz abkühlen lassen, dann auf einen Rost legen und vor dem Servieren gänzlich auskühlen lassen.

Orangen-Gugelhupf

Für 4 Personen

225 g weiche Butter
225 g Zucker
4 Eier, getrennt
425 g Mehl
3 TL Backpulver
1 Prise Salz
300 ml frisch gepresster Orangensaft
1 EL Orangenblütenwasser
1 TL geriebene Orangenschale

SIRUP
200 ml Orangensaft
200 g Kristallzucker

1 Eine Gugelhupfform (24–26 cm) einfetten.

2 Butter und Zucker in einer Schüssel schaumig schlagen. Nach und nach das Eigelb zugeben und gut mit der Buttermischung verquirlen.

3 Mehl, Backpulver und Salz in eine Schüssel sieben. Nach und nach mit dem Orangensaft zu der Butter-Ei-Masse geben und gut vermengen. Danach das Orangenblütenwasser und die Orangenschale einrühren.

4 Das Eiweiß steif schlagen und unter die Mischung heben.

5 Den fertigen Teig in die vorbereitete Form geben und bei 180 °C im vorgeheizten Backofen 50–55 Minuten backen, bis ein in die Mitte gestochener Metallspieß teigfrei bleibt.

6 Orangensaft und Zucker in einem Topf zum Kochen bringen und 5 Minuten köcheln lassen, bis der Zucker aufgelöst ist.

7 Den Kuchen aus dem Ofen nehmen, 10 Minuten in der Form abkühlen lassen, die Oberfläche einstechen und mit der Hälfte des Sirups bestreichen. Dann den Kuchen erneut 10 Minuten abkühlen lassen, auf einen Rost stürzen und mit dem restlichen Sirup bestreichen. Warm oder kalt servieren.

Zitronenkuchen mit Sirup

Für 8 Personen

200 g Mehl

2 TL Backpulver

200 g Zucker

4 Eier

150 g saure Sahne

geriebene Schale von 1 Zitrone

4 EL Zitronensaft

150 ml Sonnenblumenöl

SIRUP

4 EL Puderzucker

3 EL Zitronensaft

3

4

1 Eine Springform (20 cm Ø) einfetten.

2 Mehl und Backpulver in eine Schüssel sieben und mit dem Zucker vermengen.

3 In einer zweiten Schüssel Eier, saure Sahne, Zitronenschale, Zitronensaft und Öl verquirlen.

4 Diese Mischung zu den trockenen Zutaten geben und zu einem glatten Teig verarbeiten.

5 Den Teig in die vorbereitete Form geben und bei 180 °C im vorgeheizten Backofen 45–60 Minuten goldbraun backen.

6 Währenddessen für den Sirup Puderzucker und Zitronensaft in einen kleinen Topf geben. Bei geringer Hitze so lange unter Rühren erwärmen, bis die Mischung Bläschen wirft und eindickt.

7

7 Den Kuchen aus dem Ofen nehmen und mit einem dünnen Spieß einstechen. Dann den Sirup auf dem Kuchen verstreichen. Vor dem Servieren in der Form ganz auskühlen lassen.

TIPP

Man sticht die Kuchenoberfläche ein, damit der Kuchen den Sirup besser aufnimmt.

Apfelkuchen mit Cidre

Für 8 Personen

225 g Mehl
3 TL Backpulver
75 g Butter, in kleinen Stücken
75 g Zucker
50 g getrocknete Apfelscheiben, gehackt
75 g Rosinen
150 ml süßer Cidre
1 Ei, verquirlt
175 g Himbeeren

1 Eine Kuchenform (20 cm Ø) einfetten und mit Backpapier auslegen.

2 Mehl und Backpulver in eine Schüssel sieben. Die Butter mit den Fingern darin verreiben, bis ein krümeliger Teig entsteht.

3 Zucker, Apfel und Rosinen zugeben und gut unterrühren.

4 Cidre und Ei zugießen und zu einem weichen Teig verarbeiten. Die Himbeeren untermischen, möglichst ohne sie zu zerquetschen.

5 Den Teig in die vorbereitete Form geben.

6 Den Kuchen bei 190 °C im vorgeheizten Backofen 40 Minuten leicht goldbraun backen.

7 In der Form etwas abkühlen lassen, dann auf einen Rost legen und vor dem Servieren gänzlich auskühlen lassen.

3

4

4

Festlicher Früchtekuchen

Für 4 Personen

175 g ungesüßte Datteln, entsteint
125 g Backpflaumen, entsteint
200 ml ungesüßter Orangensaft
2 EL Sirup
1 TL geriebene Zitronenschale
1 TL geriebene Orangenschale
225 g Vollkornmehl
1 TL Backpulver
1 TL Lebkuchen-Gewürzmischung
125 g Rosinen
125 g Sultaninen
125 g Korinthen
125 g getrocknete Cranberries
3 große Eier, getrennt
Puderzucker, zum Bestäuben

DEKORATION

1 EL Aprikosenmarmelade, erwärmt
175 g Zuckerguss
Orangen- und Zitronenzesten

1 Eine runde Backform (20 cm Ø) einfetten und mit Backpapier auslegen. Datteln und Pflaumen würfeln und in einen Topf mit dem Orangensaft 10 Minuten kochen. Vom Herd nehmen und die Früchte zu Püree verrühren. Sirup, Orangen- und Zitronenschale zugeben, abkühlen lassen.

1

2 Mehl, Backpulver und Gewürze in eine Schüssel sieben. Trockenfrüchte unterrühren und eine Vertiefung in die Mitte drücken. Die Pflaumen-Dattel-Mischung mit dem Eigelb verrühren. Separat das Eiweiß steif schlagen. Früchtepüree zum Teig geben und unterrühren.

2

3 Den Eischnee unterheben. Den Teig in die Form geben bei 170 °C im vorgeheizten Backofen 1½ Stunden backen. In der Form auskühlen lassen.

3

4 Kuchen aus der Form nehmen und mit der Marmelade bestreichen. Zuckerguss darüber pinseln. Fest werden lassen und mit den Zesten garnieren.

Karotten-Ingwer-Kuchen

Für 10 Personen

225 g Mehl
1 TL Backpulver
1 TL Natron
2 TL gemahlener Ingwer
½ TL Salz
175 g hellbrauner Zucker
225 g Karotten, gerieben
2 Stücke kandierter Ingwer, gehackt
25 g Ingwerwurzel, gerieben
60 g Rosinen
2 Eier, verquirlt
3 EL Maiskeimöl
Saft von 1 Orange

GLASUR
225 g Frischkäse
4 EL Puderzucker
1 TL Vanillearoma

GARNIERUNG
Karotte, gerieben
kandierter Ingwer
gemahlener Ingwer

1 Eine Kuchenform (20 cm Ø) leicht einfetten und mit Backpapier auslegen.

2 Mehl, Backpulver, Natron, Ingwerpulver und Salz in eine Schüssel sieben. Zucker, Karotten, kandierten und frischen Ingwer und Rosinen unterrühren. Eier, Öl und Orangensaft mischen und zum Teig geben. Alle Zutaten gründlich vermengen.

3 Den Teig in die Form geben und bei 180 °C im vorgeheizten Backofen 60–75 Minuten backen, bis der Kuchen fest ist. In der Form auskühlen lassen.

4 Für die Glasur den Frischkäse in einer Schüssel geschmeidig schlagen. Puderzucker hineinsieben und Vanillearoma einrühren.

5 Den Kuchen aus der Form lösen und die Oberseite mit der Glasur bestreichen. Dekorieren und servieren.

2

2

Erdbeerrolle

Für 8 Personen

3 große Eier

125 g Zucker

125 g Mehl

1 EL heißes Wasser

FÜLLUNG

200 g Magerquark oder fettarmer Naturjoghurt

5 Tropfen Bittermandelaroma

225 g kleine Erdbeeren

DEKORATION

1 EL Mandelblättchen, geröstet

1 TL Puderzucker

1

3

5

1 Ein Backblech (35 cm x 25 cm) mit Backpapier auslegen. Die Eier mit dem Zucker in eine Schüssel geben und im heißem Wasserbad dick und cremig schlagen.

2 Die Schüssel vom Topf nehmen. Das Mehl hineinsieben, heißes Wasser zugeben und unterheben. Den Teig auf das Blech streichen und bei 220 °C im vorgeheizten Backofen 8–10 Minuten backen, bis er fest ist.

3 Den Biskuitboden auf ein großes Stück Backpapier legen und mit dem Backpapier aufrollen. Die Rolle in ein Geschirrtuch hüllen und abkühlen lassen.

4 Für die Füllung Quark und Bittermandelaroma verrühren. Einige Erdbeeren für die Dekoration beiseite legen, die übrigen waschen, entstielen und in Scheiben schneiden. Die Creme in den Kühlschrank stellen.

5 Den Boden entrollen, mit der Quarkcreme bestreichen und mit den Erdbeeren belegen. Vorsichtig (ohne Backpapier) wieder aufrollen. Mit Puderzucker bestäuben und mit den restlichen Erdbeeren dekorieren.

Orangen-Mandel-Kuchen

Für 8 Personen

4 Eier, getrennt
125 g Zucker
geriebene Schale und Saft von 2 Orangen
geriebene Schale und Saft von 1 Zitrone
125 g gemahlene Mandeln
200 g Mehl
2 TL Backpulver

ORANGENCREME
200 g Schlagsahne
1 TL Zimt
2 TL Zucker
2 EL Mandelblättchen, geröstet
Puderzucker, zum Bestäuben

VARIATION

Sirup für den Kuchen: Geriebene Schale von 2 Orangen, 75 g Zucker und 2 Esslöffel Wasser 5 Minuten kochen, bis eine dickflüssige Masse entsteht. Vor dem Servieren 1 Esslöffel Orangenlikör einrühren.

1 Eine Springform (18 cm Ø) einfetten oder mit Backpapier auslegen.

2 Eigelb und Zucker schaumig rühren. Dann die Orangenschale und die Hälfte der Zitronenschale unterheben.

TIPP

Schüssel, Schneebesen und Sahne vor dem Schlagen gut kühlen. Sahne dickflüssig schlagen, dann langsam bis zur gewünschten Steife schlagen.

3 Orangen- und Zitronensaft sowie die Mandeln unter die Eigelbmasse rühren. Dann Mehl und Backpulver zufügen.

4 Eiweiß steif schlagen und vorsichtig unter die Mischung heben.

5 Den Teig in die vorbereitete Backform füllen und 35–40 Minuten bei 180 °C goldbraun backen, bis er so fest ist, dass er leicht nachgibt, wenn man vorsichtig darauf drückt. Aus dem Ofen nehmen, 10 Minuten in der Form abkühlen lassen, dann herausnehmen.

6 Die Sahne mit Zimt, Zucker und Orangenschale mischen und steif schlagen. Sobald der Kuchen abgekühlt ist, mit den gerösteten Mandeln belegen, mit Puderzucker bestäuben und mit der Orangencreme servieren.

Kokosnusskuchen

Für 6–8 Personen

225 g Mehl
2 TL Backpulver
1 Prise Salz
100 g Butter, in kleinen Stücken
100 g Farinzucker
100 g Kokosraspel, plus etwas mehr, zum Garnieren
2 Eier, verquirlt
4 EL Milch

1 Eine Kastenform (20–25 cm) einfetten und den Boden mit Backpapier auslegen.

2 Mehl, Backpulver und Salz in eine Schüssel sieben. Die Butter mit den Fingern in der Mehlmischung verreiben, bis ein krümeliger Teig entsteht.

3 Zucker, Kokosraspeln, Eier und so viel Milch unterrühren, bis der Teig vom Löffel tropft.

4 Den fertigen Teig in die vorbereitete Form geben, glatt streichen und bei 160 °C im vorgeheizten Backofen 30 Minuten backen.

5 Den Kuchen herausnehmen, mit Kokosraspel bestreuen und weitere 30 Minuten goldbraun backen, bis ein in die Mitte gestochener Metallspieß teigfrei bleibt.

6 Den fertigen Kuchen zunächst in der Form etwas abkühlen lassen, dann auf einen Rost legen und vor dem Servieren ganz auskühlen lassen.

Mandelschnitten

Ergibt 8 Stück

3 Eier

75 g gemahlene Mandeln

200 g Milchpulver

200 g Zucker

½ TL Safranfäden

100 g Butter

25 g Mandelblättchen

1 Eier in einer Schüssel verquirlen und beiseite stellen.

2 Gemahlene Mandeln, Milchpulver, Zucker und Safran in eine große Rührschüssel geben und gut vermengen.

3 Butter in einem kleinen Topf zerlassen. Über die trockenen Zutaten geben und verrühren, bis alle Zutaten gut vermischt sind.

4 Die verquirlten Eier in die Mischung geben und gut unterrühren.

5 Teig in eine flache feuerfeste Form (15–20 cm) geben und im vorgeheizten Backofen bei 160 °C 45 Minuten backen. Mit einem Holzspieß prüfen, ob der Kuchen fertig ist – es darf kein Teig mehr daran kleben.

6 Den Mandelkuchen in Schnitten aufschneiden. Die Mandelschnitten mit Mandelblättchen dekorieren und auf einem Servierteller anrichten. Heiß oder kalt servieren.

TIPP

Mandelschnitten können heiß oder kalt serviert werden. Man kann sie 1 Tag oder sogar 1 Woche im Voraus zubereiten und dann aufwärmen. Sie lassen sich auch einfrieren.

Birnen-Ingwer-Kuchen

Für 6 Personen

200 g weiche Butter
150 g Zucker
200 g Mehl, gesiebt
2 TL Backpulver
3 TL gemahlener Ingwer
3 Eier, verquirlt
500 g Birnen, entkernt und in dünne Scheiben geschnitten
1 EL brauner Zucker
Eiscreme oder Schlagsahne, zum Servieren

TIPP

Normaler Haushaltszucker ist süßer als brauner Rohrzucker. Wenn einmal Zucker in Ihrer Vorratskammer verklumpt sein sollte, werfen Sie ihn nicht fort. Wickeln Sie die Packung in ein sauberes, feuchtes Küchentuch und erhitzen Sie sie bei mittlerer Hitze in der Mikrowelle, bis der Zucker wieder streufähig ist.

1 Eine Springform (22 cm Ø) einfetten oder mit Backpapier auslegen.

2 175 g Butter, Zucker, Mehl, Backpulver, Ingwer und Eier mit dem Handrührgerät zu einem glatten Teig verarbeiten.

3 Den Teig in die Backform geben. Die Oberfläche glätten.

4 Die Birnen fächerförmig auf dem Teig verteilen. Mit Zucker bestreuen. Die restliche Butter in Flöckchen über den Teig geben.

5 Den Kuchen 35–40 Minuten bei 180 °C im vorgeheizten Backofen goldbraun backen (Druckprobe machen).

6 Den Kuchen noch warm servieren und nach Belieben mit einer Kugel Eiscreme oder etwas Sahne dekorieren.

VARIATION

Ersetzen Sie den Ingwer durch 2 Teelöffel Zimt und den braunen Zucker durch Vanillezucker.

Mandel-Kaffee-Streusel

Für 8 Personen

280 g Mehl
1 EL Backpulver
80 g Zucker
150 ml Milch
2 Eier
100 g Butter, zerlassen, abgekühlt
2 EL löslicher Kaffee, mit 1 EL heißem Wasser gemischt
50 g Mandeln, gehackt
Puderzucker, zum Bestäuben

STREUSEL
75 g Mehl
½ TL Backpulver
75 g Farinzucker
25 g Butter, in kleinen Stücken
1 TL Lebkuchen-Gewürzmischung
1 EL Wasser

1 Eine Springform (24 cm Ø) einfetten oder mit Backpapier auslegen. Mehl und Backpulver in eine Schüssel sieben und mit Zucker mischen.

2 Milch, Eier, Butter und Kaffee verquirlen und zu dem Mehl geben. Die Mandeln vorsichtig unterrühren. Den fertigen Teig in die vorbereitete Backform füllen.

3 Für die Streusel Mehl, Backpulver und Farinzucker mischen.

4 Die Butter mit den Fingern darin verreiben, bis ein krümeliger Teig entsteht. Lebkuchen-Gewürzmischung und Wasser zugeben und zu Streuseln verarbeiten. Die Streusel über den vorbereiteten Teig streuen.

5 Den Kuchen bei 190 °C im vorgeheizten Backofen 50–60 Minuten backen. Wenn die Streusel zu schnell braun werden, die Form mit Alufolie abdecken. Den fertigen Kuchen in der Form etwas abkühlen lassen, dann herausnehmen und kurz vor dem Servieren mit Puderzucker bestreuen.

2

2

4

Ingwerbrot

Ergibt 12 Stück

150 g Butter

175 g Farinzucker

2 EL Zuckerrübensirup

225 g Mehl

1 TL Backpulver

2 TL Natron

2 TL gemahlener Ingwer

150 ml Milch

1 Ei, verquirlt

2 Äpfel, geschält, entkernt, gehackt und mit 1 EL Zitronensaft beträufelt

VARIATION

Für ein stärkeres Ingweraroma in Schritt 3 zusätzlich 25 g fein gehackten kandierten Ingwer zugeben.

1 Eine Kuchenform (24 cm Seitenlänge) einfetten und mit Backpapier auslegen.

2 Butter, Zucker und Sirup in einem kleinen Topf vorsichtig schmelzen. Anschließend abkühlen lassen.

3 Mehl, Backpulver, Natron und Ingwer in einer Schüssel vermischen.

4 Zuerst Milch, Ei und die Buttermischung, dann die Äpfel zugeben.

5 Alle Zutaten vorsichtig vermengen und den fertigen Teig in die vorbereitete Form geben.

6 Bei 170 °C im vorgeheizten Backofen 30–35 Minuten backen, bis der Kuchen aufgegangen ist und ein in die Mitte gestochener Metallspieß teigfrei bleibt.

7 Den fertigen Kuchen in der Form etwas abkühlen lassen, dann herausnehmen und in 12 Stücke schneiden.

2

4

5

Kirsch-Scones

Ergibt 8 Stück

225 g Mehl

2 TL Backpulver

1 EL Zucker

1 Prise Salz

75 g Butter, in kleinen Stücken

40 g kandierte Kirschen, gehackt

40 g Sultaninen

1 Ei, verquirlt

50 ml Milch

TIPP

Man kann die Kirschbrötchen sehr gut einfrieren – sie halten sich bis zu 1 Monat.

1 Ein Backblech leicht einfetten. Mehl, Backpulver, Zucker und Salz in eine große Schüssel sieben.

2 Mit der Butter zu einem krümeligen Teig verarbeiten.

3 Die Kirschen und die Sultaninen in den Teig einrühren. Anschließend das Ei zugeben und gut unterrühren.

3

4 Für die Glasur 1 Esslöffel Milch zurückbehalten, den Rest zu dem Früchteteig geben und zu einem weichen Teig verarbeiten.

4

5 Den Teig auf einer bemehlten Arbeitsfläche 2 cm dick ausrollen und 8 runde Scheiben von 5 cm Ø ausstechen.

5

6 Die Scheiben auf das vorbereitete Backblech legen und mit der zurückbehaltenen Milch bestreichen.

7 Bei 220 °C im vorgeheizten Ofen 8–10 Minuten goldbraun backen.

8 Die Scones auf einem Rost auskühlen lassen. Zum Servieren aufschneiden und mit Butter bestreichen.

Apfel-Scones

Ergibt 8 Stück

etwas Butter, zum Einfetten
225 g Mehl
2 TL Backpulver
1 EL Zucker
1 Prise Salz
75 g Butter, in kleinen Stücken
1 Apfel, geschält, entkernt und gehackt
1 Ei, verquirlt
2 EL Zuckerrübensirup
75 ml Milch

1 Ein Backblech leicht mit Butter einfetten.

2 Mehl, Backpulver, Zucker und Salz in eine Schüssel sieben.

3 Butter mit den Fingern in der Mischung verreiben, bis ein krümeliger Teig entsteht.

4 Die Apfelstücke zugeben und unterrühren.

5 Ei, Sirup und Milch verquirlen. Zu den trockenen Zutaten geben und zu einem glatten Teig verarbeiten.

6 Den Teig auf einer leicht bemehlten Arbeitsfläche 2 cm dick ausrollen und 8 runde Scheiben von 5 cm Ø ausstechen.

7 Die Scheiben auf das vorbereitete Backblech legen und bei 220 °C im vorgeheizten Backofen 8–10 Minuten backen.

5

6

8 Die fertigen Scones auf einem Rost abkühlen lassen. Halbiert mit etwas Butter servieren.

Apfelküsse

Ergibt 4 Stück

150 g Mehl
½ TL Salz
1 TL Backpulver
1 EL Zucker
25 g Butter, in kleinen Stücken
50 ml Milch

FÜLLUNG

3 Äpfel, geschält, entkernt und in Scheiben geschnitten
100 g Zucker
1 EL Zitronensaft
1 TL gemahlener Zimt
300 ml Wasser
150 g Sahne, leicht geschlagen
Puderzucker, zum Bestäuben

1 Ein Backblech leicht einfetten. Mehl, Salz, Backpulver und Zucker in einer Schüssel mischen. Die Butter mit den Fingern darin verreiben, bis ein krümeliger Teig entsteht.

2 Die Milch zugeben und zu einem glatten Teig verarbeiten. Den Teig kurz durchkneten und 1 cm dick ausrollen. 4 runde Scheiben von 5 cm Ø ausstechen und auf das vorbereitete Backblech legen.

2

2

3 Die Scheiben bei 220 °C im vorgeheizten Backofen etwa 15 Minuten backen, bis sie aufgegangen und leicht gebräunt sind. Anschließend abkühlen lassen.

4 Für die Füllung Apfelscheiben, Zucker, Zitronensaft, Zimt und Wasser in einem Topf zum Kochen bringen und ohne Deckel 5–10 Minuten köcheln lassen, bis die Äpfel weich sind. Etwas abkühlen lassen, dann die Äpfel aus dem Topf nehmen.

4

5 Die gebackenen Teigscheiben horizontal halbieren. Die unteren Hälften mit je 1 Viertel Apfelscheiben und Sahne belegen. Die andere Hälfte darüber legen und mit Puderzucker bestäuben. Servieren.

Apfel-Brombeer-Zuckerkuchen

Für 10 Personen

- 350 g Kochäpfel, entkernt, geschält und klein gewürfelt
- 3 EL Zitronensaft
- 300 g Vollkornmehl
- 3½ TL Backpulver
- 1 TL Zimt, plus etwas mehr zum Bestäuben
- 175 g Brombeeren, plus etwas mehr zum Garnieren
- 175 g Farinzucker
- 1 Ei, verquirlt
- 200 g Frischkäse
- 60 g weiße oder braune Zuckerwürfel, grob zerkleinert
- 1 Dessertapfel, in Scheiben, zum Dekorieren

VARIATION

Ersetzen Sie die Brombeeren durch Blaubeeren. Verwenden Sie Tiefkühlware, wenn Sie keine frischen Beeren bekommen.

1 Eine Kastenform (20–25 cm) einfetten und mit Backpapier auslegen. Die Äpfel mit dem Zitronensaft in einem Topf aufkochen, abdecken und 10 Minuten köcheln lassen, bis sie weich sind und zerfallen. Pürieren und zum Abkühlen beiseite stellen.

1

2 Mehl, Backpulver und Zimt in eine Schüssel sieben und mit 120 g Brombeeren und dem Zucker vermengen.

2

3 Eine Mulde in der Mitte des Teigs formen und Ei, Frischkäse und Apfelpüree hineingeben. Gründlich vermengen. Den Teig in die Kastenform geben und glatt streichen.

4 Die restlichen Brombeeren darauf verteilen, in den Teig drücken und mit dem zerkleinerten Zucker bestreuen. Bei 190 °C im vorgeheizten Ofen 40–45 Minuten backen, dann in der Form abkühlen lassen.

4

5 Den Kuchen aus der Form heben und das Backpapier entfernen. Mit Zimt bestäuben sowie mit Brombeeren und Apfelscheiben dekorieren.

Gewürzbrot

Ergibt 1 Laib

325 g Mehl

3 TL Backpulver

1 Msp. Salz

1 Msp. Cayennepfeffer

2 TL Currypulver

2 TL Mohn

25 g Butter, in kleinen Stücken

150 ml Milch

1 Ei, verquirlt

1 Ein Backblech leicht mit Butter einfetten.

2 Mehl, Backpulver, Salz, Cayennepfeffer, Currypulver und Mohn in eine große Schüssel sieben und mischen.

3 Die Butter mit den Fingern darin verreiben, bis ein krümeliger Teig entsteht.

4 Milch und Ei zugeben und zu einem festen Teig verrühren.

5 Einige Minuten auf einer leicht bemehlten Arbeitsfläche glatt kneten.

6 Anschließend zu einem runden Laib formen und oben kreuzförmig einschneiden.

7 Den Laib bei 190 °C im vorgeheizten Ofen 45 Minuten backen.

8 Das fertige Brot auf einem Rost abkühlen lassen und in Stücken oder Scheiben servieren.

TIPP

Wenn das Brot zu schnell braun wird, decken Sie es bis zum Ende der Backzeit mit Alufolie ab.

4

6

Käse-Schinken-Brot

Ergibt 1 Laib

225 g Mehl
4 TL Backpulver
1 TL Salz
1 TL Paprikapulver
75 g Butter, in kleinen Stücken
125 g reifer herzhafter Hartkäse, gerieben
75 g geräucherter Schinken
2 Eier, verquirlt
150 ml Milch

TIPP

Dieses Brot ist nicht lange haltbar und wird am besten am Tag der Zubereitung verzehrt.

1 Eine kleine Kastenform (450 ml Inhalt) einfetten und den Boden mit Backpapier auslegen.

2 Mehl, Backpulver, Salz und Paprikapulver in eine Schüssel sieben und mischen.

3 Mit der Butter zu einem krümeligen Teig verarbeiten. Käse und klein gehackten Schinken einrühren.

4 Eier und Milch zu geben und gut vermischen.

5 Den fertigen Teig in die vorbereitete Form füllen.

6 Anschließend bei 180 °C im vorgeheizten Backofen 1 Stunde backen, bis er gut aufgegangen ist.

7 Das fertige Brot in der Form etwas abkühlen lassen. Dann auf einem Rost ganz auskühlen lassen.

8 In dicke Scheiben schneiden und servieren.

Tomatenbrötchen

Ergibt 8 Stück

225 g Mehl
½ TL Salz
1 Päckchen Trockenhefe
100 g Butter, zerlassen und leicht abgekühlt
3 EL Milch, erwärmt
2 Eier, verquirlt
50 g sonnengetrocknete Tomaten in Öl, gut abgetropft und fein gehackt
Milch, zum Bestreichen

VARIATION

Für zusätzliches Aroma geben Sie in Schritt 5 fein gehackte Sardellenfilets oder Oliven zum Teig.

1 Ein Backblech leicht einfetten. Mehl und Salz in eine große Schüssel sieben und mit der Trockenhefe vermengen.

2 Butter, Milch und Eier zugeben und zu einem Teig verarbeiten.

3 Den Teig von Hand auf einer leicht bemehlten Arbeitsfläche

oder mit den Knethaken eines elektrischen Rührgeräts etwa 5 Minuten glatt kneten.

4 Den Teig in eine eingefettete Schüssel geben, abdecken und an einem warmen Ort 1–1½ Stunden gehen lassen, bis sich sein Volumen verdoppelt hat. Anschließend erneut einige Minuten durchkneten.

5 Die Tomaten in den Teig kneten. Die Arbeitsfläche dazu gegebenenfalls etwas stärker mit Mehl bestäuben, da die Tomaten sehr fetthaltig sind.

6 Den Teig zu 8 kleinen Kugeln formen und diese auf das Backblech legen. Abdecken und weitere 30 Minuten gehen lassen, bis sich ihr Volumen verdoppelt hat.

7 Die Teigkugeln mit Milch bestreichen und bei 230 °C im vorgeheizten Backofen 10–15 Minuten goldbraun backen.

8 Die fertigen Brötchen auf einem Rost vor dem Servieren leicht abkühlen lassen.

Knoblauchbrötchen

Ergibt 8 Stück

12 Knoblauchzehen

350 ml Milch

450 g Mehl

1 TL Salz

1 Päckchen Trockenhefe

1 TL gemischte getrocknete Kräuter (z. B. Majoran, Basilikum, Oregano und Thymian)

2 EL Sonnenblumenöl

1 Ei, verquirlt

Milch, zum Bestreichen

grobes Salz, zum Bestreuen

2

4

5

1 Ein Backblech einfetten oder mit Backpapier auslegen.

2 Die Knoblauchzehen schälen und mit der Milch in einem Topf 15 Minuten köcheln lassen. Die leicht abgekühlte Masse pürieren.

3 Mehl und Salz in eine große Schüssel sieben. Mit der Trockenhefe und den Kräutern vermengen.

4 Knoblauch-Milch-Püree, Öl und Ei zugeben und zu einem festen Teig verarbeiten.

5 Den Teig auf einer leicht bemehlten Arbeitsfläche einige Minuten sanft weich und geschmeidig kneten.

6 In einer eingefetteten Schüssel abgedeckt an einem warmen Ort etwa 1 Stunde gehen lassen, bis sich das Volumen verdoppelt hat.

7 Den aufgegangenen Teig erneut 2 Minuten kneten. Dann 8 runde Brötchen daraus formen und diese auf das vorbereitete Backblech legen. Die Brötchen oben mit einem Messer einschneiden, abdecken und weitere 15 Minuten gehen lassen.

8 Die Brötchen mit Milch bestreichen und mit grobem Salz bestreuen.

9 Bei 220 °C im vorgeheizten Backofen 15–20 Minuten backen. Die fertigen Brötchen vor dem Servieren auf einem Rost abkühlen lassen.

Mini-Focaccia

Ergibt 4 Stück

350 g Mehl
½ TL Salz
1 Päckchen Trockenhefe
2 EL Olivenöl
250 ml lauwarmes Wasser
100 g grüne oder schwarze Oliven, entsteint und halbiert

BELAG
2 rote Zwiebeln, in Ringen
2 EL Olivenöl
1 TL Meersalz
1 EL frische Thymianblätter

1 Ein Backblech leicht einfetten. Mehl und Salz in eine große Schüssel sieben und mit der Trockenhefe vermengen. Olivenöl und Wasser zugeben und zu einem festen Teig verarbeiten.

4

2 Den Teig mit der Hand auf einer leicht bemehlten Arbeitsfläche etwa 5 Minuten glatt kneten oder 7–8 Minuten mit den Knethaken eines elektrischen Rührgeräts verarbeiten.

3 In eine eingefettete Schüssel geben, abdecken und an einem warmen Ort 1–1½ Stunden gehen lassen, bis sich das Volumen verdoppelt hat. Dann erneut 1–2 Minuten kneten.

4 Die Hälfte der Oliven in den Teig kneten. Dann den Teig vierteln und 4 Fladen daraus formen. Diese auf das vorbereitete Backblech legen und mit den Fingern oben leicht eindrücken.

4

5

5 Zwiebeln und restliche Oliven auf die Fladen legen. Mit Olivenöl beträufeln und mit Meersalz und Thymianblättern bestreuen. Die Fladen abdecken und weitere 30 Minuten an einem warmen Ort gehen lassen.

6 Die Fladen bei 190 °C im vorgeheizten Backofen 20–25 Minuten backen, bis sie außen goldbraun und innen durchgebacken sind.

7 Vor dem Servieren auf einem Rost auskühlen lassen.

VARIATION

Aus der gleichen Teigmenge können Sie auch 1 großen Focaccia-Laib herstellen.

Joghurtbrot

Ergibt 1 Laib

300 g Mehl

300 g Vollkornmehl

2 TL Backpulver

1 TL Natron

2 EL Zucker

1 TL Salz

1 Ei, verquirlt

425 ml Naturjoghurt

VARIATION

Für eine fruchtige Variante fügt man in Schritt 2 den trockenen Zutaten 125 g Rosinen hinzu.

1 Ein Backblech leicht einfetten und mit Mehl bestäuben.

2 Mehl, Backpulver, Natron, Zucker und Salz in eine große Schüssel sieben.

3 Ei und Joghurt verrühren und zu den trockenen Zutaten geben. Alles gut vermengen und zu einem weichen, klebrigen Teig verarbeiten.

3

3

4 Den Teig auf einer leicht bemehlten Arbeitsfläche einige Minuten glatt kneten und zu einem runden, etwa 5 cm hohen Laib formen.

5 Den Laib auf das vorbereitete Backblech legen und oben kreuzförmig einschneiden.

5

6 Das Brot bei 190 °C im vorgeheizten Backofen etwa 40 Minuten goldbraun backen.

7 Auf einem Rost abkühlen lassen und in Scheiben geschnitten servieren.

Plätzchen & Kekse

Wer sich einmal die Kaffeepause oder den Fünfuhrtee mit selbst gebackenen Plätzchen verschönt hat, wird diesen besonderen Genuss nicht mehr missen wollen. Unsere unwiderstehliche Auswahl an Plätzchen und Kleingebäck mundet jedem Gaumen – aber Vorsicht, es besteht Suchtgefahr!

Mit den Rezepten in diesem Kapitel können Sie Leckereien wie Zitrusmonde (s. S. 126), Meringen (s. S. 131), Sultaninos (s. S. 123) und Ingwerplätzchen (s. S. 116) ganz schnell und einfach selbst zubereiten. Die angegebenen Zutaten lassen sich ohne weiteres Ihrem persönlichen Geschmack entsprechend variieren – so bietet das Plätzchen- und Keksebacken jede Menge Spielraum für eigene Kreativität und Fantasie.

Currykekse

Ergibt 40 Kekse

100 g Mehl
1 TL Salz
2 TL Currypulver
100 g Cheshire-Käse oder anderer reifer Hartkäse, gerieben
100 g Parmesan, gerieben
100 g weiche Butter

TIPP
In einem luftdicht verschließbaren Behälter sind die Kekse mehrere Tage haltbar.

1 Mehrere Backbleche leicht einfetten.

2 Mehl und Salz in eine große Schüssel sieben und mischen.

3 Curry, Käse und Parmesan einrühren. Die Butter mit den Fingern darin verreiben und zu einem weichen Teig verarbeiten.

4 Den Teig auf einer leicht bemehlten Arbeitsfläche zu einem dünnen Rechteck ausrollen.

5 Mit einer Ausstechform von 5 cm Ø etwa 40 runde Kekse aus dem Teig ausstechen.

6 Die Kekse auf die vorbereiteten Backbleche verteilen.

7 Bei 180 °C im vorgeheizten Backofen 10–15 Minuten goldbraun backen.

8 Die fertigen Kekse auf den Blechen kurz abkühlen lassen. Dann auf einem Rost ganz auskühlen lassen, bis sie knusprig geworden sind.

3

4

5

Rosmarinplätzchen

Ergibt 25 Stück

50 g weiche Butter

50 g Zucker

geriebene Schale von 1 Zitrone

4 EL Zitronensaft

1 Ei, getrennt

2 TL frisch gehackter Rosmarin

200 g Mehl, gesiebt

Zucker, zum Bestreuen (nach Belieben)

VARIATION

Der frische Rosmarin kann durch 1½ Teelöffel getrockneten Rosmarin ersetzt werden.

1 Zwei Backbleche leicht einfetten. Butter und Zucker in einer großen Schüssel schaumig schlagen.

2 Zuerst Zitronenschale und -saft, dann das Eigelb zugeben.

3 Alles gründlich verquirlen. Dann den Rosmarin einrühren.

4 Mehl zugeben und zu einem glatten Teig verarbeiten. Den Teig in Frischhaltefolie einwickeln und 30 Minuten kalt stellen.

5 Den Teig auf einer leicht bemehlten Arbeitsfläche dünn ausrollen. Etwa 25 runde Plätzchen mit 6 cm Ø ausstechen und auf die vorbereiteten Backbleche legen.

6 Das Eiweiß in einer Schüssel leicht verquirlen und vorsichtig auf die Plätzchen streichen. Nach Belieben etwas Zucker darüber streuen.

7 Die Plätzchen bei 180 °C im vorgeheizten Backofen etwa 15 Minuten backen.

8 Auf einem Rost vor dem Servieren abkühlen lassen.

Käsetaler

Ergibt ca. 35 Stück

150 g Mehl
150 g reifer herzhafter Käse, gerieben
150 g Butter, in kleinen Stücken
1 Eigelb
Sesamsaat, zum Bestreuen

TIPP
Sie können diesem Gebäck auch andere Formen geben. Kinder etwa lieben Tier- und Fantasieformen aller Art.

1 Mehrere Backbleche leicht einfetten.

2 Mehl und Käse in einer Schüssel mischen.

3 Die Butter mit den Fingern in die Mehlmischung einarbeiten, bis ein krümeliger Teig entsteht.

4 Das Eigelb zugeben und zu einem glatten Teig verarbeiten. Diesen in Frischhaltefolie einwickeln und etwa 30 Minuten kalt stellen.

3

5 Den Teig auf einer leicht bemehlten Arbeitsfläche dünn ausrollen und mehrere runde Scheiben von ca. 6 cm Ø ausstechen. Den Vorgang mit den Teigresten so lange wiederholen, bis etwa 35 Taler entstanden sind.

6 Die Taler auf die Backbleche legen und mit Sesamsaat bestreuen.

5

7 Die Käsetaler bei 200 °C im vorgeheizten Backofen 20 Minuten backen, bis sie leicht gebräunt sind.

6

8 Aus dem Ofen nehmen und vor dem Servieren auf einem Rost etwas abkühlen lassen.

VARIATION
Die süße Version: Den Käse durch die geriebene Schale einer Zitrone ersetzen und am Ende von Schritt 2 125 g Zucker unterrühren. Eigelb mit 1 Esslöffel Cognac oder Rum verquirlen, bevor man es unter den Teig mischt. Dann wie oben beschrieben ausrollen, ausstechen und backen.

Käse-Schnittlauch-Scones

Ergibt 10 Stück

225 g Mehl
2 TL Backpulver
1 TL Senfpulver
½ TL Cayennepfeffer
½ TL Salz
100 g Frischkäse mit Kräutern
2 EL frisch gehackter Schnittlauch, plus etwas mehr, zum Garnieren
100 ml Magermilch, plus 2 EL mehr, zum Bestreichen
60 g Gouda, gerieben
Frischkäse, zum Servieren

1 Mehl, Backpulver, Senfpulver, Cayennepfeffer und Salz in eine Schüssel sieben und mischen.

2 Den Frischkäse zugeben und zu einem glatten Teig verkneten. Den Schnittlauch zufügen.

3 In die Mitte der Masse eine Vertiefung drücken. Unter ständigem Rühren die Milch zugießen, bis ein geschmeidiger Teig entsteht.

4 Den Teig auf einer bemehlten Arbeitsfläche durchkneten und zu einer Platte von 2 cm Dicke ausrollen. Mit einer runden Ausstechform (5 cm Ø) Scones ausstechen und diese auf ein Backblech setzen.

5 Die Teigreste verkneten und erneut ausrollen. Wieder Scones ausstechen. Der Teig sollte insgesamt 10 Stück ergeben.

6 Die Scones mit der restlichen Milch bestreichen und mit dem geriebenen Käse bestreuen. Bei 200 °C 15–20 Minuten goldbraun backen, bis sie aufgegangen sind. Etwas abkühlen lassen. Warm mit Frischkäse servieren, der mit Schnittlauch garniert ist.

Käse-Senf-Scones

Ergibt 8 Stück

225 g Mehl
1 Prise Salz
3 TL Backpulver
50 g Butter, in kleinen Stücken
125 g reifer herzhafter Käse, gerieben
1 TL Senfpulver
150 ml Milch
Pfeffer (nach Belieben)

2

3

5

1 Ein Backblech leicht einfetten. Mehl, Salz und Backpulver in eine Schüssel sieben.

2 Die Butter mit den Fingern in der Mehlmischung verreiben, bis ein krümeliger Teig entsteht.

3 Käse, Senfpulver und so viel Milch einrühren, bis ein glatter Teig entsteht.

4 Den Teig auf einer leicht bemehlten Arbeitsfläche vorsichtig kneten und zu einer etwa $2\frac{1}{2}$ cm dicken Scheibe formen.

5 Die Scheibe in 8 kleine Keile schneiden. Mit etwas Milch bestreichen und nach Belieben mit Pfeffer bestreuen.

6 Die Teigkeile bei 220 °C im vorgeheizten Backofen 10–15 Minuten goldbraun backen.

7 Die fertigen Scones vor dem Servieren etwas abkühlen lassen.

Ingwerplätzchen

Ergibt 30 Stück

350 g Mehl
3½ TL Backpulver
1 Prise Salz
200 g Zucker
1 TL gemahlener Ingwer
1 TL Natron
125 g Butter
75 g heller Sirup
1 Ei, verquirlt
1 TL geriebene Orangenschale

TIPP

Kekse im luftdicht verschlossenen Behälter aufbewahren und innerhalb einer Woche verzehren.

VARIATION

Für eine weniger traditionelle, aber ebenso köstliche Version ersetzen Sie den Ingwer durch 1 Esslöffel Lebkuchen-Gewürzmischung und die Orangenschale durch Zitronenschale.

1 Mehrere Backbleche leicht einfetten.

2 Mehl, Backpulver, Salz, Zucker, Ingwer und Natron in eine große Schüssel sieben.

3 Butter und Sirup bei schwacher Hitze in einem Topf erwärmen, bis die Butter ganz zerlassen ist.

4 Etwas abkühlen lassen und zu den trockenen Zutaten gießen.

5 Eier und Orangenschale zugeben und gründlich vermengen.

3

6 Den Teig mit den Händen zu 30 gleich großen Kugeln formen.

7 Die Kugeln mit genügend Abstand auf die vorbereiteten Backbleche legen und leicht flach drücken.

8 Die Plätzchen bei 160 °C im vorgeheizten Backofen 15–20 Minuten backen. Vor dem Servieren auf einem Rost abkühlen lassen.

4

7

Zitronenplätzchen

Ergibt 50 Stück

100 g weiche Butter
125 g Zucker
geriebene Schale von 1 Zitrone
1 Ei, verquirlt
4 EL Zitronensaft
350 g Mehl
1 TL Backpulver
1 EL Milch
Puderzucker, zum Bestäuben

VARIATION

Sie können diesen Plätzchen beliebige Formen geben – lassen Sie Ihrer Fantasie freien Lauf.

1 Mehrere Backbleche leicht einfetten.

2 Butter, Zucker und Zitronenschale in einer Schüssel schaumig verquirlen.

3 Nach und nach das Ei und den Zitronensaft zugeben und gut mit den anderen Zutaten mischen.

4 Mehl und Backpulver in die Mischung sieben und gut unterrühren. Die Milch zugießen und zu einem glatten Teig verarbeiten.

5 Den Teig auf eine leicht bemehlte Arbeitsfläche geben und in etwa 50 gleich große Stücke teilen.

6 Jedes Stück von Hand zu einem Stäbchen rollen und dieses zu einem „S" formen.

7 Die Zitronenplätzchen auf die Backbleche verteilen und bei 170 °C im vorgeheizten Backofen 15–20 Minuten backen. Auf einem Rost abkühlen lassen und vor dem Servieren mit Puderzucker bestäuben.

Zimtschnitten

Ergibt 12 Stück

250 g weiche Butter

250 g Zucker

3 Eier, verquirlt

250 g Mehl

2½ TL Backpulver

½ TL Natron

1 EL Zimt

150 g saure Sahne

100 g Sonnenblumenkerne

TIPP

Die Zimtschnitten lassen sich gut einfrieren und sind dann etwa 1 Monat haltbar.

1 Eine Backform (24 cm Seitenlänge) einfetten und den Boden mit Backpapier auslegen.

2 Butter und Zucker in einer großen Schüssel schaumig schlagen.

3 Nach und nach die Eier zugeben und jeweils gründlich mit der Buttermischung verquirlen.

4 Mehl, Backpulver, Natron und Zimt in die Butter-Ei-Mischung sieben und mit einem Metalllöffel vorsichtig unterheben.

5 Saure Sahne und Sonnenblumenkerne zufügen und ebenfalls gut unterrühren.

6 Den Teig in die Form geben und mit der Rückseite eines Löffels oder mit einem Messer glatt streichen.

7 Den Teig bei 180 °C im vorgeheizten Backofen 45 Minuten backen, bis er fest geworden ist.

8 Die Teigränder mit einem stumpfen Messer von der Form lösen und den Teig auf einem Rost auskühlen lassen. Vor dem Servieren in 12 Stücke schneiden.

4

3

5

Müslikekse

Ergibt 10 Stück

50 g Butter, plus Butter zum Einfetten
125 g Zucker
1 Ei, verquirlt
50 g Mehl
½ TL Salz
½ TL Backpulver
175 g Haferflocken
125 g Rosinen
2 EL Sesamsaat

TIPP

Diese Kekse bleiben in einem luftdicht verschließbaren Behälter besonders lange frisch.

1 Mit etwas Butter 2 Backbleche leicht einfetten.

2 Butter und Zucker in einer großen Schüssel schaumig schlagen.

3 Nach und nach das Ei zugeben und gut mit der Buttermischung verquirlen.

4 Mehl, Salz und Backpulver in die Mischung sieben und gut verrühren. Haferflocken, Rosinen und Sesam zugeben und gut untermischen.

5 Mit einem Löffel 10 Häufchen aus dem fertigen Teig stechen. Die Häufchen mit reichlich Abstand auf die Backbleche geben und mit dem Löffel leicht flach drücken.

6 Bei 180 °C im vorgeheizten Backofen 15 Minuten backen.

7 Die fertigen Kekse auf den Blechen etwas abkühlen lassen.

8 Die Kekse vor dem Servieren auf einem Rost ganz auskühlen lassen.

4

4

5

Haselnuss-Schnitten

Ergibt 16 Stück

150 g Mehl
1 TL Backpulver
1 Prise Salz
100 g Butter, in kleinen Stücken
150 g Farinzucker
1 Ei, verquirlt
4 EL Milch
100 g Haselnüsse, halbiert
Farinzucker, zum Bestreuen (nach Belieben)

1 Eine quadratische 24-cm-Backform einfetten und den Boden mit Backpapier auslegen.

2 Mehl, Backpulver und Salz in eine große Schüssel sieben.

3 Die Butter mit den Fingern darin verreiben, bis ein krümeliger Teig entsteht. Dann den Zucker einrühren.

4 Ei, Milch und Nüsse zugeben und gründlich zu einem weichen Teig verrühren.

5 Den Teig in die vorbereitete Form geben, glatt streichen und nach Belieben mit Farinzucker bestreuen.

6 Bei 180 °C im vorgeheizten Backofen etwa 25 Minuten backen, bis er fest ist.

VARIATION

Die Milch kann durch die gleiche Menge kalten, starken, schwarzen Kaffees ersetzt werden. Je stärker, desto besser!

7 Die Haselnuss-Schnitten 10 Minuten abkühlen lassen, aus der Form lösen und auf einem Rost ganz auskühlen lassen. Zum Servieren in kleine Quadrate schneiden.

Sultaninos

Ergibt 8 Stück

- 200 g Mehl
- 2 TL Backpulver
- 100 g Butter, in kleinen Stücken
- 75 g Farinzucker
- 100 g Sultaninen
- 25 g kandierte Kirschen, fein gehackt
- 1 Ei, verquirlt
- 2 EL Milch

TIPP

Die trockenen Zutaten im Voraus mischen und die flüssigen erst kurz vor dem Backen zufügen.

1 Ein Backblech leicht einfetten. Mehl und Backpulver in eine Schüssel sieben.

2 Die Butter mit den Fingern darin verreiben, bis ein krümeliger Teig entsteht.

3 Zucker, Sultaninen und Kirschen zugeben.

4 Ei und Milch zufügen und zu einem weichen Teig verarbeiten.

5 Mit einem Löffel 8 Häufchen aus dem Teig formen und mit genügend Abstand auf das Backblech geben (sie gehen beim Backen auf).

6 Bei 200 °C im vorgeheizten Backofen 15–20 Minuten backen, bis sie fest sind.

7 Die fertigen Sultaninos vom Blech nehmen und entweder sehr heiß servieren oder vor dem Verzehr auf einem Rost abkühlen lassen.

2

3

5

Kokosriegel

Ergibt 16 Stück

200 g Butter

200 g Farinzucker

2 EL heller Sirup

275 g Haferflocken

100 g Kokosraspel

75 g kandierte Kirschen, gehackt

TIPP

In einem luftdichten Behälter gelagert sind die Riegel 1 Woche, tiefgefroren sogar bis zu 1 Monat haltbar.

VARIATION

Einfache Haferkekse: 120 g Butter mit 3 EL Zucker und 3 EL Sirup bei schwacher Hitze in einem Topf zerlassen. 175 g Haferflocken gut unterrühren, dann wie oben beschrieben auf ein Backblech verteilen und backen.

1 Ein 30 cm x 24 cm großes Backblech leicht einfetten.

2 Butter, Farinzucker und Sirup in einem großen Topf erhitzen, bis sich der Zucker auflöst.

3 Haferflocken, Kokosraspel und kandierte Kirschen zugeben und mit der Zuckermischung überziehen.

4 Die Kokos-Zucker-Mischung auf das Backblech geben und mit einem Tortenheber andrücken.

5 Bei 170 °C im vorgeheizten Backofen etwa 30 Minuten backen.

6 Aus dem Ofen nehmen und etwa 10 Minuten auf dem Blech abkühlen lassen.

7 Mit einem scharfen Messer in etwa 16 Riegel schneiden.

8 Die fertigen Riegel auf einem Rost ganz abkühlen lassen.

Zitrusmonde

Ergibt 25 Stück

100 g weiche Butter
75 g Zucker
1 Ei, getrennt
200 g Mehl, gesiebt
geriebene Schale von 1 Orange
geriebene Schale von 1 Zitrone
geriebene Schale von 1 Limette
2–3 EL Orangensaft
feiner Zucker, zum Bestreuen (nach Belieben)

3

4

1 Zwei Backbleche leicht einfetten. Butter und Zucker in einer Schüssel schaumig schlagen.

2 Dann nach und nach das Eigelb untermischen.

3 Mehl zugeben und gut unterrühren. Die Zitrusschalen einrühren und mit genügend Orangensaft zu einem glatten Teig verarbeiten.

4 Den Teig auf einer leicht bemehlten Arbeitsfläche ausrollen. Scheiben von 7½ cm Ø ausstechen. Etwa 1 Viertel des Teigs von den Scheiben abstechen, sodass kleine Halbmonde entstehen. Die abgestochenen Reste erneut ausrollen und verarbeiten, bis etwa 25 Monde entstanden sind.

5 Die Monde auf die vorbereiteten Backbleche legen und mit einer Gabel einstechen.

6 Das Eiweiß in einer Schüssel leicht verquirlen und die Monde damit bestreichen. Nach Belieben etwas Zucker darüber streuen.

7 Die Monde bei 200 °C im vorgeheizten Backofen 12–15 Minuten backen. Vor dem Servieren abkühlen lassen.

Gewürzplätzchen

Ergibt 12 Stück

175 g Butter, plus etwas mehr zum Einfetten
175 g Farinzucker
225 g Mehl
1 Prise Salz
½ TL Natron
1 TL Zimt
½ TL gemahlener Koriander
½ TL gemahlene Muskatnuss
¼ TL gemahlene Nelken
2 EL brauner Rum

1 Zwei Backbleche leicht mit Butter einfetten.

2 Butter und Zucker in einer Schüssel schaumig schlagen.

3 Mehl, Salz, Natron, Zimt, Koriander, Muskatnuss und Nelken in die Buttermischung sieben und gut verrühren.

TIPP

Die Plätzchen kann man auch mit der Rückseite einer Gabel flach andrücken.

4 Den Rum zugießen und unterrühren.

5 Mit 2 Teelöffeln etwa 12 kleine Teighäufchen aus der so entstandenen Mischung formen und jeweils mit 7 cm Abstand auf die Backbleche setzen. Die Teighäufchen mit einem Löffel leicht flach drücken.

6 Bei 180 °C im vorgeheizten Backofen 10–12 Minuten goldbraun backen.

7 Die fertigen Plätzchen vor dem Servieren auf einem Rost abkühlen lassen.

2

3

5

Erdnussbutter-Cookies

Ergibt 20 Stück

125 g weiche Butter, plus etwas mehr zum Einfetten
150 g grobe Erdnussbutter (crunchy)
225 g Kristallzucker
1 Ei, leicht verquirlt
150 g Mehl
½ TL Backpulver
1 Prise Salz
75 g ungesalzene Erdnüsse, gehackt

TIPP

Wenn man die Kekse vor dem Backen mit etwas Farinzucker bestreut, werden sie knuspriger und glänzen mehr.

VARIATION

Eine etwas andere Geschmacksnote: Den Kristallzucker durch braunen Zucker ersetzen und 1 Teelöffel Lebkuchen-Gewürzmischung untermischen.

1 Zwei Backbleche leicht mit Butter einfetten.

2 Butter und Erdnussbutter in einer großen Schüssel vermengen.

2

3 Nach und nach den Zucker zugeben und gut unterrühren.

4 Langsam das Ei zufügen und gründlich untermischen.

5 Mehl, Backpulver und Salz in die Erdnussbutter-Mischung sieben.

6 Die Erdnüsse zugeben und alles zu einem weichen Teig verarbeiten. Den Teig in Frischhaltefolie einwickeln und 30 Minuten kalt stellen.

7 Aus dem Teig 20 Kugeln formen. Die Kugeln mit einem Abstand von jeweils 5 cm auf die vorbereiteten Bleche legen und mit der Hand leicht flach drücken.

6

8 Die Kekse bei 190 °C im vorgeheizten Backofen 15 Minuten goldbraun backen. Vor dem Servieren auf einem Rost abkühlen lassen.

7

Shortbread

Ergibt 8 Stück

125 g weiche Butter
40 g Kristallzucker
25 g Puderzucker
225 g Mehl
1 Prise Salz
2 TL Orangenblütenwasser
feiner Zucker, zum Bestreuen

1 Eine Springform (20 cm Ø) leicht einfetten.

2 Butter, Zucker und Puderzucker in einer Schüssel schaumig schlagen.

3 Mehl und Salz hineinsieben, Orangenblütenwasser zufügen und zu einem glatten Teig verarbeiten.

4 Teig auf einer leicht bemehlten Arbeitsfläche zu einer runden Scheibe von 20 cm Ø ausrollen und in die Springform einpassen. Mehrfach einstechen und mit einem Messer 8 Dreiecke in die Oberfläche ritzen.

5 Bei 160 °C im vorgeheizten Backofen 30–35 Minuten goldbraun und knusprig backen.

6 Das fertige Shortbread mit Zucker bestreuen und entlang der eingeritzten Linien einschneiden.

7 In der Form abkühlen lassen und bis zum Verzehr in einem luftdicht verschließbaren Behälter aufbewahren.

3

4

4

Meringen

Ergibt 12 Stück

- 4 Eiweiß
- 1 Prise Salz
- 125 g Kristallzucker
- 125 g feiner Zucker
- 300 g Sahne, leicht geschlagen

VARIATION

Die Meringen werden zarter, wenn man ausschließlich feinen Zucker verwendet.

1 Drei Backbleche mit Backpapier auslegen.

2 Das Eiweiß salzen und in einer großen, sauberen Schüssel mit einem elektrischen Rührgerät sehr steif schlagen – man muss die Schüssel schräg halten können, ohne dass sich das Eiweiß bewegt.

3 Nach und nach den Kristallzucker in den Eischnee rühren, bis dieser leicht glänzt.

4 Dann nach und nach den feinen Zucker unterrühren. Die Masse weiter schlagen, bis der gesamte Zucker verarbeitet ist und der Eischnee hohe, feste Spitzen bildet.

5 Die Eischneemischung in einen Spritzbeutel mit einer 2-cm-Sterntülle füllen und etwa 24 kleine Häufchen auf die Backbleche spritzen.

6 Die Meringen bei 120 °C im vorgeheizten Backofen etwa 1½ Stunden leicht braun backen, bis sie sich gut vom Papier lösen. Über Nacht im Ofen abkühlen lassen.

7 Kurz vor dem Servieren auf die Unterseite von 12 Meringen jeweils etwas Sahne geben und mit den anderen 12 wie Sandwichs zusammensetzen.

2

3

5

Vanilleherzen

Ergibt 12 Stück

- etwas Butter, zum Einfetten
- 225 g Mehl
- 150 g Butter, in kleinen Stücken
- 125 g feiner Zucker, plus etwas mehr zum Bestreuen
- 5 Tropfen Vanillearoma

TIPP

Vanillezucker selbst machen: Dazu 1 frische, aufgeschlitzte Vanillestange über mehrere Wochen in einen Zuckertopf legen.

VARIATION

Wer mag, kann mit dem Vanillearoma ein paar Tropfen rote oder rosa Lebensmittelfarbe zugeben und die Herzen mit kleinen silbernen, goldenen oder rosafarbenen Zuckerperlen verzieren.

1 Ein Backblech leicht mit Butter einfetten.

2 Das Mehl in eine große Schüssel sieben. Die Butter mit den Fingern darin verreiben, bis ein krümeliger Teig entsteht.

2

3 Zucker und Vanillearoma zugeben und von Hand zu einem festen Teig verarbeiten.

3

4 Auf einer leicht bemehlten Arbeitsfläche $2^1/_2$ cm dick ausrollen und etwa zwölf 5 cm große Herzen ausstechen.

4

5 Die Herzen auf das Backblech verteilen und bei 180 °C im vorgeheizten Backofen 15–20 Minuten goldbraun backen.

6 Die fertigen Vanilleherzen auf einem Rost abkühlen lassen. Kurz vor dem Servieren mit etwas Zucker bestreuen.

Vorspeisen & Snacks

Mit der Vielzahl frischer Zutaten, die uns zur Verfügung stehen, haben wir die Möglichkeit, wunderbare Entrees zu jeder Mahlzeit zu zaubern. Dieses Kapitel bietet kreativen Köchen eine Fülle fantasievoller und appetitanregender Ideen, die die Vorfreude auf das Hauptgericht noch steigern. Bei der Auswahl einer Vorspeise sollten Sie auf eine ausgewogene Zusammenstellung von Aromen, Farben und Konsistenzen achten, die Abwechslung und angenehme Kontraste bietet. Einem gehaltvollen Hauptgericht schickt man am besten eine leichte Vorspeise voraus, die den Gaumen anregt, ohne den Magen zu belasten.

Zwiebel-Mozzarella-Törtchen

Für 4 Personen

250 g Blätterteig
2 rote Zwiebeln, geschält
1 rote Paprika
8 Kirschtomaten, halbiert
100 g Mozzarella, gewürfelt
8 Thymianzweige

1 Den Blätterteig zu 4 Quadraten mit je 7–8 cm Seitenlänge ausrollen. Die Ränder mit einem Messer gerade abschneiden und die Reste zusammen mit den Quadraten 30 Minuten in den Kühlschrank stellen.

2 Die gekühlten Teigquadrate auf ein mit Backpapier ausgelegtes Backblech legen, die Ränder mit ein wenig Wasser bestreichen und mit den Teigresten einen kleinen erhöhten Rand um jedes Quadrat bilden.

3 Zwiebeln in Spalten schneiden, Paprika halbieren und entkernen.

4 Zwiebeln und Paprika etwa 15 Minuten unter einen vorgeheizten Grill legen, bis ihre Haut stellenweise schwarz geworden ist.

5 Die Paprika abkühlen lassen. Dann häuten und in Streifen schneiden.

6 Die Teigquadrate mit Alufolie bedecken und 10 Minuten bei 200 °C im vorgeheizten Backofen vorbacken. Dann die Folie entfernen und die Teigstücke weitere 5 Minuten backen.

7 Zwiebeln, Paprikastreifen, Tomaten und Mozarella auf die vorgebackenen Quadrate verteilen und mit Thymianzweigen belegen.

8 Die Törtchen weitere 15 Minuten in den Ofen geben und goldbraun backen.

Auberginen-Tomaten-Gratin

Für 4 Personen

3–4 EL Olivenöl
2 Knoblauchzehen, zerdrückt
2 große Auberginen
100 g Mozzarella, in dünne Scheiben geschnitten
200 g passierte Tomaten
50 g frisch geriebener Parmesan

1 In einer großen Pfanne 2 Esslöffel Öl erhitzen. Den Knoblauch zufügen und 30 Sekunden anbraten.

2 Die Auberginen längs in etwa 1 cm dicke Scheiben schneiden, portionsweise in die Pfanne geben und unter allmählicher Zugabe des restlichen Öls von jeder Seite 3–4 Minuten braten.

3 Aus der Pfanne heben und auf Küchenpapier abtropfen lassen.

4 In eine tiefe Auflaufform 1 Schicht Auberginen geben, mit 1 Schicht Mozzarella belegen und einen Teil der Tomaten darüber gießen. Den Vorgang so lange wiederholen, bis das gesamte

Gemüse und der Käse verbraucht sind. Abschließend eine letzte Schicht passierte Tomaten darüber gießen.

5 Das geschichtete Gemüse mit dem Parmesan bestreuen und bei 200 °C 30 Minuten im vorgeheizten Backofen garen.

6 Das Auberginen-Tomaten-Gratin auf Teller verteilen und heiß oder kalt servieren.

Fenchelgratin

Für 4 Personen

2 Fenchelknollen

2 Selleriestangen, in 8 cm langen Stücken

6 getrocknete Tomaten, halbiert

200 ml passierte Tomaten

2 TL getrockneter Oregano

Salz und Pfeffer

50 g frisch geriebener Parmesan

1

3

4

1 Die Fenchelknollen waschen. Grün, Stängel und Wurzelansatz abschneiden und die angetrockneten Schuppenblätter entfernen. Vierteln.

2 Wasser in einem großen Topf aufkochen, Fenchel und Sellerie darin 8–10 Minuten kochen. Aus dem Topf nehmen und abtropfen lassen.

3 Das Gemüse mit den Tomaten in eine feuerfeste Form geben.

4 Die passierten Tomaten und den Oregano auf dem Gemüse verteilen und mit Salz und Pfeffer abschmecken.

5 Das Gratin mit Parmesan bestreuen und bei 190 °C im vorgeheizten Backofen 20 Minuten backen. Das fertige Gericht als Beilage oder mit etwas Brot als Vorspeise servieren.

Käse-Zwiebel-Pasteten

Für 4 Personen

FÜLLUNG

3 EL Pflanzenöl

4 Zwiebeln, geschält und in Ringen

4 Knoblauchzehen, zerdrückt

4 EL frisch gehackte Petersilie

75 g reifer, herzhafter Käse, gerieben

Salz und Pfeffer

TEIG

175 g Mehl

½ TL Salz

100 g Butter, in kleinen Stücken

3–4 EL Wasser

TIPP

Die Füllung im Voraus zubereiten und im Kühlschrank lagern.

1 Das Öl in einer Pfanne erhitzen. Zwiebeln und Knoblauch darin 10–15 Minuten weich dünsten. Die Pfanne vom Herd nehmen, Petersilie und Käse zugeben und mit Salz und Pfeffer würzen.

1

1

2 Für den Teig Mehl und Salz in eine große Schüssel sieben. Die Butter mit den Fingern in der Mehlmischung verreiben, bis ein krümeliger Teig entsteht. Wasser zugeben und gut unterrühren.

3 Den fertigen Teig auf einer leicht bemehlten Arbeitsfläche ausrollen und in 8 Stücke teilen.

4 Die Teigstücke zu Scheiben von etwa 10 cm Ø ausrollen. 4 dieser Scheiben in 4 kleine Tortelettformen einpassen.

4

5 Jeweils 1 Viertel der Zwiebelmasse in die Törtchen füllen. Mit den restlichen 4 Teigscheiben abdecken, die Oberfläche einmal einritzen und die Teigränder zusammendrücken.

6 Die fertigen Pasteten bei 220 °C im vorgeheizten Backofen 20 Minuten backen und heiß oder kalt servieren.

Gefüllte Tomaten

Für 6 Personen

6 große feste Tomaten
50 g Butter
5 EL Öl
1 Zwiebel, fein gehackt
1 TL Pfeffer
1 TL Salz
1 TL gehackte Ingwerwurzel
1 große Knoblauchzehe, zerdrückt
½ TL Garam Masala
500 g Lammhack
1 grüne Chili, gehackt
frische Korianderblätter, gehackt

1 Den Tomaten am Stielansatz einen Deckel abschneiden. Das Fruchtfleisch entnehmen. Eine Auflaufform mit der Butter einfetten. Die Tomaten in die Form setzen.

2 Öl in einer Pfanne erhitzen. Die Zwiebel darin goldbraun braten.

3 Hitze reduzieren und Pfeffer, Salz, Ingwer, Knoblauch und Garam Masala zugeben. Die Mischung 3–5 Minuten anbraten.

4 Lammhack zufügen und 10–15 Minuten anbraten.

5 Chili und Korianderblätter unterrühren und weitere 3–5 Minuten garen.

6 Die Lammfleisch-Mischung in die Tomaten füllen, die Deckel wieder aufsetzen und bei 180 °C im vorgeheizten Backofen 15–20 Minuten backen.

7 Die Tomaten auf einem Servierteller angerichtet heiß servieren.

Tomaten mit Nudelfüllung

Für 8 Personen

5 EL Olivenöl
8 Fleischtomaten
125 g Ditalini oder andere kleine Nudeln
8 schwarze Oliven, entsteint und fein gehackt
2 EL frisch gehacktes Basilikum
1 EL frisch gehackte Petersilie
60 g frisch geriebener Parmesan
Salz und Pfeffer
frische Basilikumzweige, zum Garnieren

1 Ein Backblech mit Olivenöl einfetten. Deckel von den Tomaten abschneiden. Bleiben die Tomaten nicht stehen, eine dünne Scheibe von der Unterseite abschneiden.

2 Das Fruchtfleisch in ein Sieb löffeln, ohne die Schale zu verletzen. Die ausgehöhlten Tomaten umdrehen, auf Küchenpapier legen, trockentupfen und zum Abtropfen beiseite stellen.

3 Salzwasser in einem großen Topf zum Kochen bringen. Die Nudeln darin mit 1 Esslöffel Öl bissfest kochen. Abgießen und beiseite stellen.

4 Oliven, Basilikum, Petersilie und Parmesan in einer Rührschüssel mit dem Tomatenfleisch verrühren. Die Nudeln und das restliche Olivenöl einrühren. Abschmecken.

5 Die Nudelmischung in die Tomaten geben und die Deckel aufsetzen. Im vorgeheizten Backofen auf einem Backblech 15–20 Minuten bei 190 °C backen.

6 Aus dem Ofen nehmen und abkühlen lassen, bis die Tomaten zimmerwarm sind.

7 Auf einem Servierteller anrichten, mit Basilikum garniert servieren.

Mexikanische Pizza

Für 4 Personen

4 fertige Portions-Pizzaböden
1 EL Olivenöl
200 g Pizzatomaten aus der Dose
2 EL Tomatenmark
200 g Kidneybohnen aus der Dose, abgetropft und abgespült
120 g Maiskörner
1–2 TL Chilisauce
Salz und Pfeffer
1 große rote Zwiebel, in Ringen
100 g Hartkäse, gerieben
1 große grüne Chili, entkernt und in Ringen

TIPP

Für einen fettarmen mexikanischen Salat richten Sie Tomatenscheiben, frische Korianderblätter und wenige Scheiben einer reifen Avocado auf Tellern an. Mit frischem Limettensaft und grobem Salz bestreuen.

1 Die fertigen Pizzaböden auf ein Backblech legen und leicht mit Öl einpinseln.

2 In einer Schüssel Tomaten, Tomatenmark, Kidneybohnen und Mais vermengen, mit Chilisauce, Salz und Pfeffer abschmecken.

3 Die Mischung gleichmäßig auf die Pizzaböden verteilen.

4 Mit einigen Zwiebelringen belegen und mit geriebenem Käse bestreuen. Mit Chiliringen dekorieren.

5 Die Pizzen bei 220 °C 20 Minuten backen, bis das Gemüse weich ist, der Käse geschmolzen und der Teigrand knusprig und goldbraun ist.

6 Vom Backblech nehmen und auf Tellern anrichten. Sofort servieren.

Mini-Pizza

Ergibt 8 Stück

PIZZATEIG

2 TL Trockenhefe

1 TL Zucker

250 ml lauwarmes Wasser

350 g Mehl

1 TL Salz

1 EL Olivenöl

BELAG

2 Zucchini

100 ml passierte Tomaten

75 g Pancetta, gewürfelt

50 g schwarze Oliven, entsteint und grob gehackt

Salz und Pfeffer

1 EL getrocknete italienische Kräuter (Majoran, Basilikum, Oregano, Thymian)

2 EL Olivenöl

1 Hefe und Zucker in einen Messbecher geben, mit 50 ml Wasser auffüllen und 15 Minuten gehen lassen, bis die Mischung schäumt.

2 Mehl mit Salz in einer Schüssel vermengen. In eine Vertiefung in der Mitte Öl, die angerührte Hefe und das restliche Wasser zugießen und zu einem festen Teig verrühren.

3 Den Teig auf einer bemehlten Arbeitsfläche 4–5 Minuten glatt kneten. Zurück in die Schüssel geben und mit eingefetteter Frischhaltefolie abgedeckt 30 Minuten gehen lassen, bis sich sein Volumen verdoppelt hat.

4 Den aufgegangenen Teig nochmals 2 Minuten durchkneten und zu 8 gleich großen Kugeln formen. Jede dieser Kugeln zu dünnen Scheiben ausrollen und auf ein eingefettetes Backblech legen. Der Teig sollte nicht dicker als 5 mm sein, da er beim Backen noch aufgeht.

5 Für den Belag die Zucchini in eine Schüssel fein reiben. Auf Küchenpapier legen, 10 Minuten stehen lassen, um das austretende Wasser aufzufangen.

4

6

6 Je 2–3 Teelöffel passierte Tomaten auf 1 Pizzateigscheibe geben. Dann Zucchini, Pancetta und Oliven darauf verteilen. Mit Salz, frisch gemahlenem schwarzem Pfeffer und den italienischen Kräutern bestreuen und mit Olivenöl beträufeln.

7 Die Minipizzen bei 200 °C im vorgeheizten Backofen 15 Minuten goldbraun und knusprig backen. Eventuell nachwürzen und heiß servieren.

Käse-Schinken-Törtchen

Für 4 Personen

250 g fertiger Mürbeteig, gut gekühlt
2 EL Butter
1 rote Zwiebel, gehackt
1 Knoblauchzehe, zerdrückt
2 EL Weizenmehl
300 ml Milch
Salz und Pfeffer
50 g frisch geriebener Parmesan, plus etwas mehr zum Garnieren
2 Eier, hart gekocht und geviertelt
100 g italienische Wurst aus Schweinefleisch, z. B. Salami Felino, in Streifen geschnitten
frischer Thymian, zum Garnieren

1

1

1 Den kalten Teig grob raspeln und auf 4 Torteletttförmchen verteilen. Die Teigraspel mit einer bemehlten Gabel leicht in die Förmchen drücken.

2 Den Teig mit Alufolie bedecken und bei 220 °C im vorgeheizten Backofen 10 Minuten vorbacken. Dann die Hitze auf 200 °C reduzieren, die Folie entfernen und die Törtchen weitere 15 Minuten goldbraun backen.

3 Butter in einer Pfanne zerlassen, Zwiebel und Knoblauch darin 5–6 Minuten weich dünsten.

4 Das Mehl zugeben und gut mit der Zwiebelmischung vermengen. Nach und nach die Milch einrühren, bis eine dickflüssige Sauce entsteht.

5 Die Sauce mit Salz und Pfeffer abschmecken, dann den Parmesan einstreuen. Nicht mehr erhitzen, da sie sonst Fäden zieht.

6 Die fertige Sauce auf die vorgebackenen Törtchen verteilen und mit je 2 Eiervierteln und einigen Wurststreifen belegen.

7 Etwas Parmesan darüber streuen und die Törtchen noch einmal 5 Minuten im Ofen erhitzen.

8 Die Törtchen mit frischem Thymian garnieren und sofort servieren.

Gnocchi romana

Für 4 Personen

700 ml Milch
1 Prise frisch geriebene Muskatnuss
100 g Butter
Salz und Pfeffer
250 g Weizengrieß
125 g frisch geriebener Parmesan
2 Eier, verquirlt
60 g Gruyère, gerieben
frische Basilikumzweige, zum Garnieren

1 Die Milch in einem Topf aufkochen. Vom Herd nehmen und Muskat, 1 Esslöffel Butter, Salz und Pfeffer nach Geschmack einrühren.

2 Den Grieß unter ständigem Rühren in die Milch streuen, um Klümpchenbildung zu verhindern, und bei schwacher Hitze unter ständigem Rühren 10 Minuten köcheln, bis die Milch eindickt.

3 Die Hälfte des Parmesans unter den Grießteig rühren, dann die Eier zugeben und vermengen. Die Mischung einige Minuten leicht abkühlen lassen.

4 Den Grießteig in einer 1 cm dicken Schicht auf einen Bogen Backpapier oder ein großes eingeöltes Backblech streichen. Vollständig abkühlen lassen, dann 1 Stunde in den Kühlschrank stellen.

5 Aus dem Grießteig Gnocchischeiben mit einem Durchmesser von 4 cm ausstechen.

6 Eine flache Auflaufform einfetten und den Boden mit den Teigresten auslegen. Die Gnocchi überlappend darauf verteilen.

7 Die restliche Butter zerlassen und über die Gnocchi träufeln. Mit dem restlichen Parmesan, dann mit dem Gruyère bestreuen.

8 Im vorgeheizten Backofen 25–30 Minuten bei 200 °C backen, bis die Oberfläche knusprig und goldbraun ist. Die Gnocchi mit Basilikum garnieren und servieren.

Spinat-Ricotta-Muscheln

Für 4 Personen

400 g Lumache rigate grande
5 EL Olivenöl
60 g frische weiße Semmelbrösel
125 ml Milch
300 g Spinat
250 g Ricotta
1 Prise frisch geriebene Muskatnuss
Salz und Pfeffer
400 g Tomaten aus der Dose, abgetropft und gehackt
1 Knoblauchzehe, zerdrückt

1 Salzwasser in einem großen Topf aufkochen. Die Lumache darin mit 1 Esslöffel Öl bissfest kochen. Abgießen, unter kaltem Wasser abschrecken und beiseite stellen.

2 Semmelbrösel, Milch und 3 Esslöffel Olivenöl im Mixer verrühren.

3 Spinat und Ricotta zugeben und glatt pürieren. In eine Schüssel geben, Muskat einrühren und mit Salz und Pfeffer abschmecken.

4 Tomaten, Knoblauch und das restliche Öl mischen und auf den Boden einer Auflaufform geben.

5 Die Lumache mithilfe eines Teelöffels mit der Spinatmischung füllen und auf die Tomatensauce setzen. Abdecken und 20 Minuten im vorgeheizten Backofen bei 180 °C backen. Heiß servieren.

Dreifarbige Timballini

Für 4 Personen

60 g Semmelbrösel
200 g dreifarbige Spaghetti, in 5 cm lange Stücke gebrochen
3 EL Olivenöl
1 Eigelb
125 g Gruyère, gerieben
300 ml Béchamelsauce
1 Zwiebel, fein gehackt
1 Lorbeerblatt
150 ml trockener Weißwein
150 ml passierte Tomaten
1 EL Tomatenmark
Salz und Pfeffer
frische Basilikumblätter, zum Garnieren

1 Vier 180-ml-Ramequin-Förmchen einfetten. Gleichmäßig mit der Hälfte der Semmelbrösel ausstreuen.

2 Die Spaghetti mit 1 Esslöffel Öl in Salzwasser bissfest kochen. Abtropfen lassen und in eine Rührschüssel geben. Eigelb und Käse zu den Nudeln geben und abschmecken.

3 Die Béchamelsauce zugeben und vermengen. Nudeln in die Förmchen geben und mit den übrigen Semmelbröseln bestreuen.

4 Die Förmchen auf ein Backblech setzen und 20 Minuten im vorgeheizten Backofen bei 220 °C überbacken. 10 Minuten beiseite stellen.

5 Das restliche Öl für die Sauce in einem Topf erhitzen und Zwiebel und Lorbeerblatt darin 2–3 Minuten leicht anbraten.

6 Wein, passierte Tomaten und Tomatenmark einrühren, mit Salz und Pfeffer abschmecken und 20 Minuten köcheln, bis die Sauce eindickt. Das Lorbeerblatt entfernen.

7 Die Timballini auf Teller verteilen, mit Basilikumblättern garnieren und mit Tomatensauce servieren.

Drei-Käse-Auflauf

Für 4 Personen

etwas Butter, zum Einfetten

400 g Penne

1 EL Olivenöl

2 Eier, verquirlt

350 g Ricotta

Salz und schwarzer Pfeffer

4 frische Basilikumzweige, plus etwas mehr zum Garnieren (nach Belieben)

100 g Mozzarella, gerieben

70 g frisch geriebener Parmesan

VARIATION

Ersetzen Sie Mozzarella durch geräucherten bayerischen Käse und Parmesan durch geriebenen Cheddar. So erhält der Käseauflauf einen anderen, ebenso leckeren Geschmack.

1 Eine feuerfeste Form mit etwas Butter leicht einfetten.

2 Salzwasser in einem großen Topf aufkochen. Penne darin mit Olivenöl bissfest kochen. Abgießen und warm stellen.

3 Die Eier mit Ricotta verrühren und mit Salz und Pfeffer abschmecken.

4 Die Hälfte der Penne in der Form verteilen und mit der Hälfte der Basilikumblätter bedecken.

5 Die Hälfte der Ricottamischung darüber geben. Mit Mozzarella bestreuen und mit dem restlichen Basilikum belegen. Mit den übrigen Penne bedecken und die restliche Ricottamischung darüber geben. Dünn mit geriebenem Parmesan bestreuen.

6 Im vorgeheizten Backofen 30–40 Minuten bei 190 °C backen, bis der Käse goldbraun ist und Blasen wirft. Nach Belieben mit Basilikumblättern garnieren und heiß servieren.

Makkaroniauflauf

Für 4 Personen

500 g kurze Makkaroni
1 EL Olivenöl
60 g Bratfett
500 g Kartoffeln, in dünne Scheiben geschnitten, vorgegart
400 g Zwiebeln, in Streifen geschnitten
250 g Mozzarella, gerieben
Salz und Pfeffer
150 g Schlagsahne
ofenfrisches Brot und Butter, zum Servieren

VARIATION

Um einen intensiveren Geschmack zu erhalten, Mozzarella durch Emmentaler oder Greyerzer ersetzen.

1 Salzwasser in einem großen Topf aufkochen. Makkaroni mit Olivenöl darin bissfest kochen. Gut abtropfen lassen und beiseite stellen.

2 Das Fett in einer großen Auflaufform zerlassen, dann vom Herd nehmen.

3 Kartoffeln, Zwiebeln, Makkaroni und Käse in die Form schichten und jede Schicht mit Salz und Pfeffer abschmecken. Mit 1 Schicht Käse abschließen und mit Sahne begießen.

4 Im vorgeheizten Backofen 25 Minuten bei 200 °C backen, dann die Oberfläche unter dem heißen Backofengrill bräunen.

3

3

3

5 Den Auflauf in der Form servieren und als Hauptgericht mit ofenfrischem Brot und Butter oder alternativ als Beilage zu einem Fleischgericht reichen.

Pancetta-Pecorino-Happen

Für 4 Personen

100 g Pancetta ohne Schwarte
250 g Mehl
2 TL Backpulver
Salz
2 EL Butter
75 g Pecorino, gerieben
150 ml Milch, plus etwas mehr zum Glasieren
1 EL Tomatenketchup
1 TL Worcestersauce
400 g Farfalle
1 EL Olivenöl
Salz und Pfeffer
ZUM SERVIEREN
3 EL Pesto oder Anchovispaste (nach Belieben)
grüner Salat

1 Ein Backblech einfetten. Die Pancetta unter dem Grill braten, dann abkühlen lassen und fein hacken.

2 Mehl, Backpulver und 1 Prise Salz in eine Schüssel sieben. Die Butter mit den Fingerspitzen einkneten, dann Pancetta und ein Drittel des Käses zugeben.

3 Milch, Ketchup und Worcestersauce mischen, zum Mehl geben und zu einem weichen Teig verkneten.

4 Den Teig auf einer bemehlten Arbeitsfläche zu einer Scheibe von 18 cm Ø ausrollen. Mit Milch bestreichen und in 8 Ecken schneiden.

5 Die Teigecken auf dem Backblech verteilen und mit dem restlichen Käse bestreuen. 20 Minuten im vorgeheizten Backofen bei 200 °C backen.

6 Salzwasser in einem großen Topf zum Kochen bringen. Die Farfalle darin mit Öl bissfest kochen. Abgießen und in eine Schüssel geben. Mit den Happen belegen und mit einer Sauce nach Belieben und einem grünen Salat servieren.

4

5

Knoblauch-Pinienkern-Törtchen

Für 4 Personen

4 Scheiben dunkles Brot
50 g Pinienkerne
150 g Butter
5 Knoblauchzehen, geschält und halbiert
2 EL frisch gehackter Oregano
4 schwarze Oliven, halbiert
frischer Oregano, zum Garnieren

VARIATION

Statt des Brots kann man 200 g Blätterteig verwenden. Die ausgestochenen Scheiben 20 Minuten im Kühlschrank abkühlen, dann in die Torteletformen einpassen, mit Alufolie abdecken und 10 Minuten vorbacken. Die Folie entfernen und den Teig weitere 3–4 Minuten backen, bis er eingefallen ist. Statt Brotresten Semmelbrösel verwenden.

1 Das Brot mit einem Nudelholz leicht flach walzen. Mit einer Ausstechform 4 Scheiben von mindestens 10 cm Ø ausstechen, die in Tortelettformen passen. Die Brotreste aufbewahren und mindestens 10 Minuten in den Kühlschrank legen.

2 Währenddessen die Pinienkerne auf einem Backblech unter dem vorgeheizten Grill 2–3 Minuten goldbraun rösten.

3 Brotreste, Pinienkerne, Butter, Knoblauch und Oregano in der Küchenmaschine oder dem Mörser zu einem grobkörnigen Teig verarbeiten.

4 Den Teig auf die in die Tortelettformen eingepassten Brotkreise geben und mit Oliven garnieren. Dann 10–15 Minuten bei 200 °C im vorgeheizten Backofen goldbraun backen.

5 Die fertigen Törtchen noch warm mit frischem Oregano garniert servieren.

Tarte Provençale

Für 6 Personen

200 g Blätterteig
3 EL Olivenöl
2 rote Paprika, entkernt und gewürfelt
2 grüne Paprika, entkernt und gewürfelt
150 g Schlagsahne
1 Ei
2 Zucchini, in Scheiben geschnitten
Salz und Pfeffer

1 Den Teig auf einer leicht bemehlten Arbeitsfläche ausrollen und in eine Springform (20 cm Ø) einpassen. Anschließend 20 Minuten kalt stellen.

2 Währenddessen 2 Esslöffel Olivenöl in einer Pfanne erhitzen und die Paprika darin etwa 8 Minuten unter häufigem Rühren weich dünsten.

3 Sahne und Ei in einer Schüssel verquirlen. Mit Salz und Pfeffer würzen und die Paprika zugeben.

4 Das restliche Öl in der Pfanne erhitzen und die Zucchinischeiben darin 4–5 Minuten anbraten, bis sie leicht gebräunt sind.

5 Die Paprikamischung in die Springform füllen.

6 Die Zucchinischeiben darauf anrichten.

7 Die Tarte bei 180 °C im vorgeheizten Backofen 35–40 Minuten backen, bis der Teig fest und goldbraun ist.

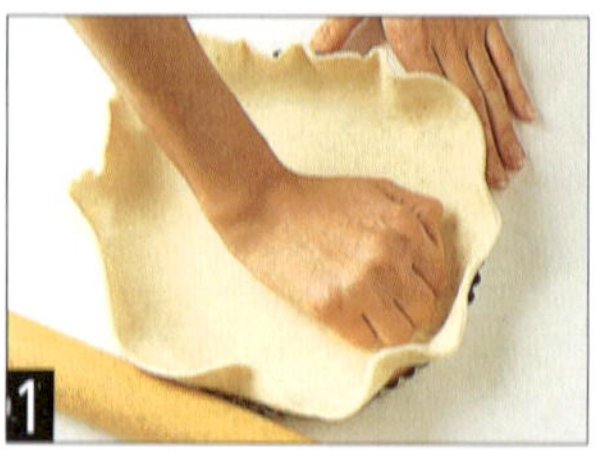
1

2

6

Tomatenschiffchen

Für 6 Personen

250 g Blätterteig

1 Ei, verquirlt

2 EL Pesto

6 Eiertomaten, in Scheiben geschnitten

Salz und Pfeffer

frische Thymianblätter, zum Garnieren (nach Belieben)

1 Den Teig auf einer leicht bemehlten Arbeitsfläche zu einem Rechteck von 30 cm x 25 cm ausrollen.

2 Das Rechteck halbieren und die Hälften in je 3 Stücke schneiden, sodass 6 gleich große Rechtecke entstehen. Im Kühlschrank 20 Minuten kalt stellen.

3 Die Rechtecke rundum einkerben und die Ränder mit dem verquirlten Ei bestreichen.

4 Den Pesto gleichmäßig auf die Teigstücke verteilen. Dabei einen Rand von $2^1/_2$ cm aussparen.

5 Die Tomatenscheiben mittig auf den Teigstücken anordnen.

6 Die Tomaten mit Salz und Pfeffer würzen und nach Belieben mit frischen Thymianblättern bestreuen.

7 Die Schiffchen bei 200 °C im vorgeheizten Backofen 15–20 Minuten backen, bis sie gut aufgegangen und goldbraun geworden sind.

8 Die fertigen Tomatenschiffchen auf vorgewärmte Teller geben und sofort servieren.

Nudelnester mit Gemüse

Für 4 Personen

200 g Spaghetti
7 EL Olivenöl
1 Aubergine, längs halbiert und in Scheiben geschnitten
1 Zucchini, gewürfelt
1 rote Paprika, entkernt und in Stücken
2 Knoblauchzehen, zerdrückt
4 EL Butter oder Margarine, zerlassen
1 EL Semmelbrösel
Salz und Pfeffer
Petersilienzweige, zum Garnieren

TIPP

Al dente bedeutet bissfest. Die Nudeln sollen zwar gar sein, aber noch Biss haben. Am besten stellt man die Uhr ein, wenn das Wasser wieder zu kochen beginnt und probiert eine Nudel schon 2 Minuten vor Ende der angegebenen Garzeit. Sofort abgießen, wenn die Nudeln gar sind, sonst werden sie zu weich.

1 Salzwasser in einem großen Topf zum Kochen bringen. Die Nudeln darin mit 1 Esslöffel Öl bissfest kochen. Abgießen, in den Topf zurückgeben und warm stellen.

2 Aubergine, Zucchini und Paprika auf einem Backblech verteilen.

3 Restliches Öl und Knoblauch verrühren und über das Gemüse gießen, gut unterrühren.

4 Das Gemüse unter dem vorgeheizten Grill ca. 10 Minuten grillen, dabei gelegentlich wenden, bis es gar und an den Rändern leicht gebräunt ist. Warm halten.

5 Die Spaghetti auf 4 leicht eingefettete große Ramequin-Formen verteilen und mit 2 Gabeln zu Nestern formen.

6 Die Nudelnester mit zerlassener Butter oder Margarine einpinseln und die Semmelbrösel darüber streuen. Im vorgeheizten Backofen bei 200 °C 15 Minuten goldgelb backen. Die Nester aus der Form nehmen, auf Tellern anrichten und mit dem Gemüse füllen. Mit Salz und Pfeffer abschmecken, mit Petersilie garnieren und sofort servieren.

Käse-Zwiebel-Küchlein

Ergibt 12 Küchlein

TEIG

100 g Mehl

1/4 TL Salz

75 g Butter, in kleinen Stücken

1–2 EL Wasser

FÜLLUNG

1 Ei, verquirlt

100 g Schlagsahne

50 g Red-Leicester-Käse, ersatzweise alter Gouda, gerieben

3 Frühlingszwiebeln, fein gehackt

Salz

Cayennepfeffer

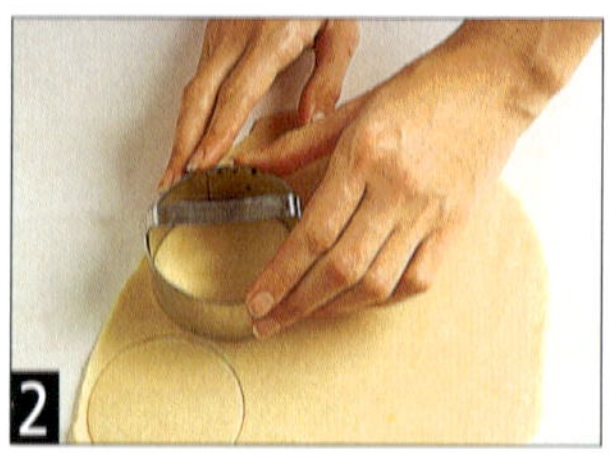

1 Für den Teig Mehl und Salz in eine große Schüssel sieben. Die Butter mit den Fingern darin verreiben, bis ein krümeliger Teig entsteht. Wasser zugießen und zu einer Teigkugel formen. Abdecken und 30 Minuten im Kühlschrank ruhen lassen.

2 Den Teig auf einer leicht bemehlten Arbeitsfläche ausrollen. 12 Scheiben mit 7 1/2 cm Ø ausstechen und in ein Pastetenblech legen.

3 Für die Füllung Ei, Sahne, Käse, und Frühlingszwiebeln in einer Rührschüssel verquirlen und mit Salz und Cayennepfeffer würzen.

4 Die Mischung auf die Förmchen verteilen und diese bei 180 °C im vorgeheizten Backofen 20–25 Minuten backen, bis die Füllung stockt. Warm oder kalt servieren.

Schinken-Käse-Taschen

Ergibt 6 Stück

250 g Blätterteig (s.S. 11)
50 g gekochter Schinken, gewürfelt
125 g Frischkäse
2 EL frisch gehackter Schnittlauch
Pfeffer
1 Ei, verquirlt
2 EL geriebener Parmesan

1 Den Teig auf einer leicht bemehlten Arbeitsfläche ausrollen und zu 12 Rechtecken von 15 cm x 5 cm zurechtschneiden.

2 Die Teigstreifen auf ein eingefettetes Backblech legen und 30 Minuten kalt stellen.

3 Schinken, Käse und Schnittlauch in einer kleinen Schüssel mischen und mit Pfeffer würzen.

4 Sechs Teigstreifen mit der Schinken-Käse-Mischung bestreichen. Dabei rundum einen Rand von 1 cm lassen und diesen mit dem Ei bestreichen.

5 Für das Gittermuster die restlichen Teigstreifen der Länge nach zusammenfalten und an der Faltkante mehrmals einschneiden. Dabei einen Rand von etwa 1 cm stehen lassen.

6 Die eingeschnittenen Teigstreifen aufklappen und über die belegten Streifen legen. Die Teigränder gut zusammendrücken und alle Gebäckstücke mit Parmesan bestreuen.

7 Die Taschen bei 180 °C im vorgeheizten Backofen 15–20 Minuten backen, dann heiß oder kalt servieren.

Pissaladière

Für 8 Personen

etwas Butter, zum Einfetten

4 EL Olivenöl

700 g rote Zwiebeln, in Ringen

2 Knoblauchzehen

2 TL feiner Zucker

2 EL Rotweinessig

350 g Blätterteig (s.S. 11)

Salz und Pfeffer

BELAG

100 g Sardellenfilets

12 grüne Oliven, entsteint

1 TL getrockneter Majoran

VARIATION

Für einen Partysnack die Pissaladière in kleine handliche Stücke schneiden.

1 Eine kleine Backform leicht einfetten. Olivenöl in einem großen Topf erhitzen. Zwiebeln und Knoblauch darin unter gelegentlichem Rühren bei geringer Hitze 30 Minuten dünsten.

2 Zucker und Rotweinessig zufügen und mit Salz und Pfeffer würzen.

3 Den Teig auf einer leicht bemehlten Arbeitsfläche ausrollen und in die vorbereitete Form einpassen.

4 Die Zwiebelmasse auf dem Teig verteilen.

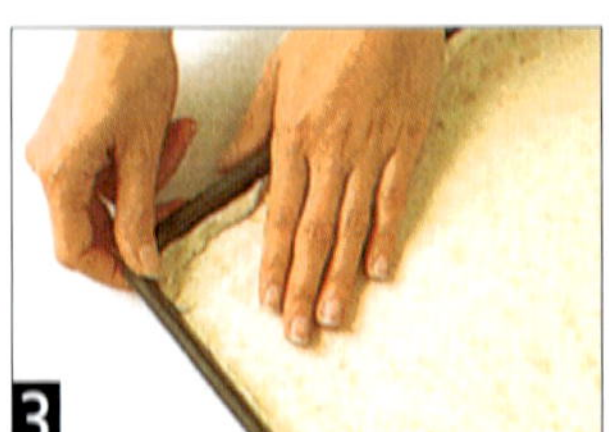

5 Mit Sardellenfilets und Oliven belegen und mit Majoran bestreuen.

6 Den Kuchen bei 220 °C im vorgeheizten Backofen 20–25 Minuten leicht braun backen. Aus dem Ofen nehmen und sofort servieren.

Tomaten mit Thunfischfüllung

Für 4 Personen

4 Fleischtomaten
2 EL Tomatenmark
2 Eigelb
2 TL Zitronensaft
geriebene Schale von 1 Zitrone
4 EL Olivenöl
115 g Thunfisch aus der Dose, abgetropft
2 EL Kapern, abgespült
Salz und Pfeffer

ZUM GARNIEREN
2 getrocknete Tomaten in Öl, abgetropft und in Streifen
Basilikumblätter

1 Tomaten quer halbieren und entkernen. Tomatenmark auf die Tomatenhälften verteilen und an den Innenwänden verstreichen.

2 Auf einem Backblech bei 200 °C im vorgeheizten Backofen 12–15 Minuten backen. Abkühlen lassen.

3 Inzwischen Eigelb, Zitronensaft und Zitronenschale mit dem Handrührgerät zu einer glatten Masse verarbeiten. Unter Rühren nach und nach das Olivenöl zugeben, bis eine dickflüssige Mayonnaise entsteht. Oder die Mischung mit dem Schneebesen bis zum Eindicken schlagen.

4 Thunfisch und Kapern zur Mayonnaise geben, gut untermengen, mit Salz und Pfeffer abschmecken.

5 Mayonnaisemischung in die Tomaten füllen, mit Tomatenstreifen und Basilikumblättern garnieren. Einige Minuten im heißen Ofen erwärmen oder gekühlt servieren.

1

3

Rigatoni mit Thunfischfüllung

Für 4 Personen

etwas Butter, zum Einfetten
500 g Rigatoni
1 EL Olivenöl
200 g Thunfisch aus der Dose, abgetropft
250 g Ricotta
125 g Schlagsahne
200 g frisch geriebener Parmesan
Salz und Pfeffer
125 g getrocknete Tomaten in Öl, abgetropft und in Streifen geschnitten

VARIATION

Für die vegetarische Version ersetzen Sie den Thunfisch durch entsteinte und gehackte schwarze Oliven und gehackte Walnüsse.

1 Eine feuerfeste Form leicht mit Butter einfetten.

2 Salzwasser in einem großen Topf aufkochen. Die Rigatoni darin mit Olivenöl bissfest kochen. Abgießen und zum Abkühlen beiseite stellen.

3 Thunfisch und Ricotta in einer Schüssel zu einer geschmeidigen Paste verrühren. Die Mischung in einen Spritzbeutel geben und die Rigatoni damit füllen. Die gefüllten Nudeln nebeneinander in die Form legen.

4 Für die Sauce Sahne und Parmesan mischen und mit Salz und Pfeffer abschmecken.

5 Die Sauce über die Rigatoni geben und mit den Tomatenstreifen kreuzförmig belegen. 20 Minuten im vorgeheizten Ofen bei 200 °C backen. Direkt aus der Form servieren.

Gebackene Meeresfrüchte

Für 4 Personen

600 g neue Kartoffeln
3 rote Zwiebeln, in Spalten
2 Zucchini, in Scheiben
8 Knoblauchzehen, geschält
2 Zitronen, in Spalten
4 Rosmarinzweige
4 EL Olivenöl
Salz und Pfeffer
350 g Riesengarnelen, mit Schale, vorzugsweise ungekocht
2 kleine Kalmare, in Ringen
4 Tomaten, geviertelt

VARIATION

Das Gericht kann auch mit 450 g verschiedener Kürbisarten oder Auberginen zubereitet werden.

1 Die Kartoffeln waschen, große Exemplare halbieren und mit Zwiebeln, Zucchini, Knoblauch, Zitronen und Rosmarin in einen flachen Bräter geben.

2 Mit Öl beträufeln und gut vermengen, damit das Gemüse rundum mit Öl bedeckt ist. Abschmecken und unter gelegentlichem Wenden etwa 40 Minuten bei 200 °C im vorgeheizten Backofen backen, bis die Kartoffeln weich sind.

3 Dann Garnelen, Kalmare und Tomaten zugeben, mit Gemüse und Öl vermengen und weitere 10 Minuten backen, bis das Gemüse leicht angeröstet ist und die Garnelen sich rosa verfärben.

4 Das fertige Gericht auf Teller verteilen und heiß servieren.

1

2

1

Aufläufe, Quiches und Co.

Dieses Kapitel präsentiert Ihnen eine Sammlung herzhafter Backrezepte, mit denen Sie zu jeder Jahreszeit exquisite Hauptmahlzeiten für den Mittag oder den Abend zubereiten können – Pasteten, Quiches, Soufflés, Aufläufe, Gemüsekuchen, Pizzen, Braten und viele andere pikante Köstlichkeiten aus dem Ofen. Zur riesigen Auswahl gehören Käseauflauf (s. S. 175), Tarte Tatin mit roten Zwiebeln (s. S. 176) und Spargel-Ziegenkäse-Quiche (s. S. 174) ebenso wie zahlreiche Delikatessen für Fischfans, etwa Räucherfischpastete (s. S. 183) oder Gebackene Sardinen (s. S. 190), und exquisite Fleisch- und Geflügelkreationen wie Mariniertes Schweinefilet (s. S. 218) oder Mediterrane Hähnchenfilets (s. S. 202).

Vermicelli-Torte mit Champignons

Für 4 Personen

250 g Vermicelli oder Spaghetti
1 EL Olivenöl
60 g Butter
Salz und Pfeffer
60 g Butter
1 Zwiebel, gehackt
150 g kleine Champignons, geputzt
1 grüne Paprika, entkernt und in dünnen Ringen
150 ml Milch
3 Eier, leicht verquirlt
2 EL Schlagsahne
1 TL getrockneter Oregano
1 Prise frisch geriebene Muskatnuss
Salz und Pfeffer
1 EL frisch geriebener Parmesan
Tomaten-Basilikum-Salat, zum Servieren (nach Belieben)

1 Eine Springform (20 cm Ø) großzügig einfetten.

2 Salzwasser in einem großen Topf zum Kochen bringen. Die Nudeln darin mit dem Olivenöl bissfest kochen. Abtropfen lassen, zurück in den Topf geben, 2 Esslöffel Butter zufügen und sorgfältig mischen. Mit Salz und Pfeffer abschmecken.

3 Die Nudeln auf dem Boden und an den Wänden der Form verteilen.

4 Die Butter in einer Pfanne zerlassen, die Zwiebel darin glasig dünsten, herausnehmen und über den Nudeln verteilen.

5 Champignons und Paprika in die Pfanne geben, gleichmäßig im Fett wenden und 2 Minuten von allen Seiten anbraten. Dann ebenfalls in die Form geben und gleichmäßig andrücken.

6 Milch, Eier und Sahne verrühren, Oregano zufügen und mit Muskat, Salz und Pfeffer abschmecken. Die Mischung über das Gemüse geben und mit Parmesan bestreuen.

7 Die Nudeltorte im vorgeheizten Backofen bei 180 °C 40–45 Minuten backen, bis sie fest ist.

8 Auf einen Servierteller geben und warm mit Tomaten-Basilikum-Salat servieren.

3

5

5

Spargel-Ziegenkäse-Quiche

Für 6 Personen

250 g Mürbeteig (s. S. 10)
250 g grüner Spargel
1 EL Pflanzenöl
1 rote Zwiebel, fein gehackt
25 g Haselnüsse, gehackt
200 g Ziegenkäse
2 Eier, verquirlt
4 EL Schlagsahne
Salz und Pfeffer

2

4

1 Den Teig auf einer leicht bemehlten Arbeitsfläche ausrollen, in eine Springform (24 cm Ø) einpassen, mit einer Gabel einstechen und 30 Minuten kalt stellen.

2 Den Teig mit Backpapier und Backbohnen bedecken und bei 190 °C im vorgeheizten Backofen 15 Minuten blindbacken.

3 Papier und Bohnen entfernen und den Teig weitere 15 Minuten backen.

4 Spargelenden falls nötig schälen, den Spargel in kochendem Wasser 2–3 Minuten blanchieren, abtropfen lassen und in mundgerechte Stücke schneiden.

5 Das Öl in einem kleinen Topf erhitzen. Die Zwiebel darin weich dünsten und mit dem Spargel und den Haselnüssen auf dem Teig verteilen.

6 Käse, Eier und Sahne zu einer weichen Masse verrühren. Mit Salz und Pfeffer würzen und über die Spargelmischung gießen.

7 Die Quiche 15–20 Minuten backen, bis die Käsemischung stockt. Anschließend warm oder kalt servieren.

VARIATION
Statt der Nüsse kann man auch Parmesan verwenden, den man vor dem Backen über die Quiche streut.

Käseauflauf

Für 4 Personen

etwas Butter, zum Einfetten
150 g frische Semmelbrösel
100 g Gruyère, gerieben
150 ml lauwarme Milch
125 g Butter, zerlassen
2 Eier, getrennt
2 EL frisch gehackte Petersilie
Salz und Pfeffer
grüner Salat, zum Servieren

1 Eine Auflaufform (ca. 1 l Inhalt) mit Butter einfetten.

2 Die Semmelbrösel und den Käse in einer Schüssel mischen. Die Milch unterrühren. Butter, Eigelb und Petersilie zufügen. Mit Salz und Pfeffer abschmecken und gut vermengen.

3 Das Eiweiß steif schlagen und unter die Käsemischung heben.

4 Den Teig in die Backform füllen und glatt streichen.

5 Den Auflauf bei 190 °C im vorgeheizten Backofen 45 Minuten goldbraun backen, bis er leicht aufgegangen ist und ein in die Mitte gestochener Metallspieß teigfrei bleibt.

6 Den fertigen Auflauf heiß mit einem grünen Salat servieren.

2

3

3

Tarte Tatin mit roten Zwiebeln

Für 4 Personen

50 g Butter
25 g Zucker
500 g rote Zwiebeln, geschält und geviertelt
3 EL Rotweinessig
2 EL frische Thymianblätter
250 g Blätterteig (s. S. 11)
Salz und Pfeffer

VARIATION

Statt der geviertelten roten Zwiebeln ganze Schalotten verwenden.

TIPP

Eine schwere gusseiserne Pfanne ist für dieses Rezept am geeignetsten, weil sie die Hitze gleichmäßig verteilt, sodass die Zwiebeln nicht am Boden kleben.

1 Butter und Zucker bei mittlerer Hitze in einer ofenfesten Pfanne (24 cm Ø) schmelzen.

2 Die Zwiebeln darin bei geringer Hitze 10–15 Minuten weich dünsten. Dabei gelegentlich umrühren.

3 Essig und Thymian zufügen. Mit Salz und Pfeffer würzen und bei mittlerer Hitze so lange weiterköcheln, bis die Flüssigkeit eingekocht ist und die Zwiebeln ganz mit der Buttersauce überzogen sind.

4 Den Blätterteig zu einer runden Scheibe ausrollen, die etwas größer als die Pfanne ist.

5 Die Scheibe auf die Zwiebelmischung legen, andrücken und die Ränder einschlagen.

6 Die Tarte bei 180 °C im vorgeheizten Backofen 20–25 Minuten backen. Anschließend 10 Minuten ruhen lassen.

7 Einen großen Teller auf die Pfanne legen und die Tarte vorsichtig darauf stürzen. Warm servieren.

Sellerie-Zwiebel-Pasteten

Ergibt 12 Stück

TEIG

125 g Mehl

½ TL Salz

25 g Butter, in kleinen Stücken

25 g reifer herzhafter Käse, gerieben

3–4 EL Wasser

FÜLLUNG

50 g Butter

125 g Stangensellerie, fein gehackt

2 Knoblauchzehen, zerdrückt

1 kleine Zwiebel, fein gehackt

1 EL Mehl

50 ml Milch

Salz

1 Prise Cayennepfeffer

1 Für die Füllung die Butter zerlassen. Sellerie, Knoblauch und Zwiebel 5 Minuten darin weich dünsten.

2 Die Mischung vom Herd nehmen. Erst das Mehl, dann die Milch einrühren und unter gelegentlichem Rühren bei geringer Hitze erneut erwärmen, bis die Mischung eindickt. Mit Salz und Cayennepfeffer würzen und abkühlen lassen.

3 Für den Teig Mehl und Salz in eine Schüssel sieben. Die Butter mit den Fingern darin verreiben. Käse und Wasser zugeben und zu einem glatten Teig verarbeiten.

2

5

4 Drei Viertel des Teigs ausrollen. 12 Scheiben von je 6 cm Ø ausstechen und in ein Pastetenblech legen.

5 Die Füllung gleichmäßig auf die Scheiben verteilen. Den restlichen Teig ausrollen, 12 Scheiben von je 5 cm Ø ausstechen und jeweils auf die Pastetenbasis legen. Die Teigränder gut zusammendrücken, die Oberfläche leicht einkerben und die Pasteten 30 Minuten kalt stellen.

6 Anschließend bei 220 °C im vorgeheizten Backofen 15–20 Minuten backen, 10 Minuten in der Form abkühlen lassen, noch warm servieren.

Zwiebelkuchen

Für 4 Personen

250 g Einfacher Mürbeteig (s. S. 10)
40 g Butter
75 g durchwachsener Speck, gewürfelt
700 g Zwiebeln, geschält und in feinen Ringen
2 Eier, verquirlt
50 g Parmesan, gerieben
1 TL getrockneter Salbei
Salz und Pfeffer

VARIATION

Für einen vegetarischen Zwiebelkuchen ersetzt man den Speck durch die gleiche Menge gehackter Pilze.

1 Den Teig auf einer leicht bemehlten Arbeitsfläche ausrollen und in eine Springform (24 cm Ø) einpassen.

2 Den Teig mit einer Gabel einstechen und 30 Minuten kalt stellen.

3 Die Butter in einem Topf erhitzen. Speck und Zwiebeln darin bei geringer Hitze etwa 25 Minuten dünsten. Werden die Zwiebeln braun, 1 Esslöffel Wasser zugeben.

4 Die Eier unterrühren. Käse und Salbei zugeben, mit Salz und Pfeffer würzen und gut vermengen.

5 Die Mischung auf dem Teig in der Form verteilen.

6 Den Zwiebelkuchen bei 180 °C im vorgeheizten Backofen 20–30 Minuten backen, bis die Füllung stockt und goldbraun geworden ist.

7 Anschließend einige Minuten in der Form abkühlen lassen und warm oder kalt servieren.

Pizza gorgonzola

Für 4 Personen

TEIG

10 g Trockenhefe

1 TL Zucker

250 ml lauwarmes Wasser

200 g Mehl

150 g Vollkornmehl

1 TL Salz

1 EL Olivenöl

BELAG

400 g Kürbis, geschält und gewürfelt

1 EL Olivenöl

1 Birne, entsteint, geschält und in Scheiben geschnitten

100 g Gorgonzola, zerkrümelt

1 frischer Rosmarinzweig, zum Garnieren

1 Hefe und Zucker in einem Messbecher mit 50 ml lauwarmen Wasser auffüllen und etwa 15 Minuten gehen lassen, bis die Mischung schäumt.

2 Mehl und Salz in einer Schüssel mischen. Eine Vertiefung in die Mitte drücken. Öl, die angerührte Hefe und das restliche Wasser zugießen und zu einem festen Teig verrühren.

3 Den Teig auf einer bemehlten Arbeitsfläche 4–5 Minuten glatt kneten.

4 Den Teig zurück in die Schüssel geben, mit eingefetteter Frischhaltefolie abdecken und 30 Minuten gehen lassen, bis sich sein Volumen verdoppelt hat.

5 Den Teig aus der Schüssel nehmen und erneut 2 Minuten kneten. In die gewünschte Form bringen und auf ein eingefettetes Backblech legen. Er sollte nicht dicker als 6 mm sein, da er beim Backen aufgeht.

6 Für den Belag die Kürbiswürfel in einem flachen Bräter mit Olivenöl beträufeln und unter einem vorgeheizten Grill 20 Minuten garen.

7 Birnen und Kürbis gleichmäßig auf dem Teig verteilen. Die Ölreste aus dem Bräter über das Gemüse träufeln und den Käse darüber streuen. Die Pizza bei 200 °C im vorgeheizten Backofen 15 Minuten backen, bis der Teig goldbraun und knusprig ist. Mit dem Rosmarinzweig garnieren.

5

7

7

Auberginen mit Nudelfüllung

Für 4 Personen

250 g Penne oder andere kurze Nudeln
4 EL Olivenöl, plus etwas mehr zum Bestreichen
2 große Auberginen
1 große Zwiebel, gehackt
2 Knoblauchzehen, zerdrückt
400 g gehackte Tomaten aus der Dose
2 TL getrockneter Oregano
Salz und Pfeffer
60 g Mozzarella, in dünne Scheiben geschnitten
2 EL frisch geriebener Parmesan
2 EL Semmelbrösel
grüne Salatblätter, zum Servieren

1 Salzwasser in einem großen Topf zum Kochen bringen. Die Nudeln darin mit 1 Esslöffel Öl bissfest kochen. Abgießen, wieder in den Topf geben, abdecken und warm halten.

2 Die Auberginen längs halbieren und das Fruchtfleisch kreuzförmig einschneiden, ohne die Schale zu beschädigen. Das Fruchtfleisch auslösen und das Innere der Auberginen mit Öl bestreichen. Das Fruchtfleisch hacken und beiseite stellen.

3 Die Zwiebel im restlichen Öl glasig dünsten. Den Knoblauch zugeben und 1 Minute andünsten. Das gehackte Fruchtfleisch der Auberginen zugeben und 5 Minuten braten. Tomaten und Oregano zufügen und mit Salz und Pfeffer abschmecken. Aufkochen und 10 Minuten köcheln. Vom Herd nehmen und die Nudeln unterheben.

4 Ein Backblech mit Öl einfetten und die ausgehöhlten Auberginen darauf legen. Die Hälfte der Füllung

2

3

4

darin verteilen. Mit Mozzarella belegen und mit der restlichen Füllung bedecken. Parmesan und Semmelbrösel mischen und darüber streuen.

5 Bei 200 °C im vorgeheizten Backofen 25 Minuten goldbraun backen. Mit grünem Salat servieren.

Räucherfischpastete

Für 4 Personen

900 g geräucherte Schellfisch- oder Kabeljaufilets
600 ml Magermilch
2 Lorbeerblätter
120 g Champignons, geviertelt
120 g tiefgefrorene Erbsen
120 g tiefgefrorener Mais
700 g Kartoffeln, gewürfelt
5 EL Magerjoghurt
4 EL frisch gehackte Petersilie
Salz und Pfeffer
60 g Räucherlachs, in dünne Streifen geschnitten
3 EL Speisestärke
1 EL geriebener Räucherkäse

1 Den Fisch in eine ofenfeste Pfanne geben, Milch und Lorbeerblätter zufügen und aufkochen, dann zudecken und 5 Minuten köcheln. Champignons, Erbsen und Mais unterrühren, zudecken und 5–7 Minuten köcheln. Dann abkühlen lassen.

2 Die Kartoffeln in Salzwasser 10–15 Minuten garen, danach zerstampfen. Joghurt, Petersilie sowie Salz und Pfeffer zufügen und das Kartoffelpüree beiseite stellen.

3 Den Fisch mit einem Schaumlöffel aus der Pfanne nehmen, dann Haut und Gräten entfernen, das Fleisch mit einer Gabel zerdrücken und in eine feuerfeste Auflaufform geben.

4 Das Gemüse abtropfen lassen, den Kochsud auffangen und mit den Lachsstreifen unter den Fisch rühren.

5 Etwas Kochsud mit der Speisestärke zu einer Paste anrühren. Den restlichen Kochsud in einem Topf aufkochen und mit der Paste andicken. Lorbeerblätter entfernen und mit Salz und Pfeffer abschmecken.

6 Die Sauce über den Fisch und das Gemüse geben und sorgfältig verrühren. Das Kartoffelpüree über die Fischmasse geben, mit Käse bestreuen und bei 200 °C 20–25 Minuten im Backofen garen.

1

2

Nudel-Garnelen-Päckchen

Für 4 Personen

500 g Fettuccine
150 ml Pesto
4 TL Olivenöl, extra vergine
750 g rohe Tiefseegarnelen, ausgelöst, aber mit Schwanzenden
2 Knoblauchzehen, zerdrückt
Salz und Pfeffer
125 ml trockener Weißwein
Zitronenspalten, zum Garnieren

TIPP

Der Koch, der dieses Gericht kreierte, wollte, dass die Päckchen wie Geldsäckchen aussehen. Das gelingt mit Backpapier besser als mit Alufolie.

1 Aus Backpapier 4 Quadrate mit einer Seitenlänge von 30 cm zuschneiden.

2 Die Fettucine 2–3 Minuten in Salzwasser kochen, bis sie gerade weich zu werden beginnen. Abgießen und beiseite stellen.

3 Die Nudeln mit der Hälfte vom Pesto mischen. In die Mitte jedes Papierquadrats 1 Teelöffel Olivenöl geben. Die Nudeln auf den Quadraten verteilen und die Garnelen darüber geben.

3

3

4

4 Den restlichen Pesto mit dem Knoblauch mischen und über die Garnelen geben. Alle Pasta-Päckchen mit Salz und Pfeffer würzen und mit Weißwein beträufeln.

5 Die Ränder der Papierquadrate befeuchten, dann hochschlagen und zusammendrehen.

6 Die Pasta-Päckchen auf ein Backblech geben und bei 200 °C im vorgeheizten Backofen 10–15 Minuten backen. Anschließend auf vorgewärmte Teller legen und sofort servieren.

Makkaroni-Garnelen-Auflauf

Für 4 Personen

350 g Makkaroni
1 EL Olivenöl
100 g Butter
2 kleine Fenchelknollen, in dünnen Scheiben
150 g Champignons, in dünnen Scheiben
200 g Garnelen, gekocht und ausgelöst
1 Prise Cayennepfeffer
600 ml Béchamelsauce (s. S. 210)
60 g frisch geriebener Parmesan
2 große Tomaten, in Scheiben
Olivenöl, zum Bestreichen
1 TL getrockneter Oregano

1 Salzwasser in einem großen Topf zum Kochen bringen. Die Makkaroni darin mit dem Olivenöl bissfest garen. Abgießen, in den Topf zurückgeben und gründlich mit 2 Esslöffeln Butter vermengen. Abdecken und warm halten.

2 Den Fenchel in der restlichen Butter 3–4 Minuten anbraten. Die Pilze zugeben und 2 Minuten mitbraten. Dann die Garnelen einrühren und die Pfanne vom Herd nehmen.

3 Nudeln, Pfeffer, Krabbenmischung und Béchamelsauce vermischen.

4 Die Nudelmischung in eine eingefettete Auflaufform geben und mit Parmesan bestreuen. Die Tomatenscheiben am Rand auslegen, mit Olivenöl bepinseln und mit Oregano bestreuen.

5 Den Auflauf bei 180 °C im vorgeheizten Backofen etwa 25 Minuten goldbraun backen und dann heiß servieren.

2

4

Lasagne frutti di mare

Für 4 Personen

500 g geräucherter Schellfisch, filetiert, gehäutet und zerkleinert
120 g Seezungenfilet, gehäutet und in Streifen
120 g Garnelen, gekocht und ausgelöst
schwarzer Pfeffer
Saft von 1 Zitrone
60 g Butter
3 Porreestangen, in sehr dünnen Ringen
60 g Mehl
600 ml Milch
2 EL Honig
200 g Mozzarella, gerieben
500 g Lasagneplatten, vorgekocht
60 g frisch geriebener Parmesan

1 Fischfilets und Garnelen in einer Schüssel mit Pfeffer und Zitronensaft würzen und beiseite stellen.

2 Die Butter in einem großen Topf zerlassen. Den Porree unter gelegentlichem Rühren 8 Minuten darin anbraten. Das Mehl zugeben und unter ständigem Rühren 1 Minute braten. Nach und nach mit Milch cremig verrühren.

3 Honig und Mozzarella einrühren und weitere 3 Minuten kochen. Vom Herd nehmen und Fisch und Garnelen einrühren.

4 Fischsauce und Lasagneplatten abwechselnd in eine feuerfeste Form schichten und mit Fischsauce abschließen. Mit Parmesan bestreuen und 30 Minuten im vorgeheizten Backofen bei 180 °C überbacken. Sofort servieren.

VARIATION

Für eine Apfelsauce den Porree durch 1 fein gehackte Schalotte, die Milch durch 300 ml Cidre und 300 ml Sahne und den Honig durch 1 Teelöffel Senf ersetzen. Für eine toskanische Sauce den Porree durch 1 fein gehackte Fenchelknolle ersetzen und den Honig weglassen.

1

3

Nudelgratin mit Schellfisch

Für 4 Personen

500 g geräuchertes Schellfischfilet, in 4 Scheiben geschnitten
600 ml Milch
2 EL Butter
1 EL Mehl
Salz und Pfeffer
1 Msp. frisch geriebene Muskatnuss
3 EL Schlagsahne
1 EL frisch gehackte Petersilie
2 Eier, hart gekocht und zerdrückt
500 g Fusili
1 EL Zitronensaft
Petersilie, zum Garnieren
neue Kartoffeln, gekocht, und Rote Bete, zum Servieren

VARIATION

Die Fusili durch Penne, Conchiglie oder Rigatoni ersetzen.

1 Eine Auflaufform einfetten. Den Schellfisch in die Form legen und mit der Milch übergießen. Bei 200 °C im vorgeheizten Backofen 15 Minuten backen.

2 Die Flüssigkeit abgießen und auffangen, aber den Fisch in der Form lassen.

3 Die Butter in einem Topf bei mittlerer Hitze zerlassen. Das Mehl einrühren. Langsam die Fischflüssigkeit zugießen und mit Salz, Pfeffer und Muskatnuss würzen. Dann Sahne, Petersilie und Eier einrühren und die Sauce 2 Minuten kochen.

4 Salzwasser in einem großen Topf zum Kochen bringen und die Fusili mit Zitronensaft darin bissfest garen.

5 Die Nudeln abgießen und über den Fisch geben. Alles mit der Sauce übergießen und 10 Minuten im Ofen überbacken.

6 Das fertige Gratin mit Petersilie garnieren und mit neuen Kartoffeln und Roter Bete servieren.

1

3

5

Gebackene Sardinen

Für 4 Personen

1 El Olivenöl

2 große Zwiebeln, in Ringen

3 Knoblauchzehen, gehackt

2 große Zucchini, in Stifte geschnitten

3 EL frisch gehackter Thymian

8 Sardinenfilets oder 1 kg ganze Sardinen, filetiert

100 g Parmesan, gerieben

4 Eier, verquirlt

300 ml Milch

Salz und Pfeffer

VARIATION

Statt Sardinen kann man auch kleine Makrelen verwenden.

1 Das Öl in einer Pfanne erhitzen. Zwiebeln und Knoblauch darin 2–3 Minuten dünsten.

2 Die Zucchini zugeben und etwa 5 Minuten dünsten, bis sie leicht angebräunt sind. Dann 2 Esslöffel Thymian unterrühren und vom Herd nehmen.

3 Die Hälfte der Zucchinimischung auf dem Boden einer großen Auflaufform verteilen. Die Sardinenfilets und die Hälfte des Parmesans darüber geben. Die restliche Zucchinimischung über die Filets verteilen und mit dem übrigen Thymian bestreuen.

4 Eier und Milch in einer Schüssel verrühren, mit Salz und Pfeffer würzen, über das Gemüse und die Fischfilets gießen und mit dem restlichen Parmesan bestreuen.

5 Den Auflauf 20–25 Minuten bei 180 °C im vorgeheizten Backofen goldbraun backen und heiß servieren.

Forelle im Speckwickel

Für 4 Personen

etwas Butter, zum Einfetten
4 Forellen à ca. 300 g, ausgenommen und geputzt
Salz und Pfeffer
12 Sardellenfilets, abgetropft und gehackt
2 Äpfel, geschält, entkernt und in Scheiben geschnitten
4 frische Minzezweige
Saft von 1 Zitrone
12 Scheiben Frühstücksspeck
500 g Tagliatelle
1 EL Olivenöl
ZUM GARNIEREN
2 Äpfel, entkernt, in Scheiben
4 frische Minzezweige

1 Ein tiefes Backblech leicht mit Butter einfetten.

2 Das Innere der Forellen mit warmem Salzwasser auswaschen.

3 Die Fische innen mit Salz und Pfeffer ausreiben, mit Sardellen, Apfelscheiben und Minze füllen und mit Zitronensaft beträufeln.

4 Jeden Fisch in 3 Scheiben Speck einrollen, dabei Kopf und Schwanz aussparen.

5 Die Fische mit den Speckenden nach unten auf das Backblech legen. Mit Pfeffer bestreuen und etwa 20 Minuten im vorgeheizten Backofen bei 200 °C garen. Nach 10 Minuten wenden.

6 Salzwasser in einem großen Topf zum Kochen bringen. Tagliatelle darin mit Öl bissfest kochen. Abtropfen lassen und auf einen vorgewärmten Servierteller geben.

7 Die Fische aus dem Ofen nehmen und auf den Nudeln anrichten. Nach Belieben mit Apfelscheiben und Minzezweigen garnieren und sofort servieren.

Spaghetti alla bucaniera

Für 4 Personen

100 g Mehl
Salz und Pfeffer
500 g Meerbutt- oder Seezungenfilets, gehäutet und gehackt
400 g Seehechtfilet, gehäutet und gehackt
100 g Butter
4 Schalotten, fein gehackt
2 Knoblauchzehen, zerdrückt
1 Karotte, gewürfelt
1 Porreestange, fein gehackt
300 ml trockener Cidre
300 ml halbtrockener Cidre
1 EL Estragonessig
2 TL Anchovispaste
500 g Spaghetti
1 EL Olivenöl
frisch gehackte Petersilie, zum Garnieren
frisches Graubrot, zum Servieren

1 Das Mehl mit Salz und Pfeffer würzen und mischen. 1 Esslöffel davon auf einen flachen Teller streuen und die Fischstücke darin wälzen. Man kann das Mehl auch in eine Plastiktüte füllen und die Fischstücke darin vorsichtig schütteln.

2 Butter in einem feuerfesten Topf zerlassen. Fisch, Schalotten, Knoblauch, Karotte und Porree zugeben und unter Rühren bei schwacher Hitze 10 Minuten dünsten.

3 Mit dem restlichen Würzmehl bestreuen und unter ständigem Rühren 2 Minuten dünsten. Nach und nach Cidre, Essig und Anchovispaste einrühren. Aufkochen und 30 Minuten bei schwacher Hitze köcheln. Oder im

vorgeheizten Backofen 30 Minuten bei 180 °C garen.

4 Etwa 15 Minuten vor Ende der Garzeit des Fischs Salzwasser in einem Topf aufkochen. Die Spaghetti darin mit dem Olivenöl bissfest kochen. Abgießen und in eine Servierschale geben.

5 Die Sauce mit dem Fisch über die Spaghetti geben. Mit gehackter Petersilie garnieren und sofort mit frischem Brot servieren.

Cannelloni filetti di sogliola

Für 6 Personen

12 kleine Seezungenfilets à 120 g
Salz und Pfeffer
150 ml Rotwein
100 g Butter
120 g Champignons, in Scheiben geschnitten
4 Schalotten, fein gehackt
120 g Tomaten, gehackt
2 EL Tomatenmark
3 EL Mehl
150 ml warme Milch
2 EL Schlagsahne
6 Cannelloni
200 g Garnelen, gekocht und ausgelöst
1 frischer Dillzweig, zum Garnieren

1 Die Filets mit Wein bestreichen. Mit Salz und Pfeffer würzen, mit der Haut nach innen aufrollen und mit einem Holzspießchen oder Zahnstocher feststecken.

2 Die Fischröllchen in eine große Pfanne geben, den restlichen Wein zugeben und 4 Minuten pochieren. Aus der Pfanne nehmen und die Flüssigkeit aufbewahren.

3 Die Butter in einer zweiten Pfanne zerlassen. Champignons und Schalotten 2 Minuten dünsten, dann Tomaten und Tomatenmark zugeben. Das Mehl mit Salz und Pfeffer würzen und in die Pfanne rühren. Die Weinsauce und die Hälfte der Milch einrühren. Bei schwacher Hitze 4 Minuten rühren. Vom Herd nehmen und die Sahne einrühren.

4 Salzwasser in einem großen Topf zum Kochen bringen. Die Cannelloni darin bissfest kochen. Abgießen und abkühlen lassen.

5 Die Zahnstocher entfernen. Jeweils 2 Filets, 3–4 Garnelen und etwas Weinsauce in jede Cannelloni füllen. Die Cannelloni in eine feuerfeste Form legen, mit der Sauce übergießen und bei 200 °C 20 Minuten im vorgeheizten Backofen backen.

6 Die Cannelloni mit einem Dillzweig garniert servieren.

Orangenmakrele

Für 4 Personen

2 EL Öl
4 Frühlingszwiebeln, in Ringen
2 Orangen
50 g gemahlene Mandeln
1 EL Haferflocken
50 g grüne und schwarze Oliven, entsteint und klein gehackt
Salz und Pfeffer
8 Makrelenfilets
knackiger Salat, zum Servieren

1 Das Öl in einer Pfanne erhitzen und die Frühlingszwiebeln darin 2 Minuten andünsten.

2 Die Orangenschale fein reiben und die weißen Reste mit einem scharfen Messer entfernen.

3 Die Orangen filetieren. Dazu die Fruchtsegmente entlang der Hautlappen einschneiden, das Fleisch herauslösen und halbieren. Dabei über eine Schüssel halten, um den auslaufenden Fruchtsaft aufzufangen.

4 Die Mandeln auf einem Backblech 2–3 Minuten unter einem vorgeheizten Grill leicht anrösten. Aufpassen, dass sie nicht zu dunkel werden.

5 Frühlingszwiebeln, Orangen, Mandeln, Haferflocken und Oliven in einer Schüssel mischen. Dann mit Salz und Pfeffer abschmecken.

6 Die Mischung auf die Makrelenfilets verteilen. Dann die Filets zusammenrollen und mit einem Zahnstocher fixieren.

1

7 Die Makrelenröllchen bei 190 °C im vorgeheizten Backofen 25 Minuten garen.

8 Die fertigen Röllchen auf Teller verteilen und warm mit Salat servieren.

5

6

Merluzzo italiano

Für 4 Personen

2 EL Butter
50 g Vollkorn-Semmelbrösel
2 EL gehackte Walnüsse
geriebene Schale und Saft von 2 Zitronen
2 EL frisch gezupfter Rosmarin
2 EL frisch gehackte Petersilie
4 Kabeljaufilets à ca. 150 g
1 Knoblauchzehe, zerdrückt
1 kleine rote Chili, gewürfelt
3 EL Walnussöl
Salatblätter, zum Servieren

1 Die Butter unter Rühren in einer Stielkasserolle zerlassen.

2 Den Topf vom Herd nehmen. Semmelbrösel, Walnüsse, Schale und Saft von 1 Zitrone sowie die Hälfte des Rosmarins und der Petersilie mit der Butter verrühren.

3 Die Kabeljaufilets mit dieser Mischung bestreichen und in einen flachen feuerfesten Bräter legen.

4 Bei 200 °C im vorgeheizten Backofen 25–30 Minuten backen.

5 Knoblauch, Chili und den Rest von Rosmarin, Petersilie, Zitronenschale und -saft in einer Schüssel mischen. Das Walnussöl gut unterrühren. Über die Filets geben.

6 Den Merluzzo italiano auf Teller verteilen und mit Salatblättern servieren.

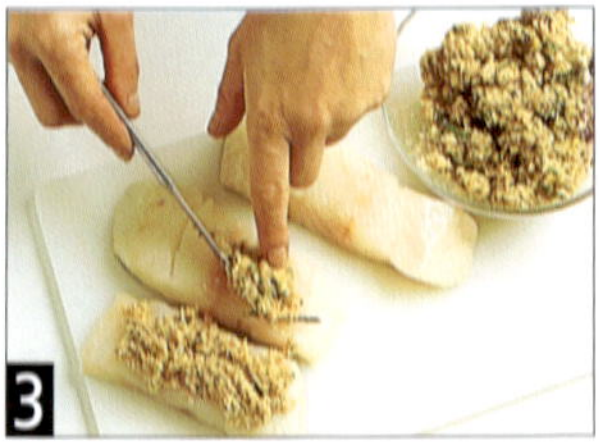

VARIATION

Nach Belieben können Sie die Walnüsse weglassen. Und das Walnussöl lässt sich durch Olivenöl ersetzen.

Pizza frutti di mare

Für 4 Personen

150 g Fertigmischung für Pizzateig

4 EL frisch gehackter Dill, plus etwas mehr, zum Garnieren

SAUCE

1 große rote Paprika, halbiert

400 g fertige Tomatensauce mit Zwiebeln und Kräutern

3 EL Tomatenmark

Salz und Pfeffer

BELAG

350 g vorgegarte Meeresfrüchtemischung

1 EL eingelegte Kapern, abgetropft

25 g schwarze Oliven, entsteint

25 g Mozzarella, gerieben

1 EL frisch geriebener Parmesan

1 Die Fertigmischung für den Pizzateig in einer Schüssel mit dem Dill verrühren und den Teig nach Packungsanleitung zubereiten.

2 Den Teig zu einer runden Scheibe (25 cm Ø) ausrollen, auf ein mit Backpapier ausgelegtes Blech legen und beiseite stellen, damit er gut aufgehen kann.

2

3 Die Paprika mit der Schnittfläche nach unten auf einem Backblech 10–12 Minuten grillen, bis die Haut Blasen wirft und schwarz wird. Vom Blech nehmen, die Haut mit einer Messerspitze abziehen und das Fruchtfleisch fein hacken.

3

4 Tomatensauce und Paprika in einem Topf aufkochen, 10 Minuten köcheln, Tomatenmark zufügen und mit Salz und Pfeffer abschmecken.

5 Die Sauce auf dem Pizzaboden verstreichen, die Meeresfrüchte darauf verteilen. Mit Kapern, Oliven und beiden Käsesorten bestreuen und bei 200 °C im vorgeheizten Backofen 25–30 Minuten backen. Die fertige Pizza mit frischem Dill garnieren und sofort servieren.

5

TIPP

In den Kühlregalen großer Supermärkte findet man oft Fertigpackungen mit gemischten Meeresfrüchten, die aromatischer und bissfester sind als tiefgefrorene.

Polenta mit geräuchertem Kabeljau

Für 4 Personen

1½ l Wasser
350 g Instant-Polenta
200 g Spinat, fertig gegart
2 EL Butter
50 g frisch geriebener Pecorino
Salz und Pfeffer
200 ml Milch
500 g geräuchertes Kabeljaufilet
4 Eier, verquirlt

1 Das Wasser in einem Topf zum Kochen bringen. Die Polenta gleichmäßig einstreuen und sorgfältig unterrühren, bis sie steif ist. Abweichende Packungsangaben beachten.

2 Spinat, Butter und die Hälfte des Pecorino unter die fertige Polenta rühren und mit Salz und Pfeffer abschmecken.

3 Die Böden und Ränder von 4 feuerfesten Suppenschalen gleichmäßig mit der Polenta beschichten.

4 Milch in einer großen Pfanne aufkochen. Die Kabeljaufilets zugeben und unter einmaligem Wenden 8–10 Minuten garen. Dann mit einer Schaumkelle aus der Pfanne nehmen.

5 Pfanne vom Herd nehmen, die Eier darin mit der Milch verrühren.

VARIATION

Statt Fisch kann man auch 350 g gekochte und mit gehacktem Estragon gewürzte Hähnchenbrust verwenden.

2

4

5

6 Die Fischfilets mit einer Gabel in kleine Stücke zerteilen und in die Mitte der Schalen legen.

7 Die Milchmischung über die Filetstücke gießen.

8 Den Fisch mit dem restlichen Käse bestreuen, bei 190 °C im vorgeheizten Backofen 25–30 Minuten goldbraun backen und heiß servieren.

Rotbarbenfilet mit Vermicelli

Für 4 Personen

1 kg Rotbarbenfilet
300 ml trockener Weißwein
4 Schalotten, fein gehackt
1 Knoblauchzehe, zerdrückt
3 EL frische gemischte Kräuter, fein gehackt
geriebene Schale und Saft von 1 Zitrone
1 Prise frisch geriebene Muskatnuss
3 Sardellenfilets, grob gehackt
Salz und Pfeffer
2 EL Schlagsahne
1 TL Speisestärke
500 g Vermicelli
1 EL Olivenöl
GARNIERUNG
1 Zweig frische Minze
Zitronen, in Scheiben
Zitronenzesten

1 Die Fischfilets in eine große Auflaufform legen. Wein, Schalotten, Knoblauch, Kräuter, Zitronenschale und -saft, Muskat sowie die Sardellen zugeben. Mit Salz und Pfeffer abschmecken, abdecken und bei 180 °C im vorgeheizten Backofen 35 Minuten garen.

2 Den Fisch auf einen vorgewärmten Teller legen und warm halten.

3 Den Kochsud in einen Topf geben und auf die Hälfte einkochen. Dann Sahne und Stärke einrühren und die Sauce damit leicht andicken.

4 Salzwasser in einem großen Topf aufkochen. Die Vermicelli darin mit dem Olivenöl bissfest garen. Abgießen und auf vorgewärmte Teller verteilen.

5 Die Fischfilets auf den Nudeln anrichten und mit Sauce übergießen. Mit Minzeblättern, Zitronenscheiben und Zitronenzesten garniert sofort servieren.

2

1

3

Mediterrane Hähnchenfilets

Für 6 Personen

1 EL Olivenöl
6 Hähnchenbrustfilets
250 g Mozzarella
500 g Zucchini, in Scheiben
6 große Tomaten, in Scheiben
Salz und Pfeffer
1 kleines Bund Basilikum oder Oregano
Reis oder Nudeln, zum Servieren

1 Aus Alufolie 6 Quadrate mit einer Seitenlänge von 25 cm zuschneiden. Die Folienstücke mit Öl bepinseln und beiseite legen.

2 Die Hähnchenbrustfilets mit einem scharfen Messer mehrmals einschneiden. Den Mozzarella in Scheiben schneiden und die Scheiben in die Einschnitte im Fleisch stecken.

3 Zucchini- und die Tomatenscheiben gleichmäßig auf die Folienquadrate verteilen und mit Salz und Pfeffer bestreuen. Dann Basilikum oder Oregano klein zupfen und über das Gemüse streuen.

4 Je 1 Hähnchenbrustfilet auf das Gemüse legen und die Folienpäckchen fest verschließen. Dabei auch die Enden gut zufalten.

5 Folienpäckchen auf ein Backblech legen und bei 200 °C im vorgeheizten Backofen 30 Minuten backen.

6 Herausnehmen, öffnen und mit Reis oder Nudeln servieren.

TIPP

Die Päckchen garen schneller, wenn Sie die Folie so legen, dass die matte Seite nach dem Einwickeln nach außen zeigt. Diese Seite reflektiert die Hitze nicht und leitet sie daher besser weiter.

VARIATION

Statt Hähnchenbrust kann man auch Seeteufel (6 Filets à 140–175 g) verwenden. Die grauen Häute entfernen.

Hähnchenfilet mit Knusperkruste

Für 4 Personen

4 Hähnchenbrustfilets à ca. 150 g
Salz und Pfeffer
4 Zweige frischer Estragon
½ kleine orangefarbene Paprika, entkernt und in Streifen geschnitten
1½ kleine grüne Paprika, entkernt und in Streifen geschnitten
2 EL Vollkorn-Semmelbrösel
1 EL Sesamsaat
4 EL Zitronensaft

PAPRIKASAUCE

1 kleine rote Paprika, halbiert und entkernt
200 g gehackte Tomaten aus der Dose
1 kleine rote Chili, entkernt und gehackt
¼ TL Selleriesalz
frischer Estragon, zum Garnieren

1 Mit einem scharfen Messer eine Tasche in jedes Hähnchenbrustfilet schneiden. Das Innere mit Salz und Pfeffer einreiben.

1

2 In jede Tasche 1 Estragonzweig und einige Streifen orangefarbene und grüne Paprika füllen. Die Filets auf ein Backblech legen und mit Semmelbröseln und Sesam bestreuen.

3

3 Mit 1 Esslöffel Zitronensaft beträufeln und bei 200 °C im vorgeheizten Backofen 30–40 Minuten gar backen.

4 Für die Paprikasauce den Grill vorheizen. Die roten Paprikahälften auf den Grillrost legen und 5–6 Minuten grillen, bis die Haut Blasen wirft. 10 Minuten abkühlen lassen, dann die Haut abziehen.

5

5 Die rote Paprika mit Tomaten, Chili und Selleriesalz in einem Mixer pürieren, dann abschmecken. Alternativ fein hacken und mit Tomaten und Chili durch ein Sieb streichen.

6 Wenn das Fleisch gar ist, die Sauce kurz erhitzen. Auf vorgewärmte Teller jeweils etwas Sauce geben und die Hähnchenbrustfilets in die Mitte legen. Mit Estragon garnieren und sofort servieren.

Hähnchen-Spinat-Lasagne

Für 4 Personen

350 g Blattspinat (Tiefkühlware), aufgetaut, abgetropft, gehackt
½ TL frisch geriebene Muskatnuss
Salz und Pfeffer
450 g Hähnchenfleisch, gekocht, gehäutet und in Würfeln
4 grüne Lasagne-Platten
1½ EL Speisestärke
430 ml Magermilch
100 g frisch geriebener Parmesan

TOMATENSAUCE

400 g gehackte Tomaten aus der Dose
1 Zwiebel, fein gehackt
1 Knoblauchzehe, zerdrückt
150 ml Weißwein
3 EL Tomatenmark
1 TL getrockneter Oregano
Salz und Pfeffer

1 Für die Tomatensauce Tomaten, Zwiebel, Knoblauch, Wein, Tomatenmark und Oregano in einen Topf geben und aufkochen. 20 Minuten einkochen. Mit Salz und Pfeffer abschmecken.

2 Den Spinat noch einmal auf Küchenpapier abtropfen lassen, auf dem Boden einer Auflaufform verteilen, mit Muskat bestreuen und mit Salz und Pfeffer würzen.

3 Das Hähnchenfleisch auf dem Spinat verteilen und mit der Tomatensauce übergießen, dann mit Lasagne-Platten belegen.

4 Speisestärke mit etwas Milch verrühren, dann in einem Topf in die restliche Milch einrühren. Unter ständigem Rühren 2–3 Minuten erhitzen, bis die Flüssigkeit eingedickt ist. Mit Salz und Pfeffer abschmecken.

5 Die Sauce über die Lasagne gießen, mit Parmesan bestreuen und auf einem Backblech bei 200 °C im vorgeheizten Backofen 25 Minuten goldbraun backen. Nach Belieben mit grünem Salat servieren.

2

5

Nudelgratin mit Hähnchen

Für 4 Personen

2 Fenchelknollen
2 rote Zwiebeln, in Ringen
1 EL Zitronensaft
150 g kleine Champignons
1 EL Olivenöl
Salz und Pfeffer
230 g Nudeln, z. B. Penne
60 g Rosinen
250 g Hähnchenbrustfilet, gewürfelt
400 g Magerquark mit Knoblauch und Kräutern
150 g Mozzarella, in dünnen Scheiben
2 EL frisch geriebener Parmesan
Fenchelgrün, zum Garnieren

1 Den Fenchel putzen, dabei etwas Grün zum Garnieren aufbewahren. Die Knollen in feine Scheiben schneiden.

2 Die Zwiebelringe mit Zitronensaft beträufeln, die Pilze vierteln.

3 Das Öl in einer großen Pfanne erhitzen. Zwiebeln, Fenchel und Pilze 4–5 Minuten unter Rühren darin anbraten, bis sie weich sind. Mit Salz und Pfeffer abschmecken und in eine Schüssel geben.

4 In einem großen Topf Salzwasser zum Kochen bringen und die Nudeln nach Packungsanweisung bissfest garen. Abgießen und mit dem gebratenen Gemüse vermengen.

5 Rosinen und Hähnchenfleisch zu der Nudelmischung geben und gut verrühren. Den Quark glatt rühren und unter die Nudelmischung heben.

6 Die Mischung in eine feuerfeste Form füllen. Diese auf ein Backblech stellen. Den Auflauf mit Mozzarella abdecken und mit geriebenem Parmesan bestreuen.

7 Bei 200 °C im vorgeheizten Backofen 20–25 Minuten backen, bis die Kruste goldbraun ist.

8 Mit Fenchelgrün garnieren und heiß servieren.

5

6

Hähnchen-Wildpilz-Lasagne

Für 4 Personen

14 Lasagne-Platten, vorgekocht
800 ml Béchamelsauce (s. S. 210)
80 g Parmesan, gerieben

HÄHNCHEN-WILDPILZ-SAUCE
2 EL Olivenöl
2 Knoblauchzehen, zerdrückt
1 große Zwiebel, fein gehackt
250 g Wildpilze, in Streifen
300 g mageres Geflügelfleisch, sehr fein gehackt
80 g Hähnchenleber, fein gehackt
120 g Parmaschinken, gewürfelt
150 ml Marsala
300 g gehackte Tomaten aus der Dose
1 EL frisch gehacktes Basilikum
2 EL Tomatenmark
Salz und Pfeffer

1 Für die Sauce das Olivenöl in einem großen Topf erhitzen. Knoblauch, Zwiebel und Pilze darin 6 Minuten anbraten.

2 Hähnchenhack, -leber und Schinken zugeben und 12 Minuten braten, bis das Fleisch gebräunt ist.

3 Marsala, Tomaten, Basilikum und Tomatenmark einrühren und

2

4 Minuten kochen. Mit Salz und Pfeffer abschmecken, abdecken und 30 Minuten köcheln. Durchrühren und weitere 15 Minuten köcheln.

3

4 Den Boden einer eingefetteten Auflaufform mit Lasagne-Platten auslegen, 1 Schicht Hackfleischsauce, dann 1 Schicht Béchamelsauce darauf geben. Mit 1 Lage Lasagne-Platten bedecken, den Vorgang zweimal wiederholen und mit 1 Schicht Béchamelsauce abschließen. Mit geriebenem Käse bestreuen und 35 Minuten im vorgeheizten Backofen bei 190 °C goldbraun backen. Sofort servieren.

4

Geflügel-Lasagne

Für 4 Personen

9 Lasagne-Platten
1 EL Olivenöl
1 rote Zwiebel, fein gehackt
1 Knoblauchzehe, zerdrückt
100 g Champignons, in Scheiben
350 g Hähnchen- oder Putenbrustfilet, gewürfelt
150 ml Rotwein, mit 100 ml Wasser vermischt
250 g passierte Tomaten
1 TL Zucker

BÉCHAMELSAUCE

4 EL Butter
3 EL Mehl
600 ml Milch
1 Ei, verquirlt
75 g frisch geriebener Parmesan
Salz und Pfeffer

1 Lasagne-Platten nach Packungsanleitung bissfest kochen.

2 Das Öl in einer Pfanne erhitzen. Die Zwiebel und den Knoblauch darin ca. 3 Minuten andünsten. Die Champignons und das Fleisch zufügen und etwa 4 Minuten anbraten, bis es von allen Seiten gebräunt ist.

1

2

3 Mit Wein ablöschen und aufkochen. Die Hitze reduzieren und 5 Minuten köcheln. Passierte Tomaten und Zucker zugeben und weitere 3–5 Minuten kochen, bis das Fleisch gar ist.

3

4 Für die Béchamelsauce die Butter in einem Topf zerlassen, das Mehl einrühren und 2 Minuten anschwitzen. Den Topf vom Herd nehmen und nach und nach die Milch einrühren, bis eine glatte Sauce entsteht. Wieder auf den Herd stellen und unter Rühren kochen, bis die Sauce eindickt. Abkühlen lassen. Dann das Ei und die Hälfte des Parmesans einrühren. Mit Salz und Pfeffer abschmecken.

5 Eine eingefettete Auflaufform mit 3 Lasagne-Platten auslegen und mit der Hälfte der Geflügelmischung bedecken. Wiederholen und die letzte Geflügelschicht mit den letzten 3 Platten bedecken. Zuletzt mit der Sauce übergießen und mit Parmesan bestreuen. Die Lasagne bei 190 °C im vorgeheizten Backofen 30 Minuten goldbraun backen.

Senfhuhn mit Lumaconi

Für 4 Personen

8 Hühnerteile à ca. 120 g
3 EL Butter, zerlassen
4 EL mittelscharfer Senf (siehe Tipp)
2 EL Zitronensaft
1 EL brauner Zucker
1 TL Paprikapulver
Salz und Pfeffer
3 EL Mohnsamen
400 g Lumaconi
1 EL Olivenöl

TIPP

Dijonsenf wird häufig zum Kochen verwendet, weil er einen klaren und nur mild scharfen Geschmack hat. Düsseldorfer Senf ist scharf, bayerischer etwas milder und süß. Amerikanischer Senf besitzt eine milde Schärfe.

VARIATION

Dieses Gericht kann man auch mit Wildgeflügel wie Perlhuhn oder jungem Fasan zubereiten.

1 Die Hühnerteile mit der Haut nach unten in eine feuerfeste Form geben.

2 Butter, Senf, Zitronensaft, Zucker und Paprika mit Salz und Pfeffer mischen. Die Oberseiten der Hühnerteile mit einem Teil der Senfglasur bestreichen und 15 Minuten im vorgeheizten Backofen bei 200 °C garen.

3 Aus dem Ofen nehmen und die Hühnerteile wenden. Mit der restlichen Glasur bestreichen, mit Mohnsamen bestreuen und weitere 15 Minuten im Backofen garen.

4 Salzwasser in einem großen Topf zum Kochen bringen. Die Nudeln darin mit dem Olivenöl bissfest kochen.

5 Die Nudeln abgießen und auf einem vorgewärmten Servierteller anrichten. Mit dem Senfhuhn belegen, mit der Sauce übergießen und sofort servieren.

Ente mit Äpfeln & Aprikosen

Für 4 Personen

4 Entenkeulen à ca. 350 g
4 EL dunkle Sojasauce
2 EL hellbrauner Zucker
Pfeffer
2 rote Äpfel
2 grüne Äpfel
Saft von 1 Zitrone
2 EL klarer Honig
Salz
3 Lorbeerblätter
gedünstetes Gemüse, zum Servieren

APRIKOSENPÜREE

400 g Aprikosen aus der Dose (im eigenen Saft)
4 EL süßer Sherry

1 Das Fleisch waschen und von Fett und Sehnen befreien. Dann auf einen Rost über eine Fettpfanne legen, die Oberseiten mehrmals mit einer Gabel einstechen.

2 Das Fleisch mit der Sojasauce bestreichen sowie mit Zucker und Pfeffer bestreuen. Bei 190 °C im vorgeheizten Backofen 50–60 Minuten garen, dabei gelegentlich mit dem Bratensaft begießen. Das Fleisch ist gar, wenn beim Einstechen mit einem Holzstäbchen an der dicksten Stelle klarer Saft austritt.

3 Die Äpfel entkernen und in je 6 Spalten schneiden. In einer Schüssel mit Zitronensaft, Honig, Salz

und Pfeffer vermengen. In einen Bräter legen, Lorbeerblätter zufügen. Nach 35 Minuten Garzeit zur Ente geben. Nach dem Backen die Lorbeerblätter entfernen.

4 Für das Püree die Aprikosen mit Saft und Sherry im Mixer oder mit dem Pürierstab glatt pürieren. Oder die Früchte mit einer Gabel zerdrücken, durch ein Sieb streichen und mit Saft und Sherry verrühren. Kurz vor Ende der Garzeit in einem Topf erhitzen.

5 Die Entenkeulen (falls gewünscht) häuten. Ausgetretenes Fett mit Küchenpapier vom Fleisch abtupfen. Mit Apfelspalten und Aprikosenpüree anrichten, dazu gedünstetes Gemüse servieren.

Rebhuhn mit Pesto-Kruste

Für 4 Personen

8 Rebhuhnstücke à ca. 120 g
2–3 EL Butter, zerlassen
4 EL Dijon-Senf
2 EL Limettensaft
1 EL brauner Zucker
Salz und Pfeffer
6 EL Pesto
500 g Rigatoni
1 EL Olivenöl
120 g Parmesan, gerieben

VARIATION
Auf die gleiche Weise lässt sich auch ein junger Fasan zubereiten.

1 Die Rebhuhnstücke nebeneinander und mit der glatten Seite nach unten in eine Auflaufform legen.

2 Butter, Dijon-Senf, Limettensaft und Zucker in einer Schüssel mischen und mit Salz und Pfeffer würzen. Die Hälfte der Mischung auf die Rebhuhnteile streichen und diese im vorgeheizten Backofen bei 200 °C 15 Minuten garen.

3 Die Auflaufform aus dem Backofen nehmen und die Rebhuhnteile mit 3 Esslöffeln Pesto bestreichen, dann weitere 12 Minuten im Backofen garen.

4 Die Form aus dem Backofen nehmen, die Rebhuhnstücke vorsichtig wenden, mit der restlichen Senfmischung bestreichen und weitere 10 Minuten im Backofen braten.

5 In der Zwischenzeit Salzwasser in einem großen Topf zum Kochen bringen. Die Nudeln darin mit dem Olivenöl bissfest kochen. Gut abtropfen lassen und in eine Servierschüssel geben.

6 Die Nudeln mit dem restlichen Pesto und dem Parmesan vermengen. Die Rebhuhnstücke mit dem Bratensud begießen und mit den Nudeln servieren.

2

3

Glasierte Ente

Für 4 Personen

2 Entenbrustfilets à 225 g

MARINADE

1 TL dunkle Sojasauce

2 EL Honig

1 TL Knoblauchessig

2 Knoblauchzehen, zerdrückt

1 TL gemahlener Sternanis

2 TL Speisestärke

2 TL Wasser

ZUM GARNIEREN

Sellerieblätter

Gurkenscheiben

Schnittlauchhalme

TIPP

Falls die Entenbrüste im Ofen zu schnell dunkel werden, mit Alufolie abdecken. Zur Garprobe das Fleisch mit der Spitze eines scharfen Messers leicht anschneiden – tritt Bratensaft aus, ist es gar.

1 Sojasauce, Honig, Knoblauchessig, Knoblauch und Sternanis gut vermischen. Die Speisestärke mit dem Wasser anrühren und zugeben.

2 Die Entenbrustfilets in eine flache Schale legen. Rundum mit der Sojamarinade bestreichen. Die restliche Marinade aufbewahren. Fleisch abgedeckt im Kühlschrank mindestens 2 Stunden, besser aber über Nacht marinieren.

2

3 Den Backofen auf 220 °C vorheizen. Das Fleisch aus der Marinade nehmen und im Backofen 20–25 Minuten braten, dabei mit der restlichen Marinade bestreichen.

4 Den Grill dazuschalten und die Entenbrustfilets noch 3–4 Minuten grillen, bis ihre Oberflächen karamellisieren.

4

5 Aus dem Grill nehmen und dünn aufschneiden. Auf einer angewärmten Servierplatte anrichten, mit Sellerieblättern, Gurkenscheiben und Schnittlauch garnieren und sofort servieren.

5

Mariniertes Schweinefilet

Für 4 Personen

450 g mageres Schweinefilet

MARINADE

6 EL dunkle Sojasauce

2 EL trockener Sherry

1 TL Fünf-Gewürze-Pulver

2 Knoblauchzehen, zerdrückt

2,5-cm-Stück Ingwerwurzel, fein gehackt

1 große rote Paprika

1 große gelbe Paprika

1 große orangefarbene Paprika

4 EL Zucker

2 EL Rotweinessig

ZUM GARNIEREN

Frühlingszwiebeln, in feinen Streifen

Schnittlauchröllchen

1 Das Fleisch von Fett und Sehnen befreien und in eine flache Schale legen.

2 Sojasauce, Sherry, Fünf-Gewürze-Pulver, Knoblauch und Ingwer verrühren. Das Fleisch mit der Marinade bestreichen und im Kühlschrank mindestens 1 Stunde ziehen lassen.

3 Den Backofen auf 190 °C vorheizen. Das Fleisch abgießen, die Marinade auffangen.

4 Das Fleisch auf einen Bratrost über einer Fettpfanne legen und im Backofen etwa 1 Stunde garen. Dabei gelegentlich rundum mit der Marinade bestreichen.

5 In der Zwischenzeit die Paprika halbieren und entkernen. Jede Hälfte in 3 gleich große Streifen schneiden. Die Streifen mit der Schnittfläche nach unten auf ein Backblech legen und nach 30 Minuten Garzeit zum Fleisch in den Backofen geben.

6 Zucker und Essig in einem kleinen Topf sanft erwärmen, bis sich der Zucker löst. Aufkochen und unter gelegentlichem Rühren 3–4 Minuten kochen, bis die Flüssigkeit eindickt.

2

5

7

7 Das Fleisch herausnehmen und mit dem Zuckersirup bestreichen. 5 Minuten ruhen lassen, dann in Scheiben schneiden und mit den Paprikastreifen auf vorgewärmten Tellern anrichten. Mit Frühlingszwiebeln und Schnittlauch garnieren und servieren.

Linguine mit Schmorfenchel

Für 4 Personen

6 Fenchelknollen

150 ml Gemüsebrühe

1 EL Butter

6 Scheiben Frühstücksspeck, in Streifen

6 Schalotten, geviertelt

1 EL Mehl

7 EL Schlagsahne

1 EL Madeira

Salz und Pfeffer

500 g Linguine

1 EL Olivenöl

1 Die Fenchelknollen putzen, dann die äußeren Blätter abziehen und aufbewahren. Die Knollen vierteln und mit den äußeren Blättern und der Brühe in einen großen Topf geben.

2 Aufkochen, die Temperatur reduzieren und 5 Minuten köcheln.

3 Den Fenchel in eine große Schale geben, die äußeren Blätter entfernen. Die Brühe auf die Hälfte einkochen lassen. Beiseite stellen.

4 Die Butter in einer Pfanne zerlassen. Speck und Schalotten darin 4 Minuten anbraten. Mehl, Brühe, Sahne und Madeira zugeben und unter ständigem Rühren 3 Minuten kochen, bis die Sauce glatt ist. Mit Salz und Pfeffer abschmecken und über den Fenchel geben.

5 Salzwasser in einem großen Topf zum Kochen bringen. Die Linguine darin mit Öl bissfest kochen. Abgießen und in eine tiefe feuerfeste Form geben.

6 Fenchel und Sauce über die Nudeln geben und 20 Minuten im vorgeheizten Ofen bei 180 °C überbacken. Sofort servieren.

Cannelloni ripieni

Für 4 Personen

8 Cannelloni
1 EL Olivenöl
2 EL frisch geriebener Parmesan
frische Kräuterzweige, zum Garnieren

FÜLLUNG
1 EL Butter
300 g Spinat, gehackt
125 g Ricotta
1 EL frisch geriebener Parmesan
60 g gekochter Schinken, gehackt
1 Prise frisch geriebene Muskatnuss
Salz und Pfeffer
2 EL Schlagsahne
2 Eier, leicht verquirlt

SAUCE
1 EL Butter
1 EL Mehl
300 ml Milch
2 Lorbeerblätter
1 Prise frisch geriebene Muskatnuss

1 Für die Füllung die Butter in einem Topf zerlassen und den Spinat darin 2–3 Minuten pfannenrühren. Vom Herd nehmen und Ricotta, Parmesan und Schinken einrühren. Mit Muskat, Salz und Pfeffer abschmecken. Mit Sahne und Eiern zu einer dicken Paste vermengen.

1

2 Die Nudeln mit dem Öl in kochendem Salzwasser bissfest garen. Abtropfen lassen und beiseite stellen.

3 Die Butter für die Sauce in einem Topf zerlassen. Das Mehl einrühren und kurz unter Rühren anschwitzen. Milch und Lorbeerblätter einrühren und 5 Minuten köcheln. Muskat zugeben und mit Salz und Pfeffer abschmecken. Vom Herd nehmen und die Lorbeerblätter entfernen.

3

4 Die Füllung in einen Spritzbeutel geben und in die Cannelloni füllen.

5 Etwas Sauce in eine Auflaufform geben. Die Cannelloni hineinlegen und die restliche Sauce darüber gießen. Mit Parmesan bestreuen und 40–45 Minuten im vorgeheizten Ofen bei 190 °C backen. Mit frischen Kräuterzweigen garnieren und sofort servieren.

5

Calzone

Für 4 Personen

1 Portion fertiger Pizzateig

1 Ei, verquirlt

FÜLLUNG

1 EL Tomatenmark

25 g italienische Salami, klein geschnitten

25 g Mortadella, klein geschnitten

1 Tomate, gehäutet und gehackt

25 g Ricotta

2 Frühlingszwiebeln, in Ringen

1/4 TL getrockneter Oregano

Salz und Pfeffer

glatte Petersilie, zum Garnieren

1 Den Teig aus dem Packpapier ausrollen.

2 Die Ränder der Teigscheibe mit etwas verquirltem Ei bestreichen. Das übrige Ei beiseite stellen.

3 Tomatenmark auf eine Hälfte der Teigplatte verteilen.

4 Mit Salami, Mortadella und gehackter Tomate belegen.

5 Ricotta darauf verteilen und mit Frühlingszwiebel und Oregano bestreuen. Mit Salz und Pfeffer würzen.

6 Die unbelegte Teighälfte über die belegte klappen, sodass ein Halbkreis entsteht. Die Teigränder fest zusammendrücken, damit die Füllung beim Backen nicht herausläuft.

7 Auf ein Backblech legen, mit verquirltem Ei bestreichen. Ein Loch in die Oberseite stechen, damit der Dampf beim Backen entweichen kann.

8 Bei 200 °C im vorgeheizten Backofen ca. 20 Minuten goldbraun backen. Auf eine vorgewärmte Servierplatte geben, mit glatter Petersilie garnieren und sofort servieren.

2

4

6

Auberginen-Nudel-Auflauf

Für 4 Personen

1 Aubergine
300 g bunte Nudeln
125 g Frischkäse mit Knoblauch und Kräutern
350 g passierte Tomaten
4 EL geriebener Parmesan
1½ TL getrockneter Oregano
Salz und Pfeffer
2 EL Semmelbrösel

1 Eine Springform (20 cm Ø) einfetten und den Boden mit Backpapier auslegen.

2 Die Aubergine putzen und längs in 0,5 cm dicke Scheiben schneiden. In eine Schüssel geben, mit Salz bestreuen und 30 Minuten ziehen lassen, um die Bitterstoffe zu entziehen. Abspülen und abtropfen lassen.

3 In einem Topf mit kochendem Wasser die Auberginenscheiben 1 Minute blanchieren. Abgießen, trockentupfen und beiseite stellen.

4 Die Nudeln bissfest kochen. Abgießen und wieder in den Topf geben. Den Frischkäse zugeben und auf den Nudeln schmelzen.

5 Passierte Tomaten, Parmesan und Oregano untermengen und mit Salz und Pfeffer abschmecken. Dann beiseite stellen.

6 Die Springform so mit Auberginenscheiben auslegen, dass die einzelnen Scheiben einander überlappen und keine Lücken frei bleiben.

7 Die Nudelmischung in die Form füllen, andrücken und mit Semmelbröseln bestreuen. Bei 190 °C im vorgeheizten Backofen 20 Minuten backen, anschließend 15 Minuten ruhen lassen.

6

7

8 Den Auflauf ringsum mit einem Palettenmesser von der Form lösen, auf eine Platte stürzen und heiß servieren.

Pasticcio

Für 6 Personen

250 g Fusilli

1 EL Olivenöl, plus etwas mehr, zum Einfetten

4 EL Schlagsahne

Salz

Rosmarinzweige, zum Garnieren

SAUCE

2 EL Olivenöl

1 Zwiebel, in dünnen Ringen

1 rote Paprika, entkernt und gehackt

2 Knoblauchzehen, zerdrückt

600 g Rinderhack

400 g gehackte Tomaten aus der Dose

125 ml trockener Weißwein

2 EL frisch gehackte Petersilie

50 g Sardellenfilets aus der Dose, abgetropft und gehackt

Salz und Pfeffer

BELAG

300 ml Naturjoghurt

3 Eier

1 Prise frisch geriebene Muskatnuss

Salz und Pfeffer

40 g Parmesan, gerieben

1 Das Öl für die Sauce in einer Pfanne erhitzen und Zwiebel und Paprika 3 Minuten darin anbraten. Den Knoblauch zugeben und 1 Minute dünsten. Das Hackfleisch zufügen und bräunen.

2 Tomaten und Wein zugeben und aufkochen. 20 Minuten unter Köcheln eindicken. Petersilie und Sardellen einrühren und mit Salz und Pfeffer abschmecken.

3 Die Nudeln mit dem Öl 10 Minuten in sprudelndem Salzwasser bissfest kochen. Abgießen, in eine Schüssel geben und mit Sahne vermengen.

4 Für den Belag Joghurt, Eier und Muskat verquirlen und mit Salz und Pfeffer abschmecken.

5 Eine feuerfeste Form mit Öl einfetten. Die Hälfte der Nudeln mit der Hälfte der Sauce bedecken. Den Vorgang wiederholen, den Belag darüber geben und mit Käse bestreuen.

6 Im vorgeheizten Backofen 25 Minuten bei 190 °C goldbraun backen. Sofort servieren.

Überbackenes Lamm

Für 4 Personen

4 magere Beinscheiben vom Lamm à ca. 125 g, ohne Knochen
Salz und Pfeffer
1 kleine Zwiebel, in feinen Ringen
1 Karotte, in dünnen Scheiben
1 Kartoffel, in dünnen Scheiben
1 TL Olivenöl
1 TL getrockneter Rosmarin
frischer Rosmarin, zum Garnieren
frisch gedämpftes Gemüse, zum Servieren

1 Mit einem scharfen Messer das Fleisch sorgfältig vom sichtbaren Fett befreien.

2 Das Fleisch von beiden Seiten mit Salz und Pfeffer würzen und auf einem Backblech verteilen.

3 Abwechselnd Zwiebelringe, Karotten- und Kartoffelscheiben auf das Fleisch schichten.

4 Die oberste Lage Kartoffeln leicht mit Öl einpinseln, mit Salz und Pfeffer würzen und mit etwas Rosmarin bestreuen.

5 Das Fleisch bei 180 °C im vorgeheizten Backofen 25–30 Minuten zart und gar backen.

6 Auf Küchenpapier abtropfen lassen und auf einem vorgewärmten Servierteller anrichten.

7 Mit frischem Rosmarin garnieren und mit gedämpftem, grünem Gemüse servieren.

1

3

4

Fruchtiger Lammtopf

Für 4 Personen

450 g mageres Lammfleisch
1 TL Zimt
1 TL gemahlener Koriander
1 TL gemahlener Kreuzkümmel
2 TL Olivenöl
1 rote Zwiebel, fein gehackt
1 Knoblauchzehe, zerdrückt
400 g gehackte Tomaten aus der Dose
2 EL Tomatenmark
125 g Trockenaprikosen
1 TL Zucker
300 ml Gemüsebrühe
Salz und Pfeffer
1 Bund frischer Koriander, zum Garnieren
Naturreis, Couscous oder Bulgur, zum Servieren

1 Das Fleisch von Fett befreien, in 2,5 cm große Würfel schneiden, mit Gewürzen und Öl einreiben und in eine Schüssel geben.

2 Eine beschichtete Pfanne erhitzen und das Fleisch hineingeben. Die Hitze reduzieren und das Fleisch 4–5 Minuten unter ständigem Rühren anbraten, bis es ringsum gebräunt ist. Dann mit einem Bratenwender herausnehmen und in eine Auflaufform mit Deckel geben.

3 Anschließend in der Pfanne Zwiebel, Knoblauch, Tomaten und Tomatenmark 5 Minuten kochen. Aprikosen und Zucker zufügen. Die Brühe zugießen und aufkochen. Mit Salz und Pfeffer abschmecken.

1

2

3

4 Die Sauce über das Fleisch geben und vermengen. Abdecken und bei 180 °C im vorgeheizten Backofen 1 Stunde garen. Während der letzten 10 Minuten den Deckel abnehmen.

5 Koriander grob hacken und über den Lammtopf streuen. Mit Naturreis, Couscous oder Bulgur servieren.

Spaghetti mit Fleischbällchen

Für 4 Personen

150 g Vollkorn-Semmelbrösel
150 ml Milch
1 große Zwiebel, gehackt
500 g Rinderhack
1 TL Paprikapulver
Salz und Pfeffer
4 EL Olivenöl
500 g frische Spaghetti
1 EL Butter
frische Estragonzweige, zum Garnieren

SAUCE
1 EL Butter
1 EL Vollkornmehl
200 ml Rinderbrühe
400 g gehackte Tomaten aus der Dose
2 EL Tomatenmark
1 TL Zucker
1 EL fein gehackter frischer Estragon
Salz und Pfeffer

1 Die Semmelbrösel 30 Minuten in Milch einweichen.

2 Für die Sauce die Butter in einem Topf zerlassen. Das Mehl darin 2 Minuten anschwitzen. Die Rinderbrühe zugießen und 5 Minuten kochen. Tomaten, Tomatenmark, Zucker und Estragon zugeben. Gut mit Salz und Pfeffer abschmecken und 25 Minuten köcheln.

2

2

3 Zwiebel, Fleisch und Paprika mit den Semmelbröseln vermengen und mit Salz und Pfeffer abschmecken. Zu 14 Bällchen formen.

4 Die Fleischbällchen in Öl und Butter rundum gut anbräunen. In einen Topf geben, mit der Sauce übergießen, abdecken und 25 Minuten im vorgeheizten Backofen bei 180 °C backen.

4

5 Salzwasser in einem großen Topf zum Kochen bringen. Die Spaghetti darin mit dem Öl bissfest kochen.

6 Die Fleischbällchen aus dem Ofen nehmen und 3 Minuten abkühlen lassen. Fleischbällchen, Sauce und Spaghetti mit Estragonzweigen garnieren und servieren.

Fleischbällchen in Rotweinsauce

Für 4 Personen

150 g Semmelbrösel
150 ml Milch
Salz und Pfeffer
12 Schalotten, gehackt
500 g Rinderhack
1 TL Paprikapulver
Salz und Pfeffer
5 EL Olivenöl
1 EL Butter
500 g Eier-Tagliarini
frische Basilikumzweige, zum Garnieren
SAUCE
250 g Austernpilze, in Streifen
1 EL Butter
4 EL Olivenöl
1 EL Vollkornmehl
200 ml Rinderbrühe
150 ml Rotwein
4 Tomaten, gehäutet und gehackt
1 EL Tomatenmark
1 TL brauner Zucker
1 EL frisch gehacktes Basilikum

1 Die Semmelbrösel 30 Minuten in Milch einweichen.

2 Für die Sauce die Pilze in der Butter und dem Öl andünsten. Mehl einrühren. Brühe und Wein zugießen und 15 Minuten köcheln lassen. Tomaten, Tomatenmark, Zucker und Basilikum zugeben und 30 Minuten weiterköcheln.

3 Schalotten, Hackfleisch und Paprika mit den Semmelbröseln vermengen. Mit Salz und Pfeffer abschmecken und zu 14 Bällchen formen.

3

3

4 Öl und Butter in einer Pfanne erhitzen. Die Fleischbällchen darin rundum anbräunen. In eine feuerfeste Kasserolle geben, mit der Rotwein-Pilz-Sauce übergießen, abdecken und 30 Minuten im vorgeheizten Backofen bei 180 °C backen.

4

5 Salzwasser in einem großen Topf zum Kochen bringen. Die Nudeln darin mit 1 Esslöffel Öl bissfest kochen. Abgießen und in eine Schüssel geben.

6 Fleischbällchen und Sauce über die Nudeln geben, mit Basilikum garnieren und servieren.

Lasagne verde

Für 6 Personen

1 Portion Sauce bolognese (s. u.)
14 grüne Lasagne-Platten
1 EL Olivenöl
1 Portion Béchamelsauce (s. S. 210)
1 EL Butter
60 g Parmesan, gerieben
Salz und Pfeffer
grüner Salat mit Tomaten und schwarzen Oliven, zum Servieren

1 Für die Sauce bolognese 500 g Rinderhack in 2 EL Öl anbraten. Je eine gehackte Zwiebel, Selleriestange und Karotte zugeben. 250 ml Brühe und 100 ml Rotwein zugießen. Je 1 TL gehackte Petersilie und gehacktes Basilikum, 1 Lorbeerblatt sowie 2 EL Tomatenmark zugeben. Mit Salz, Pfeffer und Zucker abschmecken und 1 1/2 Stunden köcheln.

2 Einen großen Topf mit Salzwasser zum Kochen bringen. Die Lasagne-Platten darin mit dem Olivenöl einige Minuten vorkochen. Nur jeweils 3–4 Platten gleichzeitig kochen, sie könnten sonst zusammenkleben.

3 In der Zwischenzeit die jeweils vorgekochten Lasagneplatten auf ein feuchtes Leinentuch legen.

2

4 Die Béchamelsauce zubereiten. Eine rechteckige Auflaufform (Seitenlänge ca. 26 cm) mit der Butter einfetten. Zunächst etwas Sauce bolognese in die Form füllen, mit Lasagne-Platten belegen, dann etwas Béchamelsauce einfüllen und mit etwas Parmesan bestreuen. In dieser Reihenfolge fortfahren, bis alle Zutaten verbraucht sind. Die oberste Schicht sollte Béchamelsauce sein.

3

5 Den restlichen Käse darüber streuen und bei 190 °C im vorgeheizten Backofen 40 Minuten backen, bis die Oberfläche des Gerichts goldbraun ist und Blasen wirft. Mit dem grünen Salat servieren.

4

Rindfleisch-Nudel-Kasserolle

Für 4 Personen

800 g Rindersteak, gewürfelt
150 ml Rinderbrühe
450 g Makkaroni
300 g Schlagsahne
½ TL Garam Masala
Salz
frischer Koriander und Mandelstifte, geröstet, zum Garnieren

KHORMA-PASTE
60 g abgezogene Mandeln
6 Knoblauchzehen
2-cm-Stück frische Ingwerwurzel, gehackt
6 EL Rinderbrühe
1 TL gemahlener Kardamom
4 Gewürznelken, zerdrückt
1 TL Zimt
2 große Zwiebeln, gehackt
1 TL Korianderkörner
2 TL gemahlener Kreuzkümmel
1 Prise Cayennepfeffer
6 EL Sonnenblumenöl

1 Für die Khorma-Paste die Mandeln im Mörser fein zerstoßen. Mit den anderen Zutaten im Mixer zu einer sehr glatten Paste verarbeiten.

2 Das Rindfleisch in einer flachen Schale mit der Paste bedecken und gründlich darin wälzen. 6 Stunden im Kühlschrank marinieren.

3 Fleisch in einen großen Topf geben und 35 Minuten sanft köcheln. Bei Bedarf Brühe nachgießen.

4 Salzwasser in einem großen Topf aufkochen. Die Makkaroni darin ca. 10 Minuten bissfest kochen. Abgießen und in einen hohen, ofenfesten Topf geben. Fleisch, Sahne und Garam Masala zugeben.

5 Bei 200 °C 30 Minuten im Backofen backen. Aus dem Ofen nehmen und 10 Minuten ruhen lassen. Mit Koriander und Mandeln garnieren.

1

3

Neapolitanische Kalbskoteletts

Für 4 Personen

200 g Butter
4 parierte Kalbskoteletts à 250 g
1 große Zwiebel, in Ringen
2 Äpfel, geschält, entkernt und in Scheiben
200 g Champignons
1 EL frisch gehackter Estragon
8 schwarze Pfefferkörner
1 EL Sesamsaat
2 große Fleischtomaten, halbiert
Blätter von 1 frischen Basilikumzweig
400 g Tagliatelle
100 ml natives Olivenöl extra
200 g Mascarpone
Salz und Pfeffer
Basilikumblätter, zum Garnieren

1 60 g Butter in einer Pfanne zerlassen. Die Koteletts darin 5 Minuten von jeder Seite sanft anbraten. In eine Schale geben und warm stellen.

2 Zwiebel und Äpfel goldgelb anbraten. In eine ofenfeste Form geben, das Fleisch darauf platzieren und warm stellen.

3 Champignons, Estragon und Pfefferkörner 3 Minuten in der restlichen Butter braten. Mit Sesam bestreuen und beiseite stellen. Tomaten und Basilikum 2–3 Minuten in Butter dünsten und beiseite stellen.

4 Salzwasser in einem großen Topf aufkochen. Die Nudeln darin mit 1 Esslöffel Öl bissfest kochen. Abgießen und auf einen Servierteller geben. Mascarpone zugeben und mit dem restlichen Olivenöl beträufeln.

5 Zwiebel, Äpfel und Koteletts auf den Nudeln anrichten. Champignons, Pfefferkörner und Bratensaft über die Koteletts geben, Tomaten und Basilikumblätter am Rand anrichten und 5 Minuten im vorgeheizten Backofen bei 150 °C backen.

6 Auf Teller verteilen, mit Salz und Pfeffer abschmecken und sofort servieren.

Vegetarisch backen

Wer die vegetarische Ernährung bisher für eher eintönig gehalten hat, wird angesichts der Fülle der Rezepte in diesem Kapitel nur staunen. Hier finden sich Gerichte, die von Einflüssen aus der orientalischen und der italienischen Küche profitieren, z. B. Gefülltes Gemüse (s. S. 242), Paprikabrot (s. S. 246) und Brot mit getrockneten Tomaten (s. S. 249), daneben aber auch Variationen traditioneller Rezepte wie Gestürzter Ananaskuchen (s. S. 253) und Birnenauflauf (s. S. 257) – unwiderstehliche Köstlichkeiten für jede Jahreszeit und jeden Anlass. Und scheuen Sie sich nicht, einzelne Zutaten durch Ihre eigenen Lieblingszutaten zu ersetzen, wo immer es sich anbietet.

Pikanter Augenbohnentopf

Für 4 Personen

350 g Augenbohnen, über Nacht in kaltem Wasser eingeweicht
1 EL Öl
2 Zwiebeln, gehackt
1 EL Honig
2 EL Sirup
4 EL dunkle Sojasauce
1 TL Senfpulver
4 EL Tomatenmark
450 ml Gemüsebrühe
1 Lorbeerblatt
je 1 Zweig Rosmarin, Thymian und Salbei
1 kleine Orange
Pfeffer
1 EL Speisestärke
2 rote Paprika, entkernt und gewürfelt
2 EL frisch gehackte glatte Petersilie, zum Garnieren
knuspriges Brot, zum Servieren

1 Die Bohnen abspülen und in einen Topf geben. Mit Wasser bedecken, aufkochen und 10 Minuten kräftig kochen. Abgießen und in eine Auflaufform füllen.

2 Das Fett in einer Pfanne erhitzen und die Zwiebeln 5 Minuten darin anbraten. Honig, Sirup, Sojasauce, Senfpulver und Tomatenmark zugeben. Die Brühe zugießen, aufkochen und über die Bohnen gießen.

3 Lorbeerblatt, Rosmarin, Thymian und Salbei mit einem Stück Küchengarn zusammenbinden und zu den Bohnen geben. Mit einem Sparschäler von der Orange 3 Streifen Schale abschneiden und mit reichlich Pfeffer zu den Bohnen geben. Abdecken und bei 150 °C im vorgeheizten Backofen etwa 1 Stunde backen.

4 Die Orange pressen und den Saft mit der Stärke verrühren. Zu den Bohnen geben, zugleich die Paprika zufügen. Abdecken und 1 weitere Stunde backen, bis die Sauce cremig ist und die Bohnen weich sind. Kräuter und Orangenschale entfernen.

5 Mit Petersilie garnieren und mit knusprigem Brot servieren.

Nudel-Bohnen-Eintopf

Für 6 Personen

250 g getrocknete weiße Bohnen, über Nacht eingeweicht und abgetropft
850 ml Gemüsebrühe
6 EL Olivenöl
2 große Zwiebeln, in Ringen
2 Knoblauchzehen, zerdrückt
2 Lorbeerblätter
1 TL getrockneter Oregano
1 TL getrockneter Thymian
5 EL Rotwein
2 EL Tomatenmark
250 g Penne
2 Selleriestangen, in Scheiben
1 Fenchelknolle, in Streifen
120 g Champignons, in Scheiben
250 g Tomaten, in Scheiben
Salz und Pfeffer
1 TL brauner Zucker
4 EL Semmelbrösel
Salatblätter und ofenfrisches Brot, zum Servieren

1 Die Bohnen in einem großen Topf mit kaltem Wasser bedecken. Aufkochen und 20 Minuten sprudelnd kochen, dann abgießen.

2 In einen großen feuerfesten Topf geben. Die Brühe zugeben und 5 EL Öl, Zwiebeln, Knoblauch, Lorbeerblätter, Oregano, Thymian, Wein und Tomatenmark einrühren.

3 Aufkochen, abdecken und 2 Stunden im vorgeheizten Backofen bei 180 °C garen.

4 Gegen Ende der Garzeit Salzwasser in einem großen Topf zum Kochen bringen. Die Penne darin mit dem restlichen Öl ca. 3 Minuten vorgaren, abgießen und beiseite stellen.

5 Nudeln, Sellerie, Fenchel, Champignons und Tomaten zu den Bohnen geben und mit Salz und Pfeffer abschmecken.

6 Den Zucker einrühren und mit Semmelbröseln bestreuen. Abgedeckt 1 weitere Stunde im Ofen garen. Heiß mit Salat und Brot servieren.

2

6

Cannelloni mit Champignons

Für 4 Personen

350 g kleine Champignons, fein gehackt
1 Zwiebel, fein gehackt
1 Knoblauchzehe, zerdrückt
1 EL frisch gehackter Thymian
1/2 TL geriebene Muskatnuss
4 EL trockener Weißwein
50 g frische Semmelbrösel
Salz und Pfeffer
12 Cannelloni
Parmesanspäne, zum Garnieren

TOMATENSAUCE
1 große rote Paprika
200 ml trockener Weißwein
450 g passierte Tomaten
2 EL Tomatenmark
2 Lorbeerblätter
1 TL feiner Zucker

1 Champignons, Zwiebel und Knoblauch in einen Topf geben, mit Thymian, Muskat sowie Wein verrühren und aufkochen. Abgedeckt 10 Minuten garen.

2 Zum Binden die Semmelbrösel einrühren. Mit Salz und Pfeffer abschmecken. Abkühlen lassen.

3 Den Grill vorheizen. Für die Sauce die Paprika halbieren und entkernen. Auf einen Grillrost legen und 10 Minuten grillen, bis die Haut Blasen wirft. 10 Minuten abkühlen lassen.

4 Die Paprika häuten. Das Fruchtfleisch würfeln und mit dem Wein im Mixer pürieren, anschließend in einen Topf gießen.

5 Die restlichen Saucenzutaten zufügen und abschmecken. 10 Minuten bei geringer Hitze kochen. Die Lorbeerblätter entfernen.

6 Etwas Sauce auf den Boden einer ofenfesten Form streichen. Cannelloni mit der Pilzmischung füllen und in die Form setzen. Die restliche Sauce darüber verteilen und mit Alufolie abdecken. Bei 200 °C im vorgeheizten Backofen 35–40 Minuten backen und heiß mit Parmesan garniert servieren.

Gefülltes Gemüse

Für 4 Personen

4 große Fleischtomaten
Salz und Pfeffer
4 Zucchini
2 orangefarbene Paprika

FÜLLUNG
225 g Bulgur
1/4 Salatgurke
1 rote Zwiebel
2 EL Zitronensaft
2 EL frisch gehackter Koriander
2 EL frisch gehackte Minze
1 EL Olivenöl
2 TL Kreuzkümmelsamen

ZUM SERVIEREN
warmes Fladenbrot
Hummus

TIPP

Um die Garzeit zu verkürzen, das Gemüse – bis auf die Tomaten – vor dem Füllen blanchieren, und zwar Paprika, Zucchini und Aubergine jeweils 5 Minuten.

1 Von den Tomaten Deckel abschneiden und beiseite legen. Das Fruchtfleisch herauslösen und in einer Schale sammeln. Die Tomaten innen mit Salz und Pfeffer würzen, dann kopfüber auf Küchenpapier stellen.

2 Die Zucchini putzen und von der Spitze aus in Längsrichtung je 1 langen Keil herausschneiden. Die Keile fein würfeln, zu dem Tomatenfruchtfleisch geben und salzen. Beiseite stellen. Die Paprika so halbieren, dass die Stiele ganz bleiben. Die Samen entfernen, dann die Schoten innen mit Salz und Pfeffer würzen.

3 Für die Füllung den Bulgur einweichen. Die Gurke fein hacken und zur Tomaten-Zucchini-Mischung geben. Die rote Zwiebel hacken, mit Zitronensaft, Kräutern, Olivenöl und Kreuzkümmel zur Gemüsemischung geben und gründlich verrühren.

4 Den aufgequollenen Bulgur unter die Mischung rühren, dann in das ausgehöhlte Gemüse füllen. Die abgeschnittenen Deckel wieder auf die Tomaten setzen, dann das Gemüse auf einem Backblech bei 200 °C im vorgeheizten Backofen 20–25 Minuten gar backen. Abtropfen lassen und mit Fladenbrot und Hummus servieren.

Linsen-Paprika-Tarte

Für 6 Personen

TEIG

230 g Vollkornmehl

100 g Pflanzenmargarine, in kleinen Stücken

4 EL Wasser

FÜLLUNG

180 g rote Linsen, gewaschen

300 ml Gemüsebrühe

20 g Pflanzenmargarine

1 Zwiebel, gehackt

2 rote Paprika, entkernt und gewürfelt

1 TL Hefe-Extrakt

1 EL Tomatenmark

3 EL frisch gehackte Petersilie

Pfeffer

1 Für den Teig das Mehl in eine Schüssel geben. Die Margarine mit den Fingern darin verreiben, bis ein krümeliger Teig entsteht. Wasser zufügen und zu einem glatten Teig verarbeiten. Den Teig in Frischhaltefolie wickeln und 30 Minuten kalt stellen.

2 Für die Füllung Linsen und Brühe in einem Topf zum Kochen bringen. Dann die Hitze reduzieren und 10 Minuten köcheln lassen, bis die Linsen zerfallen. Vom Herd nehmen und die Masse mit dem Pürierstab zu Püree verarbeiten.

3 Die Margarine in einem kleinen Topf zerlassen. Zwiebeln und Paprika darin weich dünsten.

4 Linsenpüree, Hefe-Extrakt, Tomatenmark und Petersilie zugeben. Mit Pfeffer würzen und gut mischen.

5 Den Teig auf einer leicht bemehlten Arbeitsfläche ausrollen und in eine Springform (24 cm Ø) einpassen. Den Teigboden mehrmals mit einer Gabel einstechen und die Linsenmischung darauf verteilen.

6 Die Tarte bei 200 °C im vorgeheizten Backofen 30 Minuten backen, bis die Füllung fest ist.

Paranuss-Champignon-Pie

Für 4 Personen

TEIG
230 g Vollkornmehl
100 g Margarine, in kleinen Stücken
4 EL Wasser
Sojamilch, zum Glasieren

FÜLLUNG
20 g Margarine
1 Zwiebel, gehackt
1 Knoblauchzehe, fein gehackt
130 g Champignons, in Scheiben geschnitten
1 EL Mehl
150 ml Gemüsebrühe
1 EL Tomatenmark
180 g Paranüsse, gehackt
80 g Vollkorn-Semmelbrösel
2 EL frisch gehackte Petersilie
½ TL Pfeffer

1 Für den Teig das Mehl in eine Schüssel geben. Die Margarine mit den Fingern darin verreiben, bis ein krümeliger Teig entsteht. Das Wasser zufügen und zu einem glatten Teig verarbeiten. In Frischhaltefolie wickeln und 30 Minuten kalt stellen.

2 Für die Füllung die Margarine in einer Pfanne zerlassen, Zwiebeln, Knoblauch und Pilze zufügen und 5 Minuten weich dünsten. Mehl zugeben und unter Rühren 1 Minute kochen. Langsam die Brühe einrühren, bis eine glatte, dickflüssige Sauce entsteht. Tomatenmark, Nüsse, Semmelbrösel, Petersilie und Pfeffer zugeben. Dann etwas abkühlen lassen.

3 Zwei Drittel des Teigs ausrollen und in eine Springform (20 cm Ø) einpassen. Die Füllung darauf verteilen. Die Teigränder mit Sojamilch bestreichen. Den restlichen Teig ausrollen und auf die Füllung legen. Die Teigränder zusammendrücken, die Oberfläche leicht einritzen und mit Sojamilch bestreichen.

4 Bei 200 °C im vorgeheizten Backofen 30–40 Minuten goldbraun backen.

2

2

Paprikabrot

Für 4 Personen

etwas Margarine, zum Einfetten
1 rote Paprika, halbiert und entkernt
1 gelbe Paprika, halbiert und entkernt
2 frische Rosmarinzweige
1 EL Olivenöl
10 g Trockenhefe
1 TL Zucker
300 ml lauwarmes Wasser
500 g Mehl
1 TL Salz

2

6

7

1 Eine Springform (25 cm Ø) mit Margarine einfetten.

2 Paprika (Schnittseite nach unten) und Rosmarin in einen flachen ofenfesten Bräter geben, mit dem Öl beträufeln und im Backofen bei 200 °C etwa 20 Minuten rösten, bis die Paprika stellenweise schwarz ist. Paprika abkühlen lassen, enthäuten und in Streifen schneiden.

3 Hefe und Zucker in einen Messbecher geben, mit 100 ml Wasser auffüllen und 15 Minuten gehen lassen, bis die Mischung schäumt.

4 Das Mehl mit dem Salz in einer Schüssel vermengen. Die angerührte Hefe und das restliche Wasser zugießen und zu einem festen Teig verrühren.

5 Den Teig etwa 5 Minuten glatt kneten. Dann mit eingefetteter Frischhaltefolie abdecken und 30 Minuten gehen lassen, bis er sein Volumen verdoppelt hat.

6 Den Teig dritteln. Zu je 1 Scheibe ausrollen, deren Durchmesser 4 cm größer als der der Springform ist.

7 Eine Teigscheibe auf den Boden der Form legen, sodass die Ränder etwas hochragen. Mit der Hälfte der Paprikamischung belegen.

8 Die zweite Teigscheibe darauf legen und mit der restlichen Mischung bedecken. Mit der letzten Scheibe abschließen und sie an den Rändern nach unten drücken.

9 Das Paprikabrot mit einem eingefetteten Stück Frischhaltefolie abdecken und erneut 30–40 Minuten gehen lassen. Dann 45 Minuten bei 190 °C im vorgeheizten Backofen goldbraun backen und warm servieren.

Knoblauch-Salbei-Kringel

Für 6 Personen

250 g Vollkornmehl

1 Päckchen Trockenhefe

3 EL frisch gehackter Salbei

2 TL Meersalz

3 Knoblauchzehen, fein gehackt

1 TL Honig

150 ml lauwarmes Wasser

1 Ein Backblech einfetten. Das Mehl in eine große Schüssel sieben und mit der ausgesiebten Kleie verrühren.

2 Trockenhefe, Salbei und die Hälfte des Salzes untermischen. 1 Teelöffel Knoblauch beiseite stellen, den restlichen Knoblauch unterrühren. Honig und Wasser zugeben und zu einem festen Teig verarbeiten.

3 Den Teig von Hand auf einer leicht bemehlten Arbeitsfläche oder mit den Knethaken eines elektrischen Rührgeräts 5 Minuten kneten.

4 Den Teig in eine eingefettete Schüssel geben, abdecken und an einem warmen Ort gehen lassen, bis sich sein Volumen verdoppelt hat.

5 Den Teig erneut ein paar Minuten durchkneten. Dann zu einem Ring formen und auf das vorbereitete Backblech legen.

6 Den Kringel abdecken und erneut 30 Minuten gehen lassen, bis der Teig elastisch ist. Dann mit dem restlichen Salz und dem übrigen Knoblauch bestreuen.

3

5

6

7 Den Kringel bei 200 °C im vorgeheizten Backofen 25–30 Minuten backen. Vor dem Servieren auf einem Rost abkühlen lassen.

TIPP

Formen Sie den Teig zuerst zu einer langen Rolle und dann zu einem Ring. Das Meersalz zum Bestreuen kann auch weggelassen werden.

Brot mit getrockneten Tomaten

Für 4 Personen

10 g Trockenhefe
1 TL Zucker
300 ml lauwarmes Wasser
500 g Mehl
1 TL Salz
2 TL getrocknetes Basilikum
2 EL Tomatenmark
12 getrocknete Tomaten in Öl, abgetropft und in Streifen

2

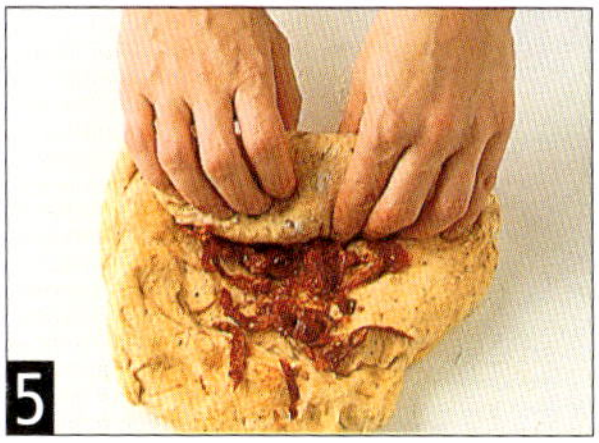

5

1 Hefe und Zucker in einen Messbecher geben, mit 100 ml Wasser auffüllen und etwa 15 Minuten gehen lassen, bis die Mischung schäumt.

2 Das Mehl mit dem Salz in einer Schüssel vermengen. Eine Vertiefung in die Mitte des Mehls drücken. Das Basilikum, die angerührte Hefe, das Tomatenmark sowie 100 ml Wasser zugeben und verrühren. Nach und nach das restliche Wasser untermengen, bis der Teig fest ist.

3 Den Teig auf einer bemehlten Arbeitsfläche etwa 5 Minuten kneten. Zurück in die Schüssel geben, mit eingefetteter Frischhaltefolie abdecken und 30 Minuten gehen lassen, bis er sein Volumen verdoppelt hat.

4 Eine Kastenform (20–25 cm) leicht einfetten.

6

5 Den Teig aus der Schüssel nehmen, die getrockneten Tomaten zugeben und noch einmal 2–3 Minuten durchkneten.

6 Den Teig in die Form geben und 30–40 Minuten auf das doppelte Volumen gehen lassen. Im vorgeheizten Backofen bei 190 °C 30–35 Minuten goldbraun backen. Das Brot ist gar, wenn es beim Klopfen auf die Unterseite hohl klingt. Auf einem Rost auskühlen lassen.

Biskuit ohne Ei

Für 8 Personen

230 g Vollkornmehl
4 TL Backpulver
180 g feiner Zucker, plus etwas mehr zum Bestreuen
6 EL Sonnenblumenöl
250 ml Wasser
5 Tropfen Vanillearoma
4 EL zuckerreduzierte Erdbeer- oder Himbeermarmelade

TIPP

Normale Margarine, die nicht speziell als für Veganer geeignet etikettiert ist, kann tierische Produkte wie Molke, Butterfett oder entrahmte Milch enthalten.

1 Zwei runde Backformen von je 20 cm Ø einfetten und mit Backpapier auslegen.

2 Mehl und Backpulver in eine große Schüssel sieben. Die ausgesiebte Kleie zugeben und untermischen. Dann den Zucker einrühren.

3 Sonnenblumenöl, Wasser und Vanillearoma zufügen und 1 Minute verrühren, bis ein weicher Teig entsteht. Den fertigen Teig auf die Backformen verteilen.

4 Bei 180 °C im vorgeheizten Ofen 25–30 Minuten backen, bis die beiden Böden elastisch sind.

5 In den Formen etwas abkühlen lassen, dann auf einen Rost legen. Das Backpapier vorsichtig entfernen.

VARIATION

Für einen Biskuit mit Schokoladengeschmack 20 g des Mehls durch Kakaopulver ersetzen. Für einen erfrischenden Zitrusgeschmack die geriebene Schale von ½ Zitrone oder Orange in Schritt 2 zugeben. Für einen feinen Kaffeegeschmack 2 Teelöffel Mehl durch Instantkaffee ersetzen.

6 Einen der Böden auf einen Kuchenteller geben und mit Marmelade bestreichen. Mit dem anderen Boden bedecken.

7 Den fertigen Kuchen mit etwas Zucker bestreuen.

3

3

3

Tofukuchen

Für 6 Personen

etwas Margarine, zum Einfetten
130 g Vollkornkekse, zerkrümelt
50 g Margarine, zerlassen
50 g Datteln, entsteint und gehackt
4 EL Zitronensaft
geriebene Schale von 1 Zitrone
3 EL Wasser
350 g fester Tofu
150 ml Apfelsaft
1 Banane, zerdrückt
5 Tropfen Vanillearoma
1 Mango, geschält, entsteint und gehackt

1 Eine Springform (18 cm Ø) leicht mit Margarine einfetten.

2 Kekse und Margarine in einer Schüssel vermengen. In die Springform füllen und mit einem Löffel festdrücken.

3 Datteln, Zitronensaft, Zitronenschale und Wasser in einem Topf zum Kochen bringen. 5 Minuten köcheln lassen, bis die Datteln weich sind. Anschließend die Datteln mit einer Gabel zerdrücken.

4 Tofu, Apfelsaft, Banane und Vanillearoma zugeben und mit einem Pürierstab oder in einer Küchenmaschine zu einem dickflüssigen, weichen Püree verarbeiten.

5 Das Püree auf den Keksboden geben und glatt streichen.

6 Den Kuchen bei 180 °C im vorgeheizten Backofen 30–40 Minuten goldbraun backen, dann in der Form etwas abkühlen lassen und vor dem Servieren kalt stellen.

7 Die Mango mit einem Pürierstab oder in einer Küchenmaschine zu einem sehr feinen Püree verarbeiten. Das Püree als Sauce zu dem gekühlten Tofukuchen servieren.

2

3

Gestürzter Ananaskuchen

Für 8 Personen

430 g ungesüßte Ananasstücke, abgetropft (Saft auffangen)
4 TL Maismehl
50 g brauner Zucker
50 g Margarine, in kleinen Stücken
125 ml Wasser
geriebene Schale von 1 Zitrone

BISKUIT
50 ml Sonnenblumenöl
75 g brauner Zucker
150 ml Wasser
150 g Mehl
2 TL Backpulver
1 TL Zimt

1 Eine Kuchenform (18 cm Ø) einfetten und mit Backpapier auslegen. Ananassaft und Maismehl verrühren, mit Zucker, Margarine und Wasser in einen Topf geben und bei schwacher Hitze unter Rühren erwärmen, bis der Zucker aufgelöst ist. Die Hitze erhöhen und 2–3 Minuten köcheln lassen, bis die Masse eindickt. Beiseite stellen und etwas abkühlen lassen.

2 Für den Teig Öl, Zucker und Wasser in eine Pfanne geben. Vorsichtig erhitzen, bis der Zucker gelöst ist. Abkühlen lassen. Mehl, Backpulver und Zimt in eine Schüssel sieben. Den abgekühlten Zuckersirup darüber gießen und alles zu einem glatten Teig verarbeiten.

2

3

3

3 Ananasstücke und Zitronenschale in die Form geben und mit 4 Esslöffeln Ananassauce übergießen. Dann den Teig auf der Früchtemasse verteilen.

4 Den Kuchen bei 180 °C im vorgeheizten Backofen 35–40 Minuten backen, bis ein in die Mitte gestochener Metallspieß teigfrei bleibt. Dann stürzen, 5 Minuten abkühlen lassen, Form und Papier entfernen, mit der restlichen Ananassauce servieren.

Aprikosenschnitten

Ergibt 12 Stück

TEIG

230 g Vollkornmehl

50 g gemischte Nüsse, fein gemahlen

100 g Margarine, in kleinen Stücken

4 EL Wasser

Sojamilch, zum Glasieren

FÜLLUNG

230 g getrocknete Aprikosen

geriebene Schale von 1 Orange

300 ml Apfelsaft

1 TL Zimt

50 g Rosinen

TIPP

In einem luftdichten Behälter halten sich die Schnitten 3–4 Tage.

1 Eine quadratische Backform (Seitenlänge 24 cm) leicht einfetten. Für den Teig Mehl und Nüsse in eine große Schüssel geben. Die Margarine mit den Fingern darin zu einem krümeligen Teig verreiben. Wasser zugeben und zu einem glatten Teig verarbeiten. Den Teig in Frischhaltefolie wickeln und 30 Minuten kalt stellen.

2 Für die Füllung Aprikosen, Orangenschale und Apfelsaft in einem Topf zum Kochen bringen. 30 Minuten köcheln lassen, bis die Aprikosen weich sind. Etwas abkühlen lassen, mit dem Pürierstab oder Mixer pürieren, dann Zimt und Rosinen einrühren.

3 Den Teig halbieren. Eine Hälfte ausrollen und auf das Backblech

legen. Das Aprikosenpüree darauf verteilen, einen Teigrand stehen lassen und mit Wasser bestreichen. Den übrigen Teig ebenfalls ausrollen, den Kuchen damit abdecken und die Teigränder zusammendrücken.

4 Die Oberfläche mit einer Gabel einstechen und mit Sojamilch bestreichen. Dann bei 200 °C im vorgeheizten Backofen 20–25 Minuten goldbraun backen. Etwas abkühlen lassen und in 12 Schnitten servieren.

Dattel-Aprikosen-Kuchen

Für 8 Personen

230 g Vollkornmehl
50 g gemischte Nüsse, gemahlen
100 g Margarine, in Stücken
4 EL Wasser
230 g getrocknete Aprikosen, gehackt
230 g Datteln, entsteint, gehackt
430 ml Apfelsaft
1 TL Zimt
geriebene Schale von 1 Zitrone
Vanillesauce aus Sojamilch, zum Servieren (nach Belieben)

1 Mehl und Nüsse in eine Schüssel geben. Die Margarine mit den Fingern darin verreiben, bis ein krümeliger Teig entsteht. Wasser zufügen und zu einem glatten Teig verarbeiten. Den Teig in Frischhaltefolie wickeln und 30 Minuten kalt stellen.

2 Aprikosen, Datteln, Apfelsaft, Zimt und Zitronenschale in einem kleinen Topf zum Kochen bringen, abdecken und 15 Minuten köcheln lassen, bis die Früchte zu einem weichen Mus zerfallen sind.

3 Etwas Teig für die Gitterstreifen beiseite legen. Den restlichen Teig auf einer bemehlten Arbeitsfläche ausrollen und in eine Springform (mit 24 cm Ø) einpassen.

4 Die Fruchtfüllung auf dem Teig in der Form verteilen. Den restlichen Teig ausrollen und in 1 cm breite Streifen schneiden. Die Streifen verzwirbeln und gitterartig über die Fruchtmasse legen. Die Enden mit Wasser befeuchten und am Kuchenrand festdrücken.

2

4

4

5 Den Kuchen bei 200 °C im vorgeheizten Backofen 25–30 Minuten goldbraun backen. In Scheiben schneiden und mit Vanillesauce servieren.

Birnenauflauf

Für 6 Personen

6 Dessertbirnen
1 EL kandierter Ingwer, gehackt
1 EL brauner Zucker
2 EL Orangensaft
STREUSEL
180 g Mehl
80 g Pflanzenmargarine, in kleinen Stücken
30 g Mandelblättchen
30 g Haferflocken
50 g brauner Zucker
Sojamilch-Vanillesauce, zum Servieren (nach Belieben)

VARIATION

Für einen würzigeren Geschmack kann man in Schritt 3 1 Teelöffel Lebkuchen-Gewürzmischung zugeben.

1 Eine 1-l-Auflaufform leicht mit Margarine einfetten.

2 Die Birnen schälen, entkernen, vierteln und in Scheiben schneiden. Mit Ingwer, Zucker und Orangensaft in einer Schüssel mischen. Die Mischung in die Form geben.

3 Für die Streusel das Mehl in eine Schüssel sieben. Mit der Margarine zu einem krümeligen Teig verreiben. Mandeln, Haferflocken und Zucker zugeben und gut untermengen.

4 Die Streusel gleichmäßig über die Birnenmischung verteilen.

5 Den Auflauf bei 190 °C im vorgeheizten Backofen 30 Minuten goldbraun backen. Nach Belieben mit Sojamilch-Vanillesauce servieren.

2

3

4

Leckereien mit
Schokolade

Einführung

Der Kakaobaum, *Theobroma cacao*, stammt ursprünglich aus Südamerika, wo er schon seit dem 7. Jahrhundert von den Maya kultiviert wurde, denen seine Samen nicht nur als Nahrungs-, sondern auch als Zahlungsmittel dienten. Columbus brachte die Kakaobohne 1502 nach Spanien, aber populär wurde sie dort erst, als Cortés vom Hof des Aztekenherrschers Montezuma *Xocoatl* einführte, ein Rezept für ein Getränk aus gerösteten, zerstampften Kakaobohnen und kaltem Wasser. Alsbald verfeinerte man das Aroma des dickflüssigen und bitteren Gebräus mit Vanille, Gewürzen, Honig und Zucker und kam schließlich auf die Idee, die Köstlichkeit heiß zu servieren.

Im 17. Jahrhundert griff das Schokoladenfieber dann aufs restliche Europa über. Frankreich erlag ihm zuerst, dann Holland: Amsterdam wurde zum wichtigsten Kakaohafen außerhalb Spaniens. Von hier breitete sich die Schokolade nach Deutschland, Skandinavien und Italien aus. Mitte des 17. Jahrhunderts gelangte sie auch nach England, wo bald „Schokoladenhäuser" den gerade erst etablierten Kaffeehäusern Konkurrenz machten.

Anfang des 19. Jahrhunderts erfand der holländische Chemiker Coenraad van Houten eine Presse, mit der man den Kakaobohnen das Fett entziehen konnte, und eine Methode zur Neutralisierung ihrer Säuren. So gewann er eine fast reine Kakaobutter und einen harten Presskuchen, der zu Kakaopulver zermahlen wurde, das als Aromazusatz diente. Von nun an konnte man Schokolade nicht nur trinken, sondern auch essen.

Bald darauf entstanden die traditionsreichen Schweizer Schokoladenunternehmen, und 1847 brachte Frys Schokoladenfabrik die erste britische „Ess-Schokolade“ auf den Markt. 1875 wurde erstmals Schokolade mit Kondensmilch zu Milchschokolade verfeinert. Etwa zu dieser Zeit entwickelte Lindt eine Methode zur Herstellung der zarten Fondantschokolade, für die das Unternehmen noch heute bekannt ist.

Kakao wird heute in Afrika, auf den Westindischen Inseln, in Südamerika und in Asien angebaut. Die Bohnen werden nach der Ernte in der Sonne fermentiert, getrocknet, geröstet und zu Kakaomasse vermahlen, der Grundlage der Kakaobutter. Aus Kakaomasse, Kakaobutter und allerlei Zusätzen entsteht schließlich die Schokolade in ihren unzähligen Erscheinungsformen.

Grundrezepte

Zwei Methoden, Schokolade zu schmelzen

Im Wasserbad

1 Schokolade in kleine, gleich große Stücke brechen und in eine hitzebeständige Schüssel geben.

2 Die Schüssel so in einen Topf mit heißem, nur ganz leicht kochendem Wasser hängen, dass sie nicht mit dem Topfboden in Berührung kommt.

3 Schokolade unter Rühren schmelzen.

Schokolade nie direkt auf dem Herd schmelzen (sofern sie nicht mit anderen Zutaten vermischt ist; in dem Fall bei sehr geringer Hitze schmelzen).

In der Mikrowelle

1 Schokolade in kleine Stücke brechen und in eine mikrowellengeeignete Schüssel geben.

2 Die Schüssel in die Mikrowelle stellen. Als Richtwert: 125 g Zartbitter-Schokolade 2 Minuten auf hoher Stufe schmelzen, weiße oder Milchschokolade 2–3 Minuten auf mittlerer Stufe.

Achtung: Da Temperaturen und Einstellmöglichkeiten der Mikrowellengeräte variieren, zuerst die Bedienungsanleitung zu Rate ziehen.

3 Schokolade mit einem Löffel durchrühren, ein paar Minuten stehen lassen, noch einmal durchrühren. Falls nötig, weitere 30 Sekunden in der Mikrowelle erhitzen.

Dekorationen aus Schokolade

Schoko-Dekorationen machen Kuchen und Desserts noch ansprechender. Zwischen Pergamentpapier kann man sie in luftdichten Behältern aufbewahren: Zartbitter-Schokolade 4 Wochen, Milchschokolade und weiße Schokolade 2 Wochen.

Borkenschokolade

1 Geschmolzene Schokolade auf ein sauberes Kunststoff-Küchenbrett streichen und fest werden lassen.

2 Das Brett gut festhalten, ein großes Messer mit ungezahnter Klinge auf die Schokolade setzen und im 45-Grad-Winkel so über das Brett ziehen, dass lange, unregelmäßig geformte Schokoladenkräusel entstehen.

3 Die Borkenschokolade mit dem Messer vorsichtig vom Brett heben.

Schokoraspel

1 Blockschokolade auf Zimmertemperatur bringen.

2 Einen scharfen Sparschäler mit leichtem Druck über die Schokolade ziehen, um feine Raspel zu erzeugen, oder etwas fester, um gröbere Raspel zu erhalten.

Hinweis: Die Schokolade muss zum Raspeln fest genug sein. Bei warmem Wetter sollte man sie vorher im Kühlschrank kühlen.

Schokoladenblätter

1 Frisch gepflückte Blätter mit deutlicher Äderung verwenden, die sauber, trocken und biegsam sind. Jedes Blatt am Stiel festhalten und seine Oberseite mit geschmolzener Schokolade glatt einpinseln.

2 Dann die Blätter mit der Schokoladenseite nach oben auf ein mit Backpapier ausgelegtes Backblech legen.

3 Mindestens 1 Stunde kühlen, bis die Schokolade fest ist. Dann die Blätter von der Schokoladenschicht abziehen.

Kuchen & Torten

Ein Stück üppiger Schokoladenkuchen ist ein Hochgenuss, dem die wenigsten widerstehen können, und ein Schokoladen-Kochbuch ohne eine umfangreiche Auswahl an Kuchen und Torten wäre wohl kaum vorstellbar. Die Experimentierfreudigeren unter Ihnen können die Füllungen und Dekorationen nach Geschmack abwandeln. Alle anderen können sich von unseren einfachen Schritt-für-Schritt-Anleitungen mit zahlreichen Farbfotos zum garantierten Erfolg führen lassen.

Die raffinierten Torten und köstlichen Kuchen in diesem Kapitel sind Augenweide und Gaumenschmaus zugleich, und viele davon sind leicht zuzubereiten. Wenn Ihnen also das nächste Mal danach ist, sich selbst oder Ihre Gäste zum Nachmittagstee oder -kaffee mit etwas besonders Gutem zu verwöhnen – mit diesen Rezepten gelingt es bestimmt.

Schoko-Mandel-Kuchen

Für 8 Personen

175 g Zartbitter-Schokolade
175 g Butter
4 Eier, getrennt
125 g Zucker
50 g Mehl, ½ TL Backpulver
¼ TL Weinstein
5 Tropfen Bittermandelaroma

DEKORATION
125 g gemahlene Mandeln
25 g Mandelblätter
25 g Zartbitter-Schokolade

BELAG
125 g Vollmilch-Schokolade
25 g Butter
4 EL Crème double

2

4

1 Eine Springform (26 cm Ø) leicht einfetten und den Boden mit Backpapier auslegen. Die Schokolade in kleine Stücke brechen und mit der Butter in einem kleinen Topf unter Rühren schmelzen.

2 Mit dem Eigelb 100 g Zucker zu einer hellen cremigen Masse schlagen. Die Schokoladenmasse zugeben und gut verrühren.

3 Mehl und Backpulver in die Mischung sieben, Weinstein, Bittermandelaroma und Mandeln zugeben und unterheben.

4 Das Eiweiß schlagen, bis der Eischnee steife Spitzen bildet. Den restlichen Zucker zugeben und alles steif schlagen. Den Eischnee unter die Schokoladenmasse heben und den Teig in die Springform geben. Im vorgeheizten Backofen bei 190 °C 40 Minuten

4

backen, bis der Kuchen beim Andrücken leicht nachgibt. Gut abkühlen lassen.

5 Die Zutaten für den Belag im Wasserbad erhitzen, dann vom Herd nehmen und 2 Minuten rühren. 30 Minuten abkühlen lassen. Den Kuchen auf einen Servierteller geben und mit dem Belag überziehen. Mit den Mandelblättern bestreuen und Schokolade darüber träufeln. Vor dem Servieren 2 Stunden ruhen lassen.

Schoko-Blechkuchen

Für 15 Personen

350 g Mehl, gesiebt

3½ TL Backpulver

3 EL Kakaopulver, gesiebt

225 g Zucker

225 g weiche Margarine

4 Eier, verquirlt

4 EL Milch

je 50 g Vollmilch-, Zartbitter- und weiße Schokolade, geraspelt

Puderzucker, zum Bestäuben

VARIATION

Für eine besondere Garnierung schneiden Sie Papierstreifen zu und legen sie im Schachbrettmuster auf den Kuchen. Mit Puderzucker bestäuben und das Papier abnehmen.

1 Eine rechteckige Backform (33 cm x 23 cm) mit etwas Butter oder Margarine einfetten.

2 Alle Zutaten bis auf Schokoladenraspel und Puderzucker in einer großen Rührschüssel zu einer glatten Masse verarbeiten.

3 Sämtliche Schokoladenraspel einrühren.

4 In die Backform füllen und glatt streichen. Bei 180 °C im vorgeheizten Backofen 30–40 Minuten backen, bis der Kuchen aufgeht. Vollständig in der Form auskühlen lassen.

5 Den abgekühlten Kuchen mit Puderzucker bestäuben, in Quadrate schneiden und servieren.

Schoko-Ananas-Kuchen

Für 9 Personen

150 g fettarme Margarine
125 g Zucker
100 g Mehl, gesiebt
3 EL Kakaopulver, gesiebt
$2^1/_2$ TL Backpulver
2 Eier
225 g Ananas aus der Dose, in Stücken und im eigenen Saft
125 ml fettarmer Naturjoghurt
ca. 1 EL Puderzucker
geriebene Schokolade, zum Dekorieren

TIPP

Sie können den Kuchen ohne Dekoration und luftdicht verpackt bis zu 3 Tage aufbewahren. Einmal garniert, sollte er binnen 2 Tagen verzehrt werden.

1 Eine quadratische Backform (20 cm x 20 cm) leicht einfetten.

2 Margarine, Zucker, Mehl, Kakaopulver, Backpulver und Eier in eine große Rührschüssel geben. Mit einem Holzlöffel oder dem Handrührgerät glatt schlagen.

3 Die Mischung in die Form füllen und glatt streichen. Im vorgeheizten Backofen bei 190 °C 20–25 Minuten backen, bis der Kuchen beim Andrücken leicht nachgibt. In der Form etwas abkühlen lassen, auf ein Kuchengitter heben und ganz auskühlen lassen.

4 Die Ananasstücke abtropfen lassen, fein hacken und erneut abtropfen lassen. Einige Stücke beiseite legen, den Rest unter den Joghurt rühren und mit Puderzucker süßen.

5 Die Ananas-Joghurt-Mischung über den Kuchen streichen und mit den Ananasstücken garnieren. Mit der geriebenen Schokolade bestreuen.

2

3

4

Familien-Schokokuchen

Für 8 Personen

125 g Margarine
125 g Zucker
2 Eier
1 EL heller Sirup
125 g Mehl, gesiebt
1½ TL Backpulver
2 EL Kakaopulver, gesiebt

FÜLLUNG UND BELAG

50 g Puderzucker, gesiebt
25 g Butter
100 g weiße oder Vollmilchkuvertüre
etwas helle oder dunkle Schokolade, geschmolzen

1 Zwei Springformen (20 cm Ø) leicht einfetten und den Boden mit Backpapier auslegen.

2 Die Zutaten für den Kuchen mit Hand oder Rührgerät zu einem glatten Teig verarbeiten.

3 Den Teig auf die beiden Springformen verteilen und glatt streichen. Im vorgeheizten Backofen bei 190 °C 20 Minuten backen, bis der Kuchen beim Andrücken leicht nachgibt. 5 Minuten abkühlen lassen, dann aus der Form nehmen und auf ein Kuchengitter setzen.

4 Für die Füllung Puderzucker und Butter zu einer weichen, schaumigen Masse schlagen. Die Kuvertüre schmelzen und die Hälfte mit der Zuckermasse verrühren. 1 Kuchen damit bestreichen, den anderen darauf legen.

5 Den Kuchen mit der restlichen Kuvertüre überziehen. Nach Belieben mit geschmolzener Schokolade beträufeln und darin mit einem Cocktailspieß ein Marmordekor ziehen.

2

3

4

Schoko-Orangen-Kuchen

Für 8–10 Personen

175 g Zucker

175 g Butter oder Margarine

3 Eier, verquirlt

175 g Mehl, gesiebt

2 TL Backpulver

2 EL Kakaopulver, gesiebt

2 EL Milch

3 EL Orangensaft

geriebene Schale von ½ Orange

GLASUR

175 g Puderzucker

2 EL Orangensaft

etwas geschmolzene Schokolade

VARIATION

Geben Sie anstatt der Milch 2 Esslöffel Rum zur Schokoladenmischung. Der Kuchen schmeckt auch köstlich, wenn Sie anstatt der Orange Zitronensaft und -schale verwenden.

1 Eine Springform (20 cm Ø) leicht einfetten.

2 Zucker und Butter oder Margarine in einer Schüssel locker schlagen. Unter Rühren nach und nach die Eier zufügen. Mehl und Backpulver sorgfältig unterrühren.

3 Die Mischung halbieren. Kakao und Milch mit 1 Hälfte verrühren. Die andere Hälfte mit Orangensaft und -schale vermischen.

4 Die Mischungen löffelweise in die Backform füllen und mit einem Spieß verrühren, um einen Marmoreffekt zu erzielen. Im vorgeheizten Backofen bei 190 °C 25 Minuten backen, bis der Kuchen beim Andrücken leicht nachgibt.

5 Den Kuchen in der Form etwas abkühlen lassen, dann auf einem Kuchengitter ganz auskühlen lassen.

6 Für die Glasur den Puderzucker in eine Schüssel sieben und mit dem Orangensaft verrühren. Auf dem Kuchen verstreichen und vor dem Servieren aushärten lassen.

Mokka-Schichtkuchen

Für 8–10 Personen

200 g Mehl
$2^1/_4$ TL Backpulver
4 EL Kakaopulver
100 g Zucker
2 Eier
2 EL heller Sirup
150 ml Sonnenblumenöl
150 ml Milch

FÜLLUNG
1 TL Instant-Kaffeepulver
1 EL kochendes Wasser
300 g Crème double
25 g Puderzucker

DEKORATION
50 g Schokoladenraspel
Borkenschokolade (s. S. 263)
Puderzucker, zum Bestäuben

1 Drei Springformen (20 cm Ø) leicht einfetten.

2 Mehl, Backpulver und Kakaopulver in eine große Schüssel sieben. Den Zucker einrühren. In die Mitte eine Mulde drücken und Eier, Sirup, Öl und Milch hineingießen. Mit einem Holzlöffel nach und nach mit den trockenen Zutaten verrühren, bis ein glatter Teig entsteht. Den Teig gleichmäßig auf die Springformen verteilen.

3 Im vorgeheizten Backofen bei 180 °C 35–45 Minuten backen, bis der Kuchen beim Andrücken leicht nachgibt. 5 Minuten in den Formen ruhen lassen, dann auf einem Kuchengitter auskühlen lassen.

4 Den Kaffee im kochenden Wasser auflösen und mit Crème double und Puderzucker kräftig verrühren, bis die Masse sehr cremig ist. Zwei Kuchenböden mit der Hälfte der Creme bestreichen und alle aufeinander setzen. Die restliche Creme oben und an den Seiten verstreichen. Die Schokoraspel an den Tortenseiten leicht andrücken.

5 Den Kuchen mit der Borkenschokolade belegen. Aus Backpapier schmale Streifen schneiden und darüber legen. Mit Puderzucker bestäuben, dann das Papier vorsichtig abheben und die Torte servieren.

Teufelskuchen

Für 8 Personen

100 g Zartbitter-Schokolade
250 g Mehl, 2½ TL Backpulver
225 g Butter
400 g brauner Zucker
5 Tropfen Vanillearoma
3 Eier
125 ml Buttermilch
225 ml kochendes Wasser
GLASUR
300 g Zucker
2 Eiweiß
1 EL Zitronensaft
3 EL Orangensaft
kandierte Orangenschale, zum Dekorieren

TIPP

Sie können für den Kuchen auch eine Vanillebutter-Glasur herstellen. Dazu 175 g Butter weich schlagen, dann mit 350 g Puderzucker vermengen und zuletzt etwas Vanille-Aroma unterrühren.

1 Zwei Springformen (20 cm Ø) leicht einfetten und die Böden mit Backpapier auslegen. Die Schokolade in einem Topf schmelzen. Mehl und Backpulver in eine Schüssel sieben.

2 Butter und Zucker in einer anderen Schüssel schaumig schlagen, Vanillearoma zugeben und unter ständigem Rühren nach und nach die Eier zufügen. Sollte die Mischung zu flüssig sein, etwas Mehl einrühren.

3 Die Schokolade gut unterheben, dann nach und nach die restliche Mehlmischung, die Buttermilch und das heiße Wasser einrühren.

4 Den Teig in die Backformen geben und glatt streichen. Im vorgeheizten Backofen bei 190 °C 30 Minuten backen, bis der Kuchen beim Andrücken leicht nachgibt. 5 Minuten abkühlen lassen, dann vorsichtig aus den Formen nehmen und auf ein Kuchengitter heben.

5 Die Zutaten für die Glasur im Wasserbad schaumig schlagen, vorzugsweise mit einem Handrührgerät. Vom Herd nehmen und weiter kräftig schlagen, bis die Mischung abgekühlt ist.

6 Die Kuchenböden mit der Glasur bestreichen und aufeinander legen, dann den Kuchenrand mit der restlichen Glasur überziehen. Mit einem Messer dekorative Spitzen ziehen und mit Orangenschale dekorieren.

4

5

6

Teebrot mit Schokolade

Für 4 Personen

175 g weiche Butter
100 g Zucker
4 Eier, leicht verquirlt
225 g Zartbitter-Schokolade, geraspelt
100 g Rosinen
50 g Walnusskerne, gehackt
geriebene Schale von 1 Orange
225 g Mehl
2 TL Backpulver

2

5

6

1 Eine große Kastenform leicht einfetten und den Boden mit Backpapier auslegen.

2 Butter und Zucker schaumig schlagen.

3 Unter Rühren nach und nach die Eier zugeben. Sollte die Masse zu gerinnen beginnen, etwas Mehl unterrühren.

4 Schokoladenraspel, Rosinen, Walnüsse und Orangenschale zugeben. Mehl und Backpulver unterheben.

5 Den Teig in die Form geben und mit dem Löffelrücken eine kleine Vertiefung in die Mitte drücken.

6 Im vorgeheizten Backofen bei 170 °C 1 Stunde backen, bis ein eingestochener Holzspieß teigfrei bleibt.

7 Den Kuchen in der Form 5 Minuten abkühlen lassen, dann auf einem Kuchengitter auskühlen lassen.

8 In Scheiben schneiden und servieren.

Schoko-Schichtkuchen

Für 10 Personen

7 Eier
200 g Zucker
150 g Mehl
50 g Kakaopulver
50 g Butter, zerlassen

FÜLLUNG
125 g Butter
200 g Zartbitter-Schokolade
50 g Puderzucker

DEKORATION
75 g Mandelblätter, geröstet und leicht zerkleinert
Schokoladenraspel oder geriebene Schokolade

1 Eine 23-cm-Kastenform leicht einfetten und den Boden mit Backpapier auslegen.

2 Eier und Zucker 10 Minuten kräftig schlagen, bis die Masse steife Spitzen bildet.

3 Mehl und Kakaopulver zusammen sieben und die Hälfte davon unter die Eimasse heben. Die Butter zugießen, dann den Rest der Mehl-Kakao-Mischung unterheben. Den Teig in die Form füllen und im vorgeheizten Backofen bei 180 °C 30–35 Minuten backen. 5 Minuten abkühlen lassen, dann aus der Form nehmen und auf einem Kuchengitter auskühlen lassen. Anschließend in die gesäuberte Form zurückgeben.

4 Für die Füllung Butter mit der Schokolade schmelzen, den Topf vom Herd nehmen und den Puderzucker einrühren. Nach dem Abkühlen zu einer dicken Creme schlagen.

5 Den Kuchen der Länge nach halbieren, die Hälften jeweils in 3 Schichten schneiden und die Einzelteile mit 3 Viertel der Schokoladencreme als Füllung wieder zusammensetzen. Den Kuchen mit dem Rest der Creme überziehen, mit der Gabel ein Muster ziehen und die Seiten mit den Mandeln bestreuen. Mit Schokoladenraspeln oder geriebener Schokolade dekorieren.

3

5

5

Schoko-Karotten-Kuchen

Für 6 Personen

5 Eier
150 g Zucker
150 g Mehl
40 g Kakaopulver
175 g Karotten, geschält und fein gerieben
50 g Walnusskerne, gehackt
2 EL Sonnenblumenöl
350 g Frischkäse
175 g Puderzucker
175 g Vollmilch- oder Zartbitter-Schokolade, geschmolzen

1 Eine Springform (20 cm Ø) einfetten und den Boden mit Backpapier auslegen.

2 Eier und Zucker im heißen Wasserbad 10 Minuten steif schlagen.

3 Vom Herd nehmen, Mehl und Kakaopulver sieben und vorsichtig unterheben. Karotten, Walnüsse und Öl ebenfalls vorsichtig unterrühren.

4 Den Teig in die Form füllen und im vorgeheizten Backofen bei 190 °C 45 Minuten backen. 5 Minuten abkühlen lassen, dann aus der Form nehmen und auf ein Kuchengitter heben. Quer durchschneiden.

5 Frischkäse und Puderzucker locker schlagen, dann die geschmolzene Schokolade unterheben. 1 Kuchenboden mit der Hälfte der Masse bestreichen, den zweiten Boden darauf legen und mit der restlichen Masse überziehen. Mit dem Palettenmesser dekorative Spitzen ziehen. Vor dem Servieren vollständig abkühlen lassen.

2

3

5

Schoko-Joghurt-Kuchen

Für 8 Personen

150 ml Pflanzenöl
150 g Naturjoghurt
175 g Zucker
3 Eier, verquirlt
100 g Vollkornmehl
125 g Weizenmehl
3½ TL Backpulver
2 EL Kakaopulver
1 TL Natron
50 g Zartbitter-Schokolade, geschmolzen

FÜLLUNG UND BELAG
150 g Naturjoghurt
150 g Schlagsahne
225 g frische Beeren, z. B. Erdbeeren oder Himbeeren

1 Eine 26-cm-Springform leicht einfetten und den Boden mit Backpapier auslegen.

2 Öl, Joghurt, Zucker und Eier cremig schlagen. Mehl, Backpulver, Kakaopulver und Natron in die Mischung sieben und gut verrühren, dann die Schokolade einrühren.

2

3

3 In die Backform geben und im vorgeheizten Backofen bei 180 °C 45–50 Minuten backen, bis ein in den Kuchen gestochener Holzspieß teigfrei bleibt. Den Kuchen 5 Minuten abkühlen lassen, dann aus der Form nehmen und auf ein Kuchengitter heben. Zweimal längs durchschneiden.

5

4 Für die Füllung Joghurt und Sahne in einer sauberen Schüssel schlagen, bis sich Spitzen bilden.

5 Einen der Kuchenböden mit der Joghurt-Sahne-Mischung bestreichen. Mit einem Teil der Früchte belegen (größere Früchte wie Erdbeeren in Scheiben schneiden). Den Vorgang mit den beiden anderen Böden wiederholen und die Oberseite mit dem restlichen Obst dekorieren.

Himbeer-Pavlova

Für 10 Personen

3 Eiweiß
175 g Zucker
1 TL Speisestärke
25 g Zartbitter-Schokolade, fein gerieben

FÜLLUNG
175 g Zartbitter-Schokolade
450 g Sahne, geschlagen
350 g frische Himbeeren
etwas geschmolzene Schokolade

TIPP

Wenn Sie Eiweiß schlagen, muss das Gefäß absolut sauber und fettfrei sein – sonst wird der Eischnee nicht fest.

1 Auf Backpapier 3 Rechtecke (10 cm x 25 cm) aufmalen und auf 2 Backblechen platzieren.

2 Das Eiweiß in einer Schüssel steif schlagen, bis der Eischnee steife Spitzen bildet, dann nach und nach die Hälfte des Zuckers unterrühren, bis die Mischung sehr steif und glänzend ist.

3 Den restlichen Zucker, die Speisestärke und die Zartbitter-Schokolade vorsichtig unterheben.

4 Die Baisermasse in einen Spritzbeutel mit Lochtülle (10 mm Ø) füllen und dicht an dicht Baisers auf das Papier spritzen.

5 Im vorgeheizten Backofen bei 140 °C 90 Minuten backen, dabei einmal die Position der Backbleche tauschen. Die Baisers bei geschlossener Tür im Backofen abkühlen lassen, dann vorsichtig das Backpapier abziehen.

6 Die Schokolade schmelzen und 2 der 3 Baiserböden damit bestreichen. Abkühlen lassen.

7 Einen der beiden Schokoladen-Baiserböden auf eine Servierplatte legen, mit Schlagsahne bestreichen und mit Himbeeren belegen. Den zweiten Boden auflegen und den Vorgang wiederholen.

8 Den dritten Boden (ohne Schokolade) darauf legen und mit dem Rest der Sahne und der Himbeeren dekorieren. Mit etwas geschmolzener Schokolade besprenkeln und sofort servieren.

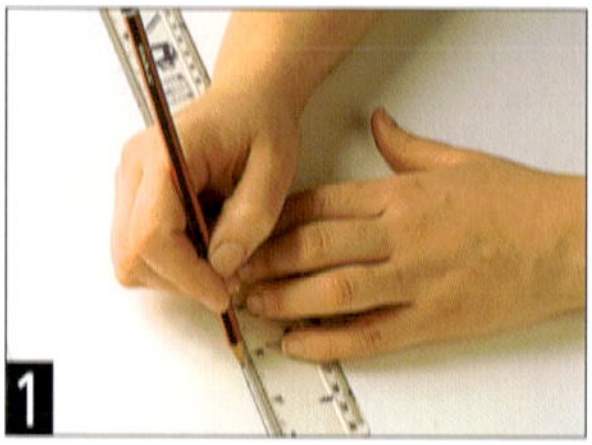
1

4

6

Sachertorte

Für 10 Personen

175 g Zartbitter-Schokolade
150 g Butter
150 g Zucker
6 Eier, getrennt
150 g Mehl

GLASUR UND FÜLLUNG
175 g Zartbitter-Schokolade
5 EL starker schwarzer Kaffee
175 g Puderzucker
6 EL Aprikosenmarmelade
50 g Zartbitter-Schokolade, geschmolzen

TIPP
Zu diesem Kuchen schmecken frisch geschlagene Sahne oder frische Himbeeren bzw. Himbeer-Coulis köstlich.

1 Eine Springform (26 cm Ø) einfetten und den Boden mit Backpapier auslegen. Die Schokolade schmelzen. Butter und 75 g Zucker schaumig schlagen. Das Eigelb zufügen und kräftig schlagen. Die Schokolade unter Rühren langsam zugießen. Das Mehl einrühren. Das Eiweiß steif schlagen. Den restlichen Zucker zufügen und 2 Minuten zu einer glänzenden Masse schlagen. Portionsweise in die Schokoladenmischung einarbeiten.

2 Den Teig in die Springform füllen und glatt streichen. Im vorgeheizten Backofen bei 150 °C 60–90 Minuten backen. 5 Minuten in der Form lassen, dann auf einem Kuchengitter vollständig abkühlen lassen.

3 Für die Glasur die Schokolade schmelzen und den Kaffee sorgfältig einrühren. Den Puderzucker in eine Schüssel sieben und mit der Schokoladenmischung zu einer steifen Masse verrühren. Den Kuchen quer halbieren. Die Marmelade erwärmen, 1 Kuchenboden damit bestreichen und den anderen auflegen. Den Kuchen oben und an den Seiten mit der Schokoladencreme überziehen. 5 Minuten ruhen lassen, damit überschüssige Creme ablaufen kann. Auf eine Kuchenplatte heben und 2 Stunden fest werden lassen.

4 Für die Dekoration etwas geschmolzene Schokolade in einen kleinen Spritzbeutel füllen und „Sacher“ oder „Sachertorte“ auf den Kuchen schreiben. Fest werden lassen und servieren.

1

3

4

Sachertorte

Schokoschnitten

Für 10 Personen

225 g Butter
100 g Bitterschokolade, gehackt
150 ml Wasser
300 g Mehl
2 TL Backpulver
275 g brauner Zucker
150 g saure Sahne
2 Eier, verquirlt

GLASUR
200 g Bitterschokolade
6 EL Wasser
3 EL Schlagsahne
1 EL gekühlte Butter

1

2

3

1 Ein Backblech (32 cm x 20 cm) einfetten oder mit Backpapier auslegen. Butter, Schokolade und Wasser in einem Topf unter ständigem Rühren schmelzen.

2 Mehl und Backpulver in eine Schüssel sieben und mit dem Zucker vermengen.

3 Die heiße Schokoladenmasse in die Schüssel gießen und gleichmäßig verrühren. Dann die saure Sahne, anschließend die Eier einrühren.

TIPP

Frieren Sie den Kuchen auf dem Kuchengitter ein – platzieren Sie darunter ein großes Backblech, um mögliche Tropfen aufzufangen.

4 Den fertigen Teig auf dem Backblech verteilen und bei 190 °C im vorgeheizten Backofen 40–45 Minuten backen.

5 Den Teig in der Form leicht abkühlen lassen, dann auf einem Kuchengitter ganz auskühlen lassen.

6 Für die Glasur die Schokolade mit dem Wasser bei minimaler Hitze schmelzen, dann die Sahne einrühren. Vom Herd nehmen und die Butter einrühren. Den fertigen Schokoguss über den ausgekühlten Teig gießen und gleichmäßig darauf verteilen.

Schokokuchen mit Mousse

Für 12 Personen

175 g Butter
175 g Zucker
4 Eier, leicht verquirlt
1 EL Kakaopulver
200 g Mehl
2 TL Backpulver
50 g Zartbitter-Schokolade, geschmolzen

ORANGENMOUSSE
2 Eier, getrennt
50 g Zucker
200 ml Orangensaft
2 TL Gelatine
3 EL Wasser
300 g Schlagsahne
geschälte Orangenscheiben

1 Eine Springform (20 cm Ø) leicht einfetten und den Boden mit Backpapier auslegen. Butter und Zucker schaumig schlagen. Nach und nach die Eier unterrühren. Kakao, Mehl und Backpulver sieben und unter die Mischung heben. Die Schokolade unterrühren.

2 Den Teig in die Form geben und glatt streichen. Im vorgeheizten Backofen bei 180 °C 40 Minuten backen. 5 Minuten ruhen lassen, dann aus der Form nehmen und auf einem Kuchengitter abkühlen lassen. Den Kuchen quer durchschneiden.

3 Für die Mousse Eigelb und Zucker schaumig schlagen. Den Orangensaft unterrühren. Die Gelatine in das Wasser einstreuen, quellen lassen und unter Rühren im Wasserbad auflösen. Unter die Mousse rühren.

4 Die Sahne steif schlagen, ein wenig für die Garnierung zurückbehalten und den Rest unter die Mousse heben. Das Eiweiß steif schlagen und unterheben. An einem kühlen Ort fest werden lassen, dabei gelegentlich umrühren.

5 In die Springform 1 Kuchenschicht legen, die Mousse darauf geben und die zweite Kuchenschicht auflegen. Fest werden lassen. Auf eine Kuchenplatte heben, Sahnerosetten auf den Rand spritzen und mit Orangenscheiben belegen.

2

3

5

Schokorolle

Für 6 Personen

150 g Zartbitter-Schokolade
2 EL Wasser
6 Eier
175 g Zucker
25 g Mehl
1 EL Kakaopulver
FÜLLUNG
300 g Schlagsahne
75 g Erdbeeren, in Scheiben
DEKORATION
Puderzucker, zum Bestäuben
Schokoladenblätter (s. S. 263)
frische Erdbeeren, zum Servieren

1 Ein 38 cm x 25 cm großes Rechteck aus Backpapier schneiden und auf ein Backblech legen. Schokolade und Wasser unter ständigem Rühren erhitzen, bis die Schokolade geschmolzen ist. Etwas abkühlen lassen.

2 Eier und Zucker 10 Minuten kräftig schlagen. Die Schokolade einrühren. Mehl und Kakaopulver unterheben. Den Teig auf dem Backpapier verteilen und glatt streichen.

3 Im vorgeheizten Backofen bei 200 °C 12 Minuten backen. Ein Stück Backpapier mit Zucker bestreuen und den Biskuitboden darauf stürzen. Das Backpapier-Rechteck vorsichtig vom Teig abziehen. Den Boden samt gezuckertem Papier aufrollen und mit einem feuchten Küchentuch bedeckt vollständig abkühlen lassen.

4

4 Die Sahne steif schlagen. Die Kuchenrolle aufrollen und die Erdbeeren darauf verteilen. 3 Viertel der Sahne darauf streichen und wieder aufrollen (ohne Papier).

5

5 Die Schokorolle auf eine Kuchenplatte legen. Mit Puderzucker bestäuben, mit der restlichen Sahne und Schokoladenblättern dekorieren.

5

Schoko-Kokos-Rolle

Für 8 Personen

3 Eier
75 g Zucker
50 g Mehl
½ TL Backpulver
1 EL Kokoscreme, mit 1 EL Wasser verrührt
25 g Kokosraspel
6 EL Himbeermarmelade

SCHOKOLADENÜBERZUG
200 g Zartbitter-Schokolade
70 g Butter
2 EL heller Sirup

HIMBEER-COULIS
225 g Himbeeren
2 EL Wasser
4 EL Puderzucker

1 Ein Backblech (23 cm x 30 cm) leicht einfetten und den Boden mit Backpapier auslegen. Eier und Zucker in einer großen Schüssel mit dem Handrührgerät etwa 10 Minuten schaumig schlagen.

2 Mehl und Backpulver in die Mischung sieben und mit einem Metalllöffel unterrühren. Kokoscreme und Kokosraspel einrühren. Den Teig auf das Backblech geben und bei 200 °C im vorgeheizten Backofen 10–12 Minuten backen, bis der Boden beim Andrücken leicht nachgibt.

3 Ein Stück Backpapier mit Zucker bestreuen und auf ein feuchtes Küchentuch legen. Den Kuchen auf das Backpapier stürzen und das warme Backpapier vorsichtig abziehen. Den Kuchen mit der Marmelade bestreichen und mithilfe des Küchentuchs von der kurzen Seite her einrollen. Auf ein Kuchengitter heben und vollständig abkühlen lassen.

4 Für den Überzug Schokolade und Butter unter Rühren schmelzen. Den Sirup einrühren und 5 Minuten abkühlen lassen. Über der Rolle verstreichen und fest werden lassen.

5 Für die Coulis die Früchte mit Wasser und Zucker pürieren und durch ein Sieb streichen. Die Rolle in Scheiben schneiden und mit der Coulis servieren.

2

3

3

Schokoroulade

Für 8 Personen

150 g Bitterschokolade, grob gehackt
3 EL Wasser
5 Eier, getrennt
175 g Zucker
25 g Rosinen, gehackt
25 g Pecannüsse, gehackt
1 Prise Salz
300 g Sahne, leicht verquirlt
Puderzucker, zum Bestäuben

1 Eine flache Backform (30 cm x 20 cm) einfetten und mit Backpapier auslegen.

2 Die Schokolade mit dem Wasser in einem kleinen Topf schmelzen. Dann leicht abkühlen lassen.

3 Eigelb und Zucker 2–3 Minuten schlagen, bis eine dickflüssige Creme entsteht.

3

4 Dann Schokolade, Rosinen und Pecannüsse unterrühren.

4

5 Das Eiweiß salzen und steif schlagen. 1 Viertel des Eischnees, dann den Rest nach und nach unter die Schokoladenmischung heben.

5

6 Diesen Teig in die Form füllen und bei 180 °C im vorgeheizten Backofen 25 Minuten backen, bis er gerade fest ist. Kurz abkühlen lassen, dann mit Backpapier und einem feuchten, sauberen Küchentuch abdecken und ganz abkühlen lassen.

7 Den Teig auf ein zweites, mit Puderzucker bestäubtes Stück Backpapier stürzen. Das obere Papier entfernen.

8 Die Sahne auf dem Teig verstreichen. Von einer kurzen Seite her den Teig einrollen. Dabei das Papier zur Hilfe nehmen. Die Enden der fertigen Roulade gerade schneiden, die Roulade auf eine Kuchenplatte legen und bis zum Verzehr kalt stellen. Nach Belieben mit Puderzucker bestäuben.

Mandel-Haselnuss-Kuchen

Für 8 Personen

4 Eier
100 g Zucker
50 g Mandeln, gemahlen
50 g Haselnüsse, gemahlen
50 g Mehl
50 g Mandelblätter
FÜLLUNG
100 g Zartbitter-Schokolade
20 g Butter
300 g Schlagsahne
Puderzucker, zum Bestäuben

1 Zwei Springformen (20 cm Ø) leicht einfetten und die Böden mit Backpapier auslegen.

2 Eier und Zucker in einer großen Schüssel mit dem Handrührgerät ca. 10 Minuten schaumig schlagen.

3 Die Mandeln und Nüsse unterrühren, das Mehl sieben und mit einem Metalllöffel sorgfältig einarbeiten. Den Teig in die Kuchenformen füllen.

4 Einen Kuchen mit den Mandelblättern bestreuen. Im vorgeheizten Backofen bei 190 °C 15–20 Minuten backen, bis der Kuchen beim Andrücken leicht nachgibt.

5 In den Formen etwas abkühlen lassen. Vorsichtig auf ein Kuchengitter heben und vollständig auskühlen lassen.

6 Für die Füllung die Schokolade schmelzen, vom Herd nehmen und die Butter einrühren. Abkühlen lassen. Die Sahne steif schlagen und die Schokolade vorsichtig unterheben.

7 Den Kuchen ohne Mandelblätter auf eine Kuchenplatte heben und mit der Füllung bestreichen. Leicht fest werden lassen, dann den zweiten Kuchen darauf setzen und 1 Stunde kalt stellen. Mit Puderzucker bestäuben und servieren.

Schoko-Walnuss-Kuchen

Für 8 Personen

4 Eier
125 g Zucker
125 g Mehl
1 EL Kakaopulver
25 g Butter, zerlassen
75 g Zartbitter-Schokolade, geschmolzen
150 g Walnusskerne, fein gehackt

FÜLLUNG
75 g Zartbitter-Schokolade
125 g Butter
200 g Puderzucker
2 EL Milch
Walnusshälften, zum Dekorieren

1 Eine Springform (20 cm Ø) leicht einfetten und den Boden mit Backpapier auslegen. Eier und Zucker 10 Minuten schlagen, bis sich steife Spitzen bilden.

2 Mehl und Kakaopulver in die Eimasse sieben und unterheben. Dann die Butter, die Schokolade und die Walnüsse unterheben. Den Teig in die Form geben und im vorgeheizten Backofen bei 160 °C 30–35 Minuten backen, bis der Kuchen beim Andrücken leicht nachgibt.

3 Den Kuchen 5 Minuten abkühlen lassen, dann vorsichtig aus der Form nehmen und auf ein Kuchengitter heben. Den abgekühlten Kuchen quer durchschneiden.

4 Für die Füllung die Schokolade schmelzen und leicht abkühlen lassen. Butter, Puderzucker und Milch zu einer hellen, schaumigen Masse schlagen, dann vorsichtig die geschmolzene Schokolade unterheben.

5 Den Kuchen auf eine Kuchenplatte heben, etwas Füllung zwischen die Kuchenhälften geben und den Kuchen mit der restlichen Creme überziehen. Mit dem Palettenmesser dekorative Spitzen ziehen und mit Walnusshälften dekorieren.

5

2

5

Dobos-Torte

Für 8 Personen

3 Eier
100 g Zucker
5 Tropfen Vanillearoma
100 g Mehl

FÜLLUNG
175 g Zartbitter-Schokolade
175 g Butter
2 EL Milch
350 g Puderzucker

KARAMELL
100 g Zucker
4 EL Wasser

1 Auf Backpapier 4 Kreise von 18 cm Ø zeichnen und je 2 davon auf 1 Backblech legen.

2 Eier und Zucker 10 Minuten cremig schlagen, bis die Eimasse steife Spitzen bildet. Das Vanillearoma unterheben, dann das Mehl darüber sieben und unterheben.

3 Die Papierkreise je mit 1 Viertel der Mischung belegen und im vorgeheizten Backofen bei 200 °C 5–8 Minuten goldbraun backen.

4 Für die Füllung die Schokolade schmelzen und leicht abkühlen lassen. Butter, Milch und Puderzucker zu einer hellen, schaumigen Masse schlagen, die Schokolade einrühren.

5 Für den Karamell Zucker und Wasser unter ständigem Rühren aufkochen, bis der Zucker aufgelöst ist. Zu goldgelbem Sirup kochen, dann vom Herd nehmen und auf 1 Kuchenboden verteilen. Leicht abkühlen lassen. Mit einem eingefetteten Palettenmesser 8 Portionsstücke einzeichnen.

6 Das Papier von den Kuchenböden abziehen und die Böden rundschneiden. Auf einer Kuchenplatte mit der Füllung zu einer Torte aufschichten und mit dem Karamellboden bedecken. Mit der restlichen Füllung den Kuchenrand bestreichen und nach Belieben mit einer Gabel dekorative Muster einritzen oder mit dem Spritzbeutel Cremerosetten aufsetzen.

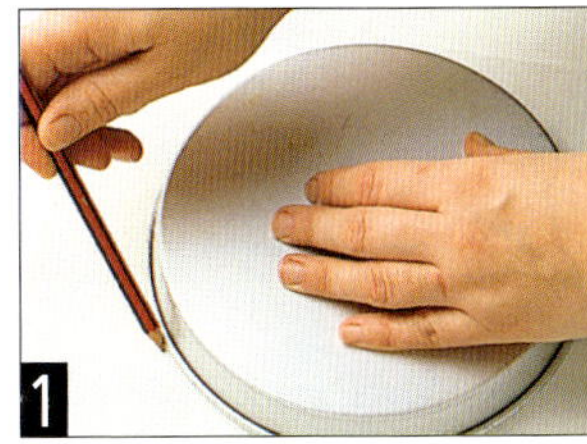
1

3

Schokokranz mit Aprikosen

Für 12 Personen

75 g Butter, gewürfelt

450 g Mehl, 4½ TL Backpulver

50 g Zucker

2 Eier, verquirlt

150 ml Milch

25 g Butter, zerlassen

150 g getrocknete Aprikosen, gehackt

100 g Zartbitter-Schokolade, geraspelt

1–2 EL Milch, zum Einpinseln

25 g Zartbitter-Schokolade, geschmolzen

1 Eine Springform (26 cm Ø) einfetten und den Boden mit Backpapier auslegen.

2 Butter, das gesiebte Mehl und Backpulver mischen und feinkrümelig verreiben. Dann mit Zucker, Eiern und Milch zu einem weichen Teig verarbeiten.

3 Den Teig auf einer leicht bemehlten Arbeitsfläche zu einem Quadrat von 35 cm Seitenlänge ausrollen.

4 Den Teig mit der zerlassenen Butter einpinseln. Aprikosen und Schokoladenraspel darauf verteilen. An den gegenüberliegenden Seiten einen 2,5 cm breiten Rand lassen.

5 Den Teig zu einer festen Rolle formen und in ca. 2,5 cm breite Scheiben schneiden. Die Scheiben in der Springform zu einem Kranz anordnen und mit etwas Milch bepinseln.

6 Im vorgeheizten Backofen bei 180 °C 30 Minuten backen. Den Kuchen 5 Minuten abkühlen lassen, dann aus der Form nehmen und auf ein Kuchengitter heben.

7 Vor dem Servieren mit etwas geschmolzener Zartbitter-Schokolade beträufeln.

Schwarz-weiße Schokotorte

Für 6 Personen

4 Eier
100 g Zucker
100 g Mehl
SCHOKOCREME
300 g Crème double
150 g Zartbitter-Schokolade, in kleine Stücke gebrochen
SCHOKOGLASUR
75 g weiße Schokolade
20 g Butter
1 EL Milch
50 g Puderzucker
Borkenschokolade (s. S. 263)

1 Eine Springform (20 cm Ø) leicht einfetten und den Boden mit Backpapier auslegen. Eier und Zucker ca. 10 Minuten schlagen, bis die Eimasse steife Spitzen bildet.

2 Das Mehl in die Eimasse sieben und unterheben. Den Teig in der Springform im vorgeheizten Backofen bei 180 °C 35–40 Minuten backen, bis der Kuchen beim Andrücken leicht nachgibt. 5 Minuten abkühlen lassen, dann aus der Form nehmen und auf ein Kuchengitter heben. Abkühlen lassen.

3 Für die Schokoladencreme die Crème double in einem Topf unter Rühren zum Kochen bringen. Die Schokolade zugeben und gut verrühren, bis sie ganz geschmolzen ist, dann den Topf vom Herd nehmen und abkühlen lassen, dabei mit einem hölzernen Kochlöffel gelegentlich aufschlagen.

4 Kuchen quer durchschneiden, die Schokoladencreme auf 1 Kuchenboden streichen. Den zweiten darauf setzen.

5 Für die Glasur weiße Schokolade und Butter in einem Topf schmelzen und gut verrühren. Milch und Puderzucker zugeben. Die Mischung so lange rühren, bis sie abgekühlt ist. Den Kuchen mit der Glasur überziehen, mit der Borkenschokolade dekorieren, fest werden lassen und servieren.

3

4

Bistvitny-Torte

Für 10 Personen

SCHOKODREIECKE

je 25 g Zartbitter- und weiße Schokolade, geschmolzen

TEIG

175 g Margarine

175 g Zucker

2–3 Tropfen Vanillearoma

3 Eier, leicht verquirlt

225 g Mehl

2 TL Backpulver

50 g Zartbitter-Schokolade

150 g Schlagsahne

SIRUP

125 g Zucker

6 EL Wasser

3 EL Weinbrand oder Sherry

1 Eine Kranzform leicht einfetten. Für die Schokoladendreiecke ein Backblech mit Backpapier auslegen, mit dem Löffel abwechselnd weiße und dunkle Schokolade darauf verteilen und vorsichtig zu einem Marmormuster verrühren, dann abkühlen lassen. Anschließend in Quadrate, diese wiederum in Dreiecke schneiden.

2 Für den Teig Margarine und Zucker zu einer hellen, schaumigen Masse schlagen. Das Vanillearoma zugeben. Unter ständigem Rühren die Eier zufügen. Mehl und Backpulver unterheben. Die Zartbitter-Schokolade schmelzen und mit 1 Hälfte des Teiges verrühren.

3 Den hellen und den dunklen Teig abwechselnd in die Backform löffeln und mit einem Holzstäbchen leicht marmorieren.

4 Im vorgeheizten Backofen bei 190 °C 30 Minuten backen. 5 Minuten abkühlen lassen, dann aus der Form nehmen und auf ein Kuchengitter stellen.

5 Für den Sirup Zucker und Wasser erhitzen, bis der Zucker aufgelöst ist. 1–2 Minuten kochen, dann vom Herd nehmen und Weinbrand oder Sherry zugießen. Leicht abkühlen lassen, dann über den Kuchen löffeln, bis dieser vollgesogen ist. Die Sahne steif schlagen. Den Kuchen mit Sahne und Schokoladendreiecken dekorieren.

1

3

5

Schoko-Mandel-Torte

Für 10 Personen

225 g Bitterschokolade, gehackt
3 EL Wasser
150 g brauner Zucker
175 g weiche Butter
30 g gemahlene Mandeln
3 EL Mehl
1 Msp. Backpulver
5 Eier, getrennt
100 g geschälte Mandeln, fein gehackt
Puderzucker
gemischte Früchte und Sahne,

TIPP

Für einen nussigeren Geschmack rösten Sie die gehackten Mandeln in einer trockenen Pfanne 2 Minuten bei mittlerer Hitze goldgelb.

1 Eine Springform (24 cm Ø) leicht einfetten.

2 Die Schokolade mit dem Wasser in einen Topf geben und bei sehr schwacher Hitze unter ständigem Rühren schmelzen. Den Zucker zugeben und weiterrühren, bis er aufgelöst ist. Dann den Topf vom Herd nehmen.

2

3 Die Butter in kleinen Portionen zugeben und in der noch warmen Schokolade schmelzen. Dann Mandeln, Mehl und Backpulver einrühren. Nach und nach das Eigelb zugeben und gründlich unterrühren.

3

3

4 Das Eiweiß steif schlagen und mit einem Metalllöffel vorsichtig unter die Schokoladenmasse heben. Die gehackten Mandeln einrühren. Dann die Masse in die vorbereitete Form geben und glatt streichen.

5 Den Teig bei 180 °C im vorgeheizten Backofen 40–45 Minuten backen, bis er aufgegangen und fest ist (der Teig platzt beim Backen oben auf).

6 Den fertigen Kuchen 30–40 Minuten in der Form abkühlen lassen, dann zum Auskühlen auf ein Kuchengitter stellen. Mit Puderzucker bestäuben, in Stücke schneiden und nach Belieben mit Sahne servieren.

Schoko-Dattel-Torte

Für 8 Personen

120 g Zartbitter-Schokolade, in Stücke gebrochen
1 EL Grenadine
1 EL heller Sirup
125 g Butter
60 g Zucker
2 große Eier
80 g Mehl
1 TL Backpulver
2 EL gemahlener Reis
1 EL Puderzucker zum Bestäuben

FÜLLUNG
120 g getrocknete Datteln, gehackt
1 EL Zitronensaft
1 EL Orangensaft
1 EL Farinzucker
25 g geschälte Mandeln, gehackt
2 EL Aprikosenkonfitüre

1 Zwei Springformen (18 cm Ø) einfetten und mit Mehl ausstreuen. Schokolade, Grenadine und Sirup im Wasserbad erwärmen und zu einer glatten Masse verrühren. Vom Herd nehmen und abkühlen lassen.

2 Butter und Zucker schaumig rühren. Nach und nach zuerst die Eier und dann die Schokoladenmasse unterrühren.

3 Mehl und Backpulver in eine saubere Schüssel sieben und den

2

gemahlenen Reis unterrühren. Die Mehlmischung unter die Schokocreme heben und gut vermengen.

4 Den Teig in die beiden Springformen füllen und glatt streichen. Bei 180 °C im vorgeheizten Backofen 20–25 Minuten backen, bis die Oberfläche goldbraun ist und sich fest anfühlt. Auf 2 Kuchengitter stürzen und abkühlen lassen.

4

5 Füllung: Alle Zutaten in einem Topf bei schwacher Hitze 4–5 Minuten rühren, bis sie gut vermengt sind. Vom Herd nehmen und abkühlen lassen. Dann 1 Tortenhälfte mit der Füllung bestreichen, die andere darauf setzen und mit Puderzucker bestäuben.

5

Weiße Trüffeltorte

Für 12 Personen

2 Eier
50 g Zucker
50 g Mehl
50 g weiße Schokolade, geschmolzen

TRÜFFELBELAG
300 g Crème double
350 g weiße Schokolade, in Stücke gebrochen
250 g Quark
Zartbitter-, Vollmilch- oder weiße Borkenschokolade (s. S. 263) und Kakaopulver, zum Dekorieren

1 Eine Springform (20 cm Ø) leicht einfetten.

2 Den Boden der Springform mit Backpapier auslegen. Eier und Zucker in einer großen Schüssel mit dem Handrührgerät ca. 10 Minuten schaumig schlagen. Das Mehl mit einem Metalllöffel unterrühren. Die weiße Schokolade einarbeiten. Den Teig in die Springform geben und im vorgeheizten Backofen bei 180 °C 25 Minuten backen. Auf einem Kuchengitter vollständig auskühlen lassen, dann wieder in die gesäuberte Springform geben.

3 Für den Belag die Crème double unter Rühren vorsichtig aufkochen. Etwas abkühlen lassen, die weiße Schokolade zufügen und unter Rühren schmelzen. Vom Herd nehmen und unter Rühren abkühlen lassen. Den Quark einrühren. Die Mischung auf dem Kuchen verteilen und 2 Stunden kalt stellen.

4 Den Kuchen aus der Form nehmen. Die Torte mit der Borkenschokolade dekorieren und mit Kakaopulver bestäuben.

Schoko-Vanille-Kuchen

Für 10 Personen

175 g Zucker

175 g weiche Margarine

3 Tropfen Vanillearoma

3 Eier

225 g Mehl, 2½ TL Backpulver

50 g Zartbitter-Schokolade

Puderzucker, zum Bestäuben

TIPP

Der Kuchen hält sich bis zu 2 Monate im Gefrierfach. Bei Zimmertemperatur auftauen.

1 Eine Kastenform leicht mit Margarine oder Butter einfetten.

2 Zucker und Margarine in einer Schüssel aufschlagen.

3 Das Vanillearoma zufügen. Nach und nach die Eier zugeben und gut verquirlen. Das gesiebte Mehl und Backpulver sorgfältig unterrühren.

4 Die Mischung halbieren. Die Zartbitter-Schokolade schmelzen und sorgfältig unter 1 Hälfte rühren.

5 Den hellen Teig in die Form füllen und die Oberfläche glatt streichen. Die Schokoladenmischung darauf schichten.

6 Im vorgeheizten Backofen bei 190 °C ca. 30 Minuten backen, bis der Kuchen beim Andrücken leicht nachgibt.

7 Fünf Minuten in der Form stehen lassen, dann auf einem Kuchengitter abkühlen lassen.

8 Den Kuchen mit Puderzucker bestäuben und servieren.

Kalter Hund

Für 8 Personen

225 g Butter, gewürfelt

225 g Zartbitter-Schokolade, in Stücke gebrochen

55 g Belegkirschen, gehackt

55 g Walnusskerne, gehackt

12 rechteckige Butterkekse

1 Eine 450-g-Kastenform mit Backpapier auskleiden und beiseite stellen.

2 Butter und Schokolade in eine hitzebeständige Schüssel geben und im Wasserbad unter Rühren schmelzen lassen, bis eine glatte Masse entstanden ist. Vom Herd nehmen und etwas abkühlen lassen.

3 Kirschen und Walnüsse in einer Schüssel vermengen. 1 Drittel der Schokoladenmasse in die Kastenform geben, mit 1 Lage Kekse bedecken und die Hälfte der Kirschen und Walnüsse darüber geben. So fortfahren und mit 1 Schicht Schokoladenmasse abschließen. Mit Frischhaltefolie abgedeckt mindestens 12 Stunden kühlen. Dann auf eine Kuchenplatte stürzen.

Gefüllter Schokoladenkuchen

Für 10 Personen

175 g Butter
175 g Zucker
4 Eier, leicht verquirlt
200 g Mehl
2 TL Backpulver
1 EL Kakaopulver
50 g Zartbitter-Schokolade, geschmolzen

GANACHE
450 g Crème double
375 g Zartbitter-Schokolade, in kleine Stücke gebrochen
200 g Kuvertüre, für den Belag

1 Eine Springform (20 cm Ø) einfetten und den Boden mit Backpapier auslegen. Butter und Zucker zu einer hellen, schaumigen Masse schlagen. Unter Rühren die Eier zugeben. Mehl, Back- und Kakaopulver darüber sieben und unterrühren, dann die Schokolade unterheben.

2 Den Teig in die Form füllen, glatt streichen und im vorgeheizten Backofen bei 180 °C 40 Minuten backen. 5 Minuten ruhen lassen, dann auf einem Kuchengitter abkühlen lassen und quer durchschneiden.

3 Für die Ganache die Crème double unter ständigem Rühren aufkochen, nach und nach die Schokolade zugeben und schmelzen. In eine Schüssel geben und unter Rühren abkühlen lassen.

4 Ein Drittel der Ganache beiseite stellen, den Rest zwischen die Kuchenschichten füllen und den Kuchen überziehen.

5 Die Kuvertüre schmelzen und auf einen Bogen Backpapier gießen. Abkühlen lassen, bis sie gerade fest geworden ist, dann daraus Streifen schneiden, die etwas breiter sind als der Kuchen hoch ist. Die Streifen rund um den Kuchen legen.

4

5

6 Die restliche Ganache in einen Spritzbeutel geben und den Kuchen damit nach Belieben dekorieren. Vor dem Servieren 1 Stunde in den Kühlschrank stellen.

Schoko-Trüffel-Torte

Für 12 Personen

75 g Butter
75 g Zucker
2 Eier, leicht verquirlt
75 g Mehl
1 TL Backpulver
25 g Kakaopulver
50 g gemahlene Mandeln

TRÜFFELBELAG

350 g Zartbitter-Schokolade
100 g Butter
300 g Crème double
75 g Biskuit, zerbröselt
3 EL Rum

DEKORATION

Physalis (Kapstachelbeeren)
50 g Zartbitter-Schokolade

1 Eine Springform (20 cm Ø) einfetten und den Boden mit Backpapier auslegen. Butter und Zucker zu einer hellen, schaumigen Masse schlagen. Unter Rühren die Eier zugeben.

2 Mehl, Backpulver und Kakaopulver darüber sieben, die gemahlenen Mandeln zugeben und gut unterheben. Den Teig in die Springform füllen und im vorgeheizten Backofen bei 180 °C 20–25 Minuten backen. 5 Minuten abkühlen lassen, aus der Form nehmen und auf ein Kuchengitter setzen. Die Springform spülen, abtrocknen und den Kuchen wieder hineinstellen.

3 Für den Belag die Schokolade in kleine Stücke brechen und mit Butter und Crème double in einem kleinen Topf schmelzen, dabei ständig rühren. Abkühlen lassen und 30 Minuten kalt stellen. Einmal kräftig durchrühren und weitere 30 Minuten kalt stellen. Die Mischung erneut rühren, Biskuitbrösel und Rum zugeben und gut verrühren. Auf den Biskuitboden geben und 3 Stunden in den Kühlschrank stellen.

4 Unterdessen die Physalis halb in die Schokolade tauchen und auf Backpapier fest werden lassen. Den Kuchen mit den Früchten garnieren.

2

3

4

Bûche de noël

Für 10 Personen

4 Eier
100 g Zucker
75 g Mehl
1 TL Backpulver
2 EL Kakaopulver

GLASUR
150 g Zartbitter-Schokolade
2 Eigelb
150 ml Milch
125 g Butter
50 g Puderzucker
2 EL Rum (nach Belieben)

DEKORATION
etwas weiße Glasur
Puderzucker
weihnachtliche Accessoires

1 Ein Backblech (30 cm x 23 cm) leicht einfetten und den Boden mit Backpapier auslegen.

2 Eier und Zucker mit dem Handrührgerät ca. 10 Minuten schaumig schlagen. Mehl, Backpulver und Kakaopulver darüber sieben und einrühren. Den Teig auf das Backblech geben und im vorgeheizten Backofen bei 200 °C 12 Minuten backen. Den Boden auf mit Zucker bestreutes Backpapier stürzen. Das Backpapier abziehen und die Kuchenkanten gerade schneiden. Von der kurzen Seite her mit dem Backpapier fest einrollen. Auf einem Kuchengitter vollständig abkühlen lassen.

3 Für die Glasur die Schokolade in Stücke brechen und im Wasserbad schmelzen. Eigelb und Milch einrühren und unter Rühren erhitzen, bis die Mischung so dick ist, dass sie an einem Löffel haften bleibt. Mit Backpapier abdecken und abkühlen lassen. Butter und Zucker schaumig schlagen. Nach Belieben den Rum einrühren.

4 Den Kuchen entrollen, mit 1 Drittel der Füllung bestreichen und ohne Papier erneut aufrollen. Mit der restlichen Creme bestreichen und mit einer Gabel ein Rindenmuster einziehen. Mit der weißen Glasur „Jahresringe“ aufspritzen. Mit Puderzucker bestäuben und weihnachtlich dekorieren.

2

3

4

Schoko-Brotpudding

Für 4 Personen

6 dicke Scheiben Weißbrot ohne Kruste
450 ml Milch
175 g Kondensmilch
2 EL Kakaopulver
2 Eier
2 EL brauner Zucker
1 TL Vanillearoma
Puderzucker, zum Bestäuben

FUDGE-SAUCE
60 g Bitterschokolade, in Stücke gebrochen
1 EL Kakaopulver
2 EL heller Sirup
60 g Butter oder Margarine
25 g brauner Zucker
150 ml Milch
1 EL Speisestärke

1 Eine flache, feuerfeste Form einfetten. Brot in Quadrate schneiden und in die Form schichten.

2 Milch, Kondensmilch und Kakaopulver in einen Topf geben und unter Rühren leicht erhitzen, bis die Mischung lauwarm ist.

2

3 Eier, Zucker und Vanilleessenz mischen. Die warme Milchmischung zugeben und gut verquirlen.

3

4 In die Form gießen. Darauf achten, dass das Brot vollständig bedeckt ist. Die Form mit Frischhaltefolie abdecken und 1–2 Stunden in den Kühlschrank stellen.

4

5 Den Pudding im vorgeheizten Backofen bei 180 °C ca. 35–40 Minuten backen. 5 Minuten abkühlen lassen.

6 Für die Sauce Schokolade, Kakaopulver, Sirup, Butter oder Margarine, Zucker, Milch und Speisestärke in einen Topf geben. Bei geringer Hitze glatt rühren.

7 Puderzucker über den Pudding geben und mit der heißen Sauce servieren.

Schokoladen-Baum

Für 8 Personen

125 g Margarine
125 g Zucker
2 Eier
100 g Mehl, 1 TL Backpulver
25 g Kakaopulver
2 EL Milch

SCHOKOLADENCREME
75 g weiße Schokolade
2 EL Milch
150 g Butter
125 g Puderzucker
2 EL Orangenlikör, z. B. Grand Marnier
Schokoladenraspel (s. S. 263)

1 Zwei leere 400-g-Konservendosen leicht einfetten und mit Backpapier auskleiden.

2 Margarine und Zucker zu einer hellen, schaumigen Masse schlagen. Unter ständigem Rühren nach und nach die Eier zugeben. Mehl, Backpulver und Kakaopulver darüber sieben und unterheben, dann die Milch einrühren.

3 Den Teig auf die 2 Dosen verteilen, diese auf ein Backblech stellen und im vorgeheizten Backofen bei 180 °C 40 Minuten backen, bis der Kuchen beim Andrücken leicht nachgibt. 5 Minuten abkühlen lassen, dann auf ein Kuchengitter stürzen.

4 Für die Schokoladencreme die Schokolade unter ständigem Rühren mit der Milch in einem Topf erhitzen und schmelzen. Abkühlen lassen. Butter und Puderzucker schaumig schlagen, Orangenlikör zugießen und die Schokoladenmischung einrühren.

5 Die beiden Kuchenrollen der Länge nach in 1 cm dicke Scheiben schneiden und mit der Buttercreme als Füllung wieder zusammenfügen.

1

3

6 Auf einer Servierplatte anrichten, mit der restlichen Creme überziehen und mit den Schokoladenraspeln dekorieren. In diagonale Scheiben schneiden und servieren.

Aprikosenschnitten mit Schokolade

Für 12 Schnitten

125 g Butter

175 g weiße Schokolade, gehackt

4 Eier

125 g Zucker

200 g Mehl, gesiebt

1 TL Backpulver

1 Prise Salz

100 g getrocknete Aprikosen, gehackt

1 Eine 20-cm-Kuchenform leicht einfetten und mit Backpapier auslegen.

2

3

2 Butter und Schokolade im heißen Wasserbad schmelzen. Dabei gelegentlich mit einem Holzlöffel umrühren, bis die Mischung glatt ist und glänzt. Anschließend vom Herd nehmen und etwas abkühlen lassen.

3 Eier und Zucker zugeben und gut mit der Schokoladenmischung verquirlen.

4

4 Mehl, Backpulver, Salz und Aprikosen unterrühren.

5 Den fertigen Teig in die Backform geben und bei 180 °C im vorgeheizten Backofen 25–30 Minuten backen.

6 Wenn der Teig innen noch nicht ganz fest ist, wird er sich beim Abkühlen in der Form noch setzen.

7 Den abgekühlten Kuchen aus der Form nehmen und in quadratische oder rechteckige Stücke schneiden.

Warme Desserts

Schokolade ist eine verführerische Köstlichkeit – und das ganz besonders, wenn sie in Form warmer Nachspeisen serviert wird. Wer könnte schon einem dampfend heißen Schokocreme-Pudding (s. S. 331) oder einem Schokoladen-Soufflé (s. S. 340) widerstehen? Insbesondere Kinder lieben schokoladige Abwandlungen vertrauter Lieblingsspeisen wie den leckeren Brotpudding (s. S. 324). Und das ist nicht der einzige Klassiker in diesem Kapitel, der durch Zugabe von Schokolade absolut unwiderstehlich wird.

Und wer sich gern an etwas ausgefalleneren Rezepten versucht, kann seine Gäste mit warmen Schokoschlemmereien wie Apfel-Schoko-Pfannkuchen (s. S. 334), Schoko-Birnen-Tarte (s. S. 329) oder einer edlen Schoko-Zabaglione (s. S. 343) überraschen.

Minipuddings mit Ingwer

Für 4 Personen

100 g weiche Margarine
100 g Mehl, gesiebt
1 TL Backpulver
100 g Zucker
2 Eier
25 g Kakaopulver, gesiebt
25 g Zartbitter-Schokolade
50 g frischer Ingwer

SCHOKOSAUCE
2 Eigelb
1 EL Zucker
1 TL Speisestärke
300 ml Milch
100 g Zartbitter-Schokolade, in kleinen Stücken
Puderzucker, zum Bestäuben

1 Vier kleine Puddingformen leicht einfetten. Margarine, Mehl, Backpulver, Zucker, Eier und Kakaopulver mit dem Handrührgerät zu einem glatten Teig verarbeiten. Schokolade und Ingwer hacken und einrühren.

2 Den Teig in die Förmchen füllen und glatt streichen. Er sollte die Formen etwa zu 3 Vierteln füllen. Die Oberfläche mit passend zugeschnittenem Backpapier und die Förmchen mit doppelt gefalteter Alufolie abdecken. 45 Minuten im Wasserbad dämpfen, bis die Puddings gar sind und beim Andrücken leicht nachgeben.

3 Unterdessen die Sauce zubereiten. Eigelb, Zucker und Speisestärke in einem Topf zu einer glatten Paste verrühren. Die Milch aufkochen. Dann zur Eimischung gießen. Bei schwacher Hitze so lange rühren, bis die Sauce eingedickt ist. Vom Herd nehmen und die Schokolade einrühren, bis sie sich ganz aufgelöst hat.

4 Die Puddingförmchen aus dem Dampfbad nehmen, den oberen Rand mit einem Messer lösen und die Puddings auf einzelne Teller stürzen. Mit Puderzucker bestäuben, mit etwas Sauce übergießen und servieren.

2

2

3

Schokoladenkönigin

Für 4 Personen

50 g Zartbitter-Schokolade
450 ml fertige Trinkschokolade
100 g frische Semmelbrösel
125 g Zucker
2 Eier, getrennt
4 EL Kirschkonfitüre

VARIATION

Lassen Sie die Konfitüre weg und mischen Sie 40 g Kokosraspel unter die Semmelbrösel.

1 Die Schokolade in kleine Stücke brechen, in einen Topf geben und bei schwacher Hitze in der Trinkschokolade auflösen. Erhitzen und vom Herd nehmen.

2 Die Semmelbrösel mit 25 g Zucker in eine Schüssel geben, die Schokoladenmischung zugießen und verrühren. Das Eigelb zugeben und ebenfalls unterrühren.

3 Den Teig in eine 1-l-Auflaufform geben und im vorgeheizten Backofen bei 180 °C 25–30 Minuten backen, bis der Pudding gar ist und beim Andrücken leicht nachgibt.

4 Das Eiweiß in einer Schüssel steif schlagen, dann unter Rühren den restlichen Zucker zugeben, bis der Eischnee steif und glänzend ist.

5 Die Kirschkonfitüre auf den Pudding streichen und den Eischnee darüber spritzen oder löffeln. Weitere 15 Minuten in den Backofen schieben, bis die Baiserschicht knusprig und leicht gebräunt ist.

Fruchtauflauf mit Schokosauce

Für 4 Personen

225 g frische Himbeeren
2 Äpfel, geschält, entkernt und in dicken Scheiben
4 EL Himbeergelee
2 EL Portwein (nach Belieben)

TEIG

50 g weiche Margarine
50 g Zucker
75 g Mehl, gesiebt
1 TL Backpulver
50 g geriebene weiße Schokolade
1 Ei
2 EL Milch

SCHOKOSAUCE

90 g Zartbitter-Schokolade
150 g Schlagsahne

VARIATION

Dunkle Schokolade unter den Teig mischen und den Auflauf mit in Marillenwasser eingelegten Aprikosenhälften belegen.

1 Himbeeren und Äpfel in eine flache feuerfeste Form geben.

2 Himbeergelee und Portwein nach Belieben in einem kleinen Topf vorsichtig erhitzen, bis das Gelee geschmolzen und mit dem Portwein verbunden ist. Die Mischung über die Früchte gießen.

3 Alle Zutaten für den Teig in einer großen Rührschüssel zu einer glatten Masse verrühren.

4 Den Teig über die Früchte löffeln und glatt streichen. Im vorgeheizten Backofen bei 180 °C 40–45 Minuten backen, bis der Teig beim Andrücken leicht nachgibt.

2

3

4

5 Für die Schokoladensauce die Schokolade in kleine Stücke brechen, mit der Sahne in einem Topf vorsichtig erhitzen und zu einer glatten Sauce verrühren. Die Sauce noch warm zum Auflauf servieren.

Brotpudding

Für 4 Personen

225 g Brioche oder Weißbrot

15 g Butter

50 g geraspelte Zartbitter-Schokolade

1 Ei

2 Eigelb

50 g Zucker

400 ml Kondensmilch

1 Die Brioche in dünne Scheiben schneiden und eine Seite dünn mit Butter bestreichen.

2 Den Boden einer flachen Auflaufform mit Brioche-Scheiben auslegen (Butterseite nach unten). Ein paar Schokoladenraspel darüber streuen.

3 Abwechselnd Brioche und Schokoladenraspel aufschichten, mit Brioche abschließen.

VARIATION

Bereiten Sie das Dessert einige Stunden vorher zu und servieren Sie es kalt.

4 Ei, Eigelb und Zucker schaumig schlagen. Die Milch erhitzen, bis sie gerade zu köcheln beginnt, dann nach und nach in die Eimischung gießen, dabei ständig rühren.

5 Die Sauce über die Brioche gießen und 5 Minuten einziehen lassen. Die Brioche gut andrücken.

6 Die Auflaufform in einen zur Hälfte mit Wasser gefüllten Bräter stellen (diese Garmethode wird Bain-Marie genannt). Im vorgeheizten Backofen bei 180 °C 30 Minuten garen, bis der Auflauf fest geworden ist. 5 Minuten abkühlen lassen.

Knusperauflauf mit Früchten

Für 4 Personen

400 g Aprikosen aus der Dose, im eigenen Saft
450 g Kochäpfel, geschält und in dicken Scheiben
100 g Mehl
80 g Butter
50 g Haferflocken
50 g Zucker
100 g geraspelte Schokolade

VARIATION

Auch andere Früchte schmecken hervorragend dazu, z. B. frische Pfirsiche mit Himbeeren. Falls Sie nur frische Früchte verwenden, geben Sie 4 Esslöffel Orangensaft zu.

2

4

3

1 Eine feuerfeste Form mit etwas Butter oder Margarine einpinseln.

2 Die Aprikosen abgießen, dabei 4 Esslöffel Saft auffangen. Äpfel, Aprikosen und -saft in die Form füllen und gut vermengen.

3 Das Mehl in eine Schüssel sieben. Die Butter in kleine Würfel schneiden und mit den Fingern verreiben, bis ein feinkrümeliger Teig entsteht. Haferflocken, Zucker und Schokoladenraspel unterrühren.

4 Die Mischung über die Früchte geben und etwas glatt streichen, dabei nicht drücken.

5 Im vorgeheizten Backofen bei 180 °C 40–45 Minuten backen, bis die Oberfläche goldbraun ist. Heiß oder kalt servieren.

Schoko-Bananen-Crêpes

Für 4 Personen

3 große Bananen
6 EL Orangensaft
geriebene Schale von 1 Orange
2 EL Orangen- oder Bananenlikör

HEISSE SCHOKOSAUCE
1 EL Kakaopulver
2 TL Speisestärke
3 EL Milch
40 g Zartbitter-Schokolade
20 g Butter
175 ml heller Sirup
2 Tropfen Vanillearoma

CRÊPES
100 g Mehl
1 TL Kakaopulver
1 Ei
1 TL Sonnenblumenöl
300 ml Milch
Öl, zum Ausbacken

1 Die Bananen schälen und in Scheiben schneiden, mit Orangensaft und -schale sowie Likör in eine Schüssel geben und beiseite stellen.

2 Kakaopulver und Speisestärke mischen, die Milch zugießen und einrühren. Die Schokolade in kleine Stücke brechen und mit Butter und Sirup in einem kleinen Topf zum Schmelzen bringen, gut verrühren. Die Kakaomischung zugießen und unter Rühren bei schwacher Hitze aufkochen und 1 Minute köcheln. Vom Herd nehmen und das Vanillearoma zugeben.

2

3 Für die Crêpes Mehl und Kakaopulver in eine Schüssel sieben und in die Mitte eine Vertiefung drücken. Ei und Sonnenblumenöl in die Mulde gießen. Nach und nach die Milch einrühren, bis ein glatter Teig entsteht. Das Öl in einer Pfanne erhitzen, etwas Teig zugeben und die Pfanne schwenken, bis der Teig den Boden ganz bedeckt. Bei mittlerer Hitze backen, bis die Unterseite leicht gebräunt ist, dann wenden und auf der anderen Seite goldbraun backen. Warm stellen, bis alle Crêpes gebacken sind.

4 Zum Servieren die Schokoladensauce erwärmen, die Pfannkuchen mit den Bananenscheiben füllen und zu Dreiecken falten. Mit etwas Sauce übergießen und servieren.

3

3

Pochierte Birne mit Schokocreme

Für 6 Personen

6 feste reife Birnen
100 g Zucker
2 Zimtstangen
Schale von 1 Orange
2 Gewürznelken
1 Flasche Roséwein
CREME
175 g Zartbitter-Schokolade
250 g Mascarpone
2 EL Orangenlikör

TIPP

Die Kochflüssigkeit können Sie weiter verwenden: In einem sauberen Topf 10 Minuten zu Sirup einkochen. Damit können Sie z. B. frischen Obstsalat süßen.

1 Die Birnen schälen, die Stängel aber nicht entfernen.

2 Zucker, Zimtstangen, Orangenschale, Gewürznelken und Wein in einen großen Topf geben.

3 Vorsichtig erhitzen, bis der Zucker aufgelöst ist. Die Birnen aufrecht in die Flüssigkeit stellen und zum Köcheln bringen. Den Deckel auflegen und 20 Minuten köcheln lassen. Um die Birnen kalt zu servieren, in der Flüssigkeit abkühlen lassen, dann bis zum Verzehr kalt stellen. Um sie warm zu servieren, so lange im Topf lassen, bis die Creme fertig ist.

4 Die Schokolade schmelzen. Mascarpone und Likör verrühren. Die Käsemischung sorgfältig mit der Schokolade verrühren.

5 Die Birnen aus dem Topf nehmen und auf einzelne Teller stellen. Die Creme großzügig an einer Seite anrichten, den Rest separat dazu reichen.

1

2

3

Schoko-Birnen-Tarte

2

3

3

Für 6 Personen

100 g Mehl
25 g gemahlene Mandeln
60 g Margarine
3 EL Wasser

FÜLLUNG

400 g Birnenhälften aus der Dose, im eigenen Saft
50 g Butter
50 g Zucker
2 Eier, verquirlt
100 g gemahlene Mandeln
2 EL Kakaopulver
3 Tropfen Bittermandelaroma
Puderzucker, zum Bestäuben

SCHOKOSAUCE

50 g Zucker
3 EL heller Sirup
100 ml Wasser
175 g Zartbitter-Schokolade, in Stücke gebrochen
25 g Butter

1 Eine Tarte-Form leicht einfetten. Das Mehl in eine Schüssel sieben und die Mandeln unterrühren. Die Margarine mit den Fingern einarbeiten, bis die Mischung krümelig ist. So viel Wasser unterrühren, bis ein weicher Teig entsteht. Abdecken und 10 Minuten ins Tiefkühlfach stellen. Den Teig flach ausrollen und die Form mit ihm auskleiden. Den Boden einstechen und kalt stellen.

2 Die Birnen abgießen. Butter und Zucker schaumig schlagen. Die Eier unterrühren. Mandeln, Kakao und Bittermandelaroma zufügen. Die Mischung auf dem Tarteboden verteilen. Die Birnen darauf legen und leicht hineindrücken. Im vorgeheizten Backofen bei 200 °C 30 Minuten backen, bis die Füllung aufgegangen ist. Abkühlen lassen, dann mit Puderzucker bestäuben.

3 Zucker, Sirup und Wasser vorsichtig erhitzen, dabei den Zucker unter Rühren auflösen. 1 Minute köcheln. Vom Herd nehmen, Schokolade und Butter zufügen und unter Rühren schmelzen. Zur Tarte servieren.

Apple Pie mit Schokoblättern

Für 6 Personen

SCHOKO-MÜRBETEIG
4 EL Kakaopulver
200 g Mehl
100 g weiche Butter
50 g Zucker
2 Eigelb
5 Tropfen Vanillearoma
kaltes Wasser, nach Bedarf
FÜLLUNG
750 g Kochäpfel
25 g Butter
½ TL Zimt
50 g geraspelte Zartbitter-Schokolade
Eiweiß, verquirlt
½ TL Zucker
Vanilleeis oder Schlagsahne, zum Servieren

1 Kakaopulver und Mehl in eine Schüssel sieben. Die Butter in Flöckchen zugeben und mit den Fingern verreiben, bis die Masse krümelig ist. Den Zucker einrühren. Eigelb, Vanillearoma und genügend Wasser zufügen, um einen glatten Teig zu erhalten.

2 Den Teig auf einer leicht bemehlten Arbeitsfläche ausrollen und eine Spring- oder Auflaufform (20 cm Ø) damit auslegen. 30 Minuten in den Kühlschrank stellen. Den restlichen Teig ausrollen und Blattverzierungen ausschneiden.

3 Die Äpfel schälen, entkernen und in dicke Spalten schneiden. Die Hälfte der Äpfel mit Butter und Zimt in einem Topf bei schwacher Hitze weich kochen, dabei gelegentlich umrühren.

4 Die restlichen Apfelspalten zugeben, die Mischung leicht abkühlen lassen, dann die Schokoladenraspel einrühren. Den Teigboden mit der Gabel einstechen, die Apfelmischung darüber geben. Obenauf die Teigverzierungen arrangieren, mit etwas geschlagenem Eiweiß bestreichen und mit Zucker bestreuen.

5 Im vorgeheizten Backofen bei 180 °C 35 Minuten knusprig backen. Warm oder kalt mit Eis oder Schlagsahne servieren.

Schokocreme-Pudding

Für 6 Personen

150 g weiche Margarine
150 g Mehl
1½ TL Backpulver
150 ml heller Sirup
3 Eier
25 g Kakaopulver
SCHOKOLADENSAUCE
100 g Zartbitter-Schokolade
125 ml Kondensmilch
4 EL Crème double

1 Eine Puddingform (1,2 l Inhalt) leicht einfetten.

2 Die Zutaten für den Pudding zu einem glatten Teig verarbeiten.

3 Den Teig in die Form geben, glatt streichen und mit einem passend zugeschnittenen Stück Backpapier bedecken. Ein Stück gefaltete Alufolie über die Puddingform legen und festbinden. 1½–2 Stunden im Wasserbad dämpfen, bis der Pudding fest ist und beim Andrücken nachgibt.

4 Für die Sauce die Schokolade in kleine Stücke brechen und in einem Topf bei schwacher Hitze in der Kondensmilch auflösen.

3

5 Vom Herd nehmen und die Crème double einrühren.

5

6 Den Pudding auf einen Servierteller stürzen, mit etwas heißer Sauce übergießen und servieren. Den Rest der Sauce separat dazu reichen.

Schoko-Baiser-Torte

Für 6 Personen

225 g Vollkornkekse
50 g Butter
FÜLLUNG
3 Eigelb
50 g Zucker
4 EL Speisestärke
600 ml Milch
100 g Zartbitter-Schokolade, geschmolzen
BAISER
2 Eiweiß
100 g Zucker
3 Tropfen Vanillearoma

1 Die Kekse in einem Gefrierbeutel mit einem Nudelholz zerbröseln. Die Butter zerlassen und in einer Schüssel mit den Bröseln zu einem Teig vermengen. Den Boden und die Seiten einer Auflaufform (26 cm Ø) mit dem Teig auskleiden und gut andrücken.

2 Für die Füllung Eigelb, Zucker und Speisestärke in der Küchenmaschine zu einer glatten Masse verarbeiten, eventuell etwas Milch zufügen. Die Milch bis kurz vor den Siedepunkt erhitzen und zur Eimischung gießen, gut verrühren.

3 Die Mischung in den Topf gießen und unter ständigem Rühren leicht erhitzen, bis die Sauce eingedickt ist. Vom Herd nehmen und die geschmolzene Schokolade einrühren, dann auf dem Keksboden verteilen.

4 Für das Baiser das Eiweiß steif schlagen, bis der Eischnee steife Spitzen bildet. Nach und nach 2 Drittel des Zuckers einrühren, bis der Eischnee steif und glänzend ist, dann den restlichen Zucker und das Vanillearoma unterheben.

5 Die Baisermasse vorsichtig auf der Torte verteilen, dabei mit dem Löffelrücken dekorative Spitzen ziehen. Auf der mittleren Schiene im vorgeheizten Backofen bei 170 °C 30 Minuten backen, bis das Baiser goldgelb ist. Noch warm servieren.

Apfel-Schoko-Pfannkuchen

Für 4 Personen

225 g Mehl
1 1/2 TL Backpulver
50 g Zucker
1 Ei
20 g Butter, zerlassen
300 ml Milch
1 Apfel
50 g geraspelte Zartbitter-Schokolade
heiße Schokoladensauce (s. S. 338) oder Ahornsirup, zum Servieren

TIPP

Die Pfannkuchen bleiben besser warm, wenn Sie sie aufeinander stapeln. Legen Sie jeweils etwas Backpapier dazwischen, damit sie nicht verkleben.

1 Mehl und Backpulver in eine Schüssel sieben. Den Zucker unterrühren. Eine Mulde in die Mitte drücken. Ei und Butter hineingießen. Nach und nach die Milch einrühren, bis ein glatter Teig entsteht.

2 Den Apfel schälen, entkernen, reiben und mit den Schokoladenraspeln unter den Teig mischen.

3 Eine Pfanne bei mittlerer Hitze erwärmen und leicht einfetten. Für jeden Pfannkuchen 2 Esslöffel Teig in die Pfanne geben und zu einem Kreis formen.

1

3

4

4 Die Pfannkuchen einige Minuten backen, bis sich auf der Oberfläche Blasen bilden. Wenden und 1 weitere Minute backen. Aus der Pfanne nehmen und warm halten. Den Vorgang mit dem restlichen Teig wiederholen. Es sollten etwa 12 Pfannkuchen entstehen.

5 Jeweils 2 oder 3 Pfannkuchen auf einem Teller stapeln und mit heißer Schokoladensauce oder Ahornsirup servieren.

Schokoladenfondue

Für 4 Personen

225 g Zartbitter-Schokolade
200 g Crème double
2 EL Weinbrand
ZUM SERVIEREN
eine Auswahl von Früchten
süße Kekse und Plätzchen
weiße und rosafarbene Marshmallows

1 Die Schokolade in kleine Stücke brechen und mit der Crème double in einen Topf geben.

2 Die Mischung vorsichtig erhitzen, dabei ständig rühren, bis die Schokolade geschmolzen und mit der Crème double verbunden ist.

3 Vom Herd nehmen und den Weinbrand einrühren.

4 Die Sauce in einen Topf gießen und warm halten, am besten über einem kleinen Brenner.

5 Mit Früchten, Marshmallows und Keksen zum Dippen servieren.

TIPP

Größere Früchte in mundgerechte Stücke schneiden. Obst, das sich verfärbt, wie Bananen, Äpfel oder Birnen, nach dem Schneiden sofort in Zitronensaft tauchen.

Schokoravioli

Für 4 Personen

175 g Mehl
4 EL Kakaopulver
2 EL Puderzucker
3 Eier, geschlagen, davon 1 zum Bestreichen
1 EL Pflanzenöl

FÜLLUNG
175 g weiße Schokolade, in Stücke gebrochen
225 g Mascarpone
1 Ei
1 EL fein gehackter kandierter Ingwer
frische Minzezweige, zum Dekorieren
Crème double, zum Servieren

1 Mehl, Kakao und Zucker zusammen auf eine saubere Arbeitsplatte sieben. Eine Mulde in die Mitte drücken, 2 Eier und das Öl hineingeben. Mehlmischung nach und nach mit den Fingerspitzen einarbeiten (oder die Zutaten in einer Küchenmaschine zu einem Teig verarbeiten). Den Teig kneten, bis er glatt und geschmeidig ist, dann in Frischhaltefolie gewickelt 30 Minuten in den Kühlschrank legen.

2 In der Zwischenzeit die Füllung vorbereiten: Weiße Schokolade im Wasserbad unter Rühren erwärmen, bis sie vollständig geschmolzen ist. Vom Herd nehmen, etwas abkühlen lassen, dann Mascarpone und Ei unterrühren. Den gehackten Ingwer untermengen.

3 Teig aus dem Kühlschrank nehmen, halbieren, zunächst 1 Hälfte auf einer leicht bemehlten Arbeitsplatte zu einem Rechteck ausrollen, dann mit einem sauberen, feuchten Küchentuch abdecken. Die andere Hälfte ebenfalls zu einem Rechteck ausrollen. Die Füllung in einen Spritzbeutel füllen und kleine Portionen in gleichmäßigen Reihen mit etwa 4 cm Abstand auf 1 Teigstück verteilen. Die Zwischenräume zwischen den Portionen mit verquirltem Ei bestreichen. Das zweite Teigstück mit einem Nudelholz anheben und exakt auf das erste legen. Den Teig zwischen den Füllungsportionen mit den Fingern fest andrücken, dann mit einem gezahnten Teigrädchen oder einem scharfen Messer rund um die Füllungsportionen in Ravioli schneiden. Die Ravioli auf ein mit Mehl bestäubtes Küchentuch legen und 30 Minuten ruhen lassen.

4 Wasser in einem großen Topf zum Kochen bringen, Hitze auf mittlere Stufe reduzieren und die Ravioli portionsweise unter Rühren (damit sie nicht aneinander kleben) je 4–5 Minuten bissfest garen. Mit einem Schaumlöffel herausnehmen und sofort auf Portionstellern mit Minze garniert servieren. Die Crème double separat dazu reichen.

Cremiger Schokoauflauf

Für 4 Personen

300 ml Milch
75 g Zartbitter-Schokolade
2–3 Tropfen Vanillearoma
100 g Zucker
100 g Butter
150 g Mehl
1½ TL Backpulver
2 EL Kakaopulver
Puderzucker, zum Bestäuben

SCHOKOLADEN-SAUCE
3 EL Kakaopulver
50 g brauner Zucker
300 ml kochendes Wasser

1 Eine Auflaufform (850 ml) leicht mit Fett einpinseln.

2 Die Milch in einen kleinen Topf gießen. Die Schokolade in Stücke brechen und zugeben. Unter Rühren vorsichtig schmelzen. Leicht abkühlen lassen. Das Vanillearoma zufügen.

3 Zucker und Butter schaumig schlagen. Mehl, Backpulver und Kakao sieben, zu der Schokoladenmilch geben und mit einem Handrührgerät zu einem glatten Teig verarbeiten. Den Teig in die Form füllen.

4 Für die Schokoladensauce Kakao und Zucker mischen. Etwas Wasser zufügen und zu einer glatten Paste verrühren, dann das restliche Wasser einrühren. Die Sauce über den Teig gießen, aber nicht verrühren.

5 Den Auflauf im vorgeheizten Backofen bei 180 °C 40 Minuten backen, bis die Oberfläche trocken ist und beim Andrücken leicht nachgibt. 5 Minuten in der Form ruhen lassen und vor dem Servieren mit Puderzucker bestäuben.

Nusskranz mit Schokocreme

Für 6 Personen

SCHOKOCREME

40 g Butter
40 g brauner Zucker
4 EL heller Sirup
2 EL Milch
1 EL Kakaopulver
40 g Zartbitter-Schokolade
50 g Pecannüsse, fein gehackt

TEIG

100 g weiche Margarine
100 g brauner Zucker
125 g Mehl
1½ TL Backpulver
2 Eier
2 EL Milch
1 EL heller Sirup

1 Eine Kranzform (20 cm Ø) leicht einfetten.

2 Für die Creme Butter, Zucker, Sirup, Milch und Kakaopulver unter Rühren in einem Topf erhitzen, bis alle Zutaten gut vermischt sind.

3 Die Schokolade in Stücke brechen und in der Mischung schmelzen, dann die Nüsse zugeben. In die Form gießen und abkühlen lassen.

4 Für den Teig alle Zutaten in einer Küchenmaschine zu einer glatten Masse verarbeiten. Den Teig auf die Schokoladencreme in die Form geben.

5 Im vorgeheizten Backofen bei 180 °C 35 Minuten backen, bis der Kuchen beim Andrücken leicht nachgibt.

6 Den Kuchen 5 Minuten abkühlen lassen, dann vorsichtig auf eine Servierplatte stürzen.

Heißes Schokoladen-Soufflé

Für 4 Personen

100 g Zartbitter-Schokolade
300 ml Milch
25 g Butter
4 große Eier, getrennt
1 EL Speisestärke
50 g Zucker
2–3 Tropfen Vanillearoma
100 g geraspelte Zartbitter-Schokolade
Puderzucker, zum Bestäuben

SCHOKOCREME
2 EL Speisestärke
1 EL Zucker
450 ml Milch
50 g Zartbitter-Schokolade

1 Eine Soufflé-Form (850 ml Inhalt) einfetten und mit Zucker ausstreuen. Die Schokolade in Stücke brechen.

2 Milch und Butter in einem Topf zum Köcheln bringen. Eigelb, Speisestärke und Zucker mischen und etwas heiße Milch zugießen. Kräftig schlagen. In den Topf mit der Milch gießen und unter Rühren eindicken lassen. Die Schokolade zufügen und schmelzen. Vom Herd nehmen und das Vanillearoma unterrühren.

3 Das Eiweiß zu Schnee schlagen. Die Hälfte unter die Schokoladenmischung heben. Die andere Hälfte mit den Schokoladenraspeln mischen und ebenfalls unterheben. In die Form füllen und im vorgeheizten Backofen bei 180 °C 40–45 Minuten backen, bis das Soufflé aufgegangen ist.

4 Unterdessen für die Creme Speisestärke und Zucker in eine kleine Schüssel geben und mit etwas Milch zu einer glatten Paste verrühren. Die restliche Milch zum Köcheln bringen. Etwas heiße Milch mit der Paste verrühren und wieder in den Topf gießen. Unter Rühren köcheln, bis die Mischung eingedickt ist. Die Schokolade in Stücke brechen, zugeben und unter dauerndem Rühren schmelzen.

5 Das Soufflé mit Puderzucker bestäuben und sofort servieren. Die Schokoladencreme dazu reichen.

1

2

3

Schoko-Fudge-Pudding

Für 4 Personen

50 g Margarine, plus etwas mehr zum Einfetten
75 g brauner Zucker
2 Eier, verquirlt
350 ml Milch
50 g Walnusskerne, gehackt
40 g Mehl
2 EL Kakaopulver
Puderzucker und Kakaopulver, zum Bestäuben

1 Eine feuerfeste Form (1 l Inhalt) leicht einfetten.

2 Margarine und Zucker in einer großen Rührschüssel schaumig schlagen. Eier zugeben.

2

3 Nach und nach Milch einrühren und Walnüsse unterrühren.

3

4 Mehl und Kakaopulver in die Mischung sieben und vorsichtig mit einem Metalllöffel unterheben, bis alles gut vermischt ist.

4

5 Die Mischung in die Form geben und im vorgeheizten Backofen bei 180 °C 35–40 Minuten backen, bis der Teig fest ist.

6 Mit Zucker und Kakaopulver bestäuben und servieren.

Schoko-Zabaglione

Für 4 Personen

4 Eigelb
50 g Zucker
50 g Zartbitter-Schokolade
125 ml Marsala
Kakaopulver, zum Bestäuben

TIPP

Wenn die Creme zu heiß wird und zu gerinnen beginnt, können Sie sie eventuell retten, wenn Sie sie sofort aus dem Wasserbad nehmen und die Schüssel in kaltes Wasser stellen. Schlagen Sie kräftig, bis die Zabaglione wieder cremig geworden ist.

1 In einer großen Schüssel Eigelb und Zucker mit dem Handrührgerät zu einer sehr schaumigen Masse verarbeiten.

2 Die Schokolade reiben und unter den Eischaum heben.

3 Den Marsala vorsichtig unterrühren.

4 Die Schüssel über einen Topf mit leicht kochendem Wasser stellen, die Mischung dabei behutsam schlagen, bis sie eingedickt ist. Sie darf nicht kochen, da sie sonst gerinnt.

5 Die heiße Zabaglione in vorgewärmte Dessertschalen füllen und mit etwas Kakao bestäuben. Sofort servieren.

1

3

4

Gedämpftes Kaffeebiskuit

Für 4 Personen

25 g Margarine
2 EL brauner Zucker
2 Eier
50 g Mehl
¾ TL Backpulver
6 EL Milch
1 TL Kaffeearoma
SAUCE
300 ml Milch
1 EL brauner Zucker
1 TL Kakaopulver
2 EL Speisestärke
4 EL kaltes Wasser

1 Eine feuerfeste Puddingform (600 ml) leicht einfetten. Margarine und Zucker schaumig schlagen und die Eier hinzugeben.

2 Nach und nach Mehl und Backpulver einrühren. Dann Milch und Kaffeearoma zugeben und zu einem glatten Teig vermengen.

3 In die Puddingform geben und mit Backpapier und dann mit Alufolie abdecken. Backpapier und Folie mit einem Band um den Rand befestigen. In einen großen Topf stellen und diesen halb mit kochendem Wasser füllen. Abdecken und 1–1¼ Stunden dämpfen, bis der Pudding fest ist.

4 Für die Sauce Milch, braunen Zucker und Kakaopulver in einem Topf unter ständigem Rühren erhitzen, bis sich der Zucker auflöst. Speisestärke mit 4 Esslöffeln kaltem Wasser glatt rühren und in den Topf geben. Unter ständigem Rühren zum Kochen bringen, bis die Masse eindickt. Bei schwacher Hitze 1 Minute kochen.

5 Pudding auf einen vorgewärmten Servierteller stürzen und die Sauce darüber geben. Sofort servieren.

TIPP

Der Teig wird mit Backpapier und Alufolie abgedeckt, damit er aufgehen kann. Da die Folie mit dem Dampf reagiert, darf sie keinen direkten Kontakt mit dem Teig haben.

Schokopudding mit Rum

Für 4 Personen

60 g Butter
175 g Mehl, 2 TL Backpulver
60 g Zartbitter-Schokolade
1–2 Tropfen Vanillearoma
115 g Zucker
2 Eier, verquirlt
5 EL Milch
SAUCE
300 ml Milch
2 EL Speisestärke
2 EL Zucker
2 EL dunkler Rum

1 Eine Puddingform (1,2 l Inhalt) einfetten und mit Mehl ausstreuen. Butter, Schokolade und Vanillearoma in eine ofenfeste Schüssel geben und vorsichtig im Wasserbad erwärmen, bis die Schokolade geschmolzen ist. Dann vom Herd nehmen und leicht abkühlen lassen. Den Zucker und dann die Eier unterrühren. Mehl und Backpulver hineinsieben, die Milch zugießen und gründlich vermengen. In die Puddingform füllen. Mit Alufolie umhüllen und diese mit Bindfaden fest verschnüren. Den Pudding 1 Stunde dämpfen bzw. im Wasserbad kochen (das Wasserbad nach Bedarf auffüllen).

2 Für die Sauce Milch in einem kleinen Topf bei mittlerer Hitze erwärmen. Speisestärke unterrühren, dann den Zucker zugeben und unter Rühren auflösen. Unter weiterem Rühren aufkochen, Hitze reduzieren und köchelnd eindicken lassen. Vom Herd nehmen und den Rum unterziehen.

3 Den gegarten Pudding vom Herd nehmen und die Alufolie entfernen. Den Pudding mit einem Messer rundum vorsichtig von der Form lösen und auf eine Servierplatte stürzen. Sofort servieren; dazu separat die Rumsauce reichen.

Schokotörtchen

Für 6 Personen

125 g weiche Butter
150 g brauner Zucker
3 Eier, verquirlt
1 Prise Salz
25 g Kakaopulver
125 g Mehl
1¼ TL Backpulver
25 g Bitterschokolade, fein gehackt
75 g weiße Schokolade, fein gehackt

SAUCE
150 g Schlagsahne
75 g brauner Zucker
25 g Butter

1 Sechs kleine feuerfeste Backformen (jeweils ca. 175 ml Inhalt) leicht einfetten.

2 Butter und Zucker schaumig schlagen. Nach und nach die Eier unterrühren.

3 Salz, Kakaopulver, Mehl und Backpulver in die Mischung sieben und gründlich unterheben. Dann die Schokolade gleichmäßig einrühren.

4 Die fertige Mischung auf die Förmchen verteilen und mit leicht eingefetteter Alufolie abdecken, diese am Förmchenrand andrücken.

5 Die Förmchen in einen flachen Bräter stellen. Diesen bis zur halben Höhe der Förmchen mit heißem

Wasser füllen. Bei 180 °C im vorgeheizten Backofen 50 Minuten backen, bis ein in die Mitte gestochener Metallspieß teigfrei bleibt.

6 Die Förmchen aus dem Bräter nehmen und beiseite stellen.

7 Für die Sauce Sahne, Zucker und Butter bei geringer Hitze in einer Pfanne zum Kochen bringen. Dann so lange leicht köcheln lassen, bis der Zucker aufgelöst ist.

8 Die Törtchen auf Teller stürzen, die Sauce darüber gießen und sofort servieren.

Tropische Fruchtspießchen

Für 4 Personen

DIP

125 g Zartbitter-Schokolade, in Stücke gebrochen

2 EL heller Sirup

1 EL Kakaopulver

1 EL Speisestärke

200 ml Milch

FRUCHTSPIESSCHEN

1 Mango

1 Papaya

2 Kiwis

½ kleine Ananas

1 große Banane

2 EL Zitronensaft

150 ml weißer Rum

1 Alle Zutaten für den Dip in einen Topf geben. Bei schwacher Hitze unter ständigem Rühren erwärmen, bis eine dickflüssige, glatte Sauce entstanden ist. Warm halten.

2 Die Mango zu beiden Seiten des flachen Steins durchschneiden. Fleisch in Würfel schneiden und von der Schale lösen. Die Papaya halbieren, entkernen, schälen, in Stücke schneiden. Die Kiwis schälen und in Stücke schneiden. Die Ananas schälen, in Stücke schneiden. Die Banane schälen, in Scheiben schneiden und diese in Zitronensaft wenden, damit sie nicht braun werden.

2

2

3

3 Die Fruchtstücke abwechselnd auf 4 Holzspieße stecken. Diese in eine flache Form legen und mit Rum übergießen. Vor dem Grillen mindestens 30 Minuten darin marinieren.

4 Die Fruchtspieße unter Wenden (ca. alle 2 Minuten) auf dem heißen Grill garen, bis sie rundum gebräunt sind. Mit dem warmen Schokoladendip servieren.

Gefüllte Nektarinen

Für 6 Personen

80 g Zartbitter-Schokolade, fein gehackt
60 g Amarettini, zerbröselt
1 TL geriebene Zitronenschale
1 Eiweiß (von einem großen Ei)
6 EL Amaretto
6 Nektarinen, halbiert und entsteint
300 ml Weißwein
55 g geraspelte Vollmilch-Schokolade
Schlagsahne bzw. Vanille- oder Schokoladeneis, zum Servieren

1 Schokolade, Amaretti-Brösel und Zitronenschale in einer Schüssel vermengen. Eiweiß verquirlen und mit der Hälfte des Amarettos zur Schokoladenmischung geben. Nektarinenhälften mit einem kleinen, scharfen Messer aushöhlen. Das ausgelöste Nektarinenfleisch zur Schokoladenmischung geben, gut vermengen.

2 Den Backofen auf 190 °C vorheizen. Nektarinen mit der Schnittseite nach oben nebeneinander in eine Auflaufform setzen. Die Schokoladenmischung gleichmäßig in die Nektarinen füllen. Wein mit dem restlichen Amaretto mischen und rund um die Nektarinen in die Form gießen. Im Backofen 40–45 Minuten backen, bis die Nektarinen weich sind. 2 Nektarinenhälften auf einen Servierteller geben und etwas von der Kochflüssigkeit darüber träufeln. Mit geraspelter Schokolade bestreuen und sofort mit Schlagsahne bzw. Vanille- oder Schokoladeneis servieren.

1

1

2

Bananen-Schoko-Empanadas

Für 4 Personen

8 Platten Filoteig, längs halbiert
Butter, zerlassen, oder Pflanzenöl, zum Einfetten
2 reife süße Bananen
1–2 TL Zucker
Saft von 1/4 Limette
175–200 g Bitterschokolade, in kleine Stücke gebrochen
Puderzucker, zum Bestäuben
Zimt, zum Bestäuben

TIPP

Statt Filoteig kann man auch fertigen Blätterteig verwenden.

1 Die Teigstreifen nebeneinander auf die Arbeitsplatte legen und mit Butter oder Öl bestreichen.

2 Die Banane schälen und würfeln, in eine Schüssel geben und mit dem Zucker und dem Limettensaft mischen. Dann die Schokoladenstücke einrühren.

3 Einige Teelöffel der Bananen-Schokoladen-Mischung auf jeweils 1 Teigecke geben. Dann die Teigstreifen diagonal zusammenfalten, sodass kleine Dreiecke entstehen, die die Mischung vollständig umhüllen.

3

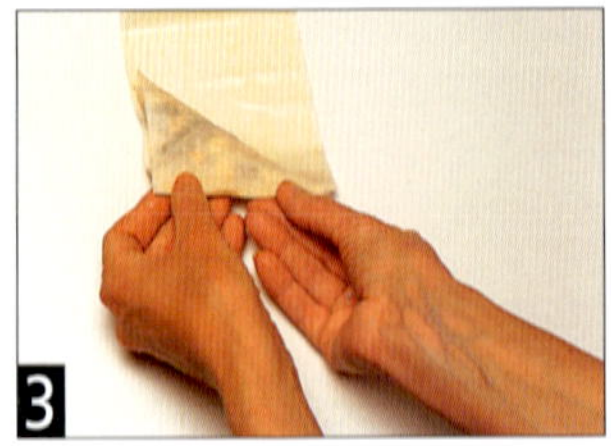
3

4

4 Die Teigtaschen mit Puderzucker und Zimt bestäuben und auf ein mit Backpapier ausgelegtes Backblech legen.

5 Den Backofen auf 190 °C vorheizen, die Teigtaschen hineingeben und in etwa 15 Minuten goldbraun backen. Dann herausnehmen und noch heiß servieren.

Birnen in Schokoladensirup

Für 4 Personen

4 Birnen
1–2 EL Zitronensaft
300 ml Wasser
5 EL Zucker
5-cm-Stück Zimtstange
2 Gewürznelken
200 g Crème double
125 ml Milch
140 g Farinzucker
2 EL Butter, gewürfelt
2 EL Ahornsirup
200 g Zartbitter-Schokolade, in Stücke gebrochen

1 Birnen schälen, Kerngehäuse von der Unterseite aus sorgfältig ausstechen; Stiele nicht entfernen. Birnen mit Zitronensaft einpinseln, damit sie nicht braun werden.

2 Wasser in einen großen Topf gießen, Zucker zugeben. Bei schwacher Hitze unter Rühren auflösen. Birnen, Zimtstange und Gewürznelken in den Topf geben, das Wasser zum Kochen bringen (falls die Birnen nicht bedeckt sind, noch etwas Wasser zugeben). Hitze reduzieren und 20 Minuten köcheln.

3 Crème double und Milch mit Farinzucker, Butter und Ahornsirup in einem anderen Topf bei schwacher Hitze rühren, bis der Zucker aufgelöst und die Butter geschmolzen ist. Aufkochen, unter ständigem Rühren 5 Minuten weiterkochen, bis die Sauce dickflüssig und glatt ist. Vom Herd nehmen. Die Schokolade portionsweise unterrühren; jede Portion schmelzen lassen, bevor die nächste zugegeben wird. Beiseite stellen.

4 Die Birnen auf Servierteller geben. Den Kochsirup köchelnd leicht eindicken lassen. Zimtstange und Gewürznelken wegwerfen. Den Sirup unter die Schokosauce rühren. Sauce über die Birnen gießen und servieren.

Flambierte Schokocrêpes

Für 6 Personen

80 g Mehl
1 EL Kakaopulver
1 TL Zucker
2 Eier, verquirlt
175 ml Milch
2 TL dunkler Rum
140 g Butter
Puderzucker, zum Bestäuben

FÜLLUNG
5 EL Crème double
220 g Zartbitter-Schokolade
3 Eier, getrennt
2 EL Zucker

BEERENSAUCE
30 g Butter
4 EL Zucker
150 ml Orangensaft
225 g Beeren, z. B. Himbeeren, Brombeeren und Erdbeeren
3 EL weißer Rum

1 Für den Crêpeteig Mehl, Kakao und Zucker in eine Schüssel sieben. Eine Mulde in die Mitte drücken und die Eier portionsweise zugeben und unterrühren. Milch zugeben und zu einem glatten Teig verrühren. Rum unterrühren.

2 Die Butter zerlassen. 2 Esslöffel unter den Teig rühren. Teig mit Frischhaltefolie abdecken und 30 Minuten ruhen lassen.

3 Den Boden einer beschichteten Pfanne von 18 cm Ø mit zerlassener Butter bestreichen. Auf mittlere Hitze bringen. Teig durchrühren, 3 Esslöffel Teig in die Pfanne geben, durch Schwenken gleichmäßig verteilen. Ca. 2 Minuten backen, bis die Unterseite goldbraun ist, wenden, weitere 30 Sekunden backen, auf einen Teller geben. So insgesamt 12 Crêpes backen und durch Backpapier getrennt aufeinander stapeln.

3

4 Füllung: Crème double in einen Topf geben, Schokolade zugeben, bei schwacher Hitze unter Rühren schmelzen. Vom Herd nehmen. Eigelb in einer ofenfesten Schüssel mit der Hälfte des Zuckers schaumig rühren, Schokoladencreme unterziehen. Abkühlen lassen.

5 Eiweiß in einer sauberen Schüssel halbsteif schlagen, den restlichen Zucker zugeben und zu festem Eischnee schlagen. 1 Löffel Eischnee in die Schokoladencreme rühren, dann die Schokoladencreme unter den restlichen Eischnee ziehen.

6 Backofen auf 200 °C vorheizen. Ein Backblech mit zerlassener Butter einfetten. 1 Crêpe mit 1 Esslöffel Füllung bestreichen, zusammenklappen und noch einmal falten, sodass ein Dreieck entsteht. Auf die gleiche Weise alle Crêpes zubereiten. Die Oberseiten mit zerlassener Butter bestreichen. Crêpes auf das Backblech legen und 20 Minuten im Backofen backen.

7 Beerensauce: Butter in einer Pfanne bei schwacher Hitze zerlassen. Zucker darin unter Rühren goldgelb bräunen. Orangensaft unterrühren, zu Sirup einköcheln. Beeren zugeben und unter Rühren erwärmen. Rum zugießen, 1 Minute erwärmen, dann mit einem langen Streichholz anzünden. Pfanne schwenken, bis die Flammen erlöschen. Crêpes auf Servierteller geben, mit Puderzucker bestäuben. Etwas Sauce zugeben und servieren.

Schoko-Preiselbeer-Biskuit

Für 4 Personen

60 g Butter
4 EL dunkler Rohrzucker, plus 2 TL für die Puddingform
90 g Preiselbeeren
1 großer Kochapfel
2 Eier, verquirlt
80 g Mehl
1 TL Backpulver
3 EL Kakaopulver

SAUCE

175 g Zartbitter-Schokolade, in Stücke gebrochen
400 ml Kondensmilch
5 Tropfen Vanillearoma
2 Tropfen Bittermandelaroma

1 Eine Puddingform (1,2 l Inhalt) einfetten, mit Rohrzucker ausstreuen, überschüssigen Zucker ausschütten. Preiselbeeren in eine Schüssel geben. Den Apfel schälen, entkernen, würfeln und mit den Preiselbeeren vermengen. Das Obst in die Puddingform füllen.

2 Butter, Rohrzucker und Eier in eine Schüssel geben. Mehl, Backpulver und Kakao hineinsieben, zu einem Teig vermengen. In die Puddingform auf das Obst gießen. Form mit Alufolie abdecken; diese mit Bindfaden verschnüren. Ca. 1 Stunde dämpfen bzw. im Wasserbad kochen, bis der Teig aufgegangen ist (das Wasserbad nach Bedarf auffüllen).

2

3

3 In der Zwischenzeit die Sauce zubereiten: Schokolade und Milch in einer ofenfesten Schüssel im Wasserbad rühren, bis die Schokolade geschmolzen ist, dann vom Herd nehmen. Vanille- und Bittermandelaroma zugeben und so lange rühren, bis die Sauce dickflüssig und glatt ist.

4 Puddingform aus dem Wasserbad nehmen, Alufolie entfernen. Mit einem stumpfen Messer rund um den Rand den Biskuit von der Form lösen und vorsichtig auf eine Servierplatte stürzen. Sofort servieren; die Sauce separat dazu reichen.

Kleine Schlemmerpuddings

Für 4 Personen

40 g Butter
3 EL Zucker
1 großes Ei, verquirlt
85 g Mehl, 1 TL Backpulver
60 g Zartbitter-Schokolade, geschmolzen

SAUCE
2 EL Kakaopulver
2 EL Speisestärke
150 g Schlagsahne
300 ml Milch
1–2 EL dunkler Rohrzucker

1 Vier Becherförmchen oder kleine Auflaufförmchen mit Butter einfetten. Butter und Zucker in einer Schüssel schaumig rühren. Nach und nach das Ei zugeben und gut unterrühren.

2 Mehl und Backpulver in eine andere Schüssel sieben und mit einem Metalllöffel unter die Butter-Zucker-Masse rühren. Geschmolzene Schokolade unterziehen. Teig auf die Förmchen verteilen – nur zu etwa 2 Drittel füllen, weil der Teig aufgeht. Förmchen mit Alufolie abdecken, diese mit Bindfaden fest verschnüren.

3 Wasser in einem großen Topf zum Kochen bringen und einen Dämpfer darauf setzen. Die Förmchen hineinstellen und 40 Minuten dämpfen. Den Topf nach Bedarf mit kochendem Wasser auffüllen.

4 Für die Sauce Kakao, Speisestärke, Sahne und Milch in einen Topf geben. Unter Rühren kurz aufkochen, Hitze reduzieren und unter ständigem Rühren köcheln lassen, bis die Sauce dickflüssig und glatt ist. 2–3 Minuten weiterköcheln, dann mit Rohrzucker abschmecken. In eine Sauciere gießen.

2

3

5 Die Förmchen aus dem Dämpfer nehmen und die Alufolie entfernen. Mit einem Messer den Teig aus der Form lösen und auf vorgewärmte Portionsteller stürzen. Sofort servieren. Die Sauce separat dazu reichen.

Ertrunkenes Eis

Für 4 Personen

VANILLEEIS
1 Vanilleschote
6 große Eigelb
150 g Zucker oder mit Vanillezucker aromatisierter Zucker
500 ml Milch
250 g Crème double
ca. 450 ml frisch gekochter Espresso
Schoko-Kaffeebohnen, zum Dekorieren

1 Für das Vanilleeis die Vanilleschote längs aufschlitzen, die braunen Samen auskratzen und die Schote beiseite legen.

1

2 Eigelb und Zucker in eine ofenfeste Schüssel geben und cremig schlagen.

3 Milch, Crème double und Vanillemark und -schote in einen Topf geben und bei mittlerer Hitze aufkochen. Über die Eiercreme gießen und weiter schlagen. Den Boden eines großen Topfes 2,5 cm hoch mit Wasser bedecken und die Schüssel so darauf stellen, dass ihr Boden nicht im Wasser steht. Den Herd auf mittlere Hitze vorheizen.

3

4 Die Mischung über dem Wasser so lange rühren, bis sie am Löffelrücken haften bleibt. Vom Herd nehmen und abkühlen lassen.

4

5 Die Mischung in eine Eismaschine geben (den Anweisungen des Herstellers folgen). Alternativ in einen Gefrierbehälter füllen und 1 Stunde ins Tiefkühlfach stellen. In eine Schüssel füllen und rühren, um die Eiskristalle zu lösen. Wieder ins Tiefkühlfach geben. Viermal in 30-Minuten-Intervallen wiederholen.

6 Dann die Eiscreme (falls sie aus der Eismaschine kommt) in einen Gefrierbehälter füllen, glatt streichen und mit Frischhalte- oder Alufolie abdecken. Tiefgefroren ist sie bis zu 3 Monate haltbar.

7 Vor dem Servieren 20 Minuten im Kühlschrank weich werden lassen. Dann auf Schälchen verteilen. Mit heißem Espresso übergießen und mit den Schoko-Kaffeebohnen dekorieren.

Fruchtspieße mit Schoko-Dip

Für 4 Personen

verschiedene Früchte wie Orangen, Bananen, Erdbeeren, Ananas, Aprikosen, Dessertäpfel, Birnen, Kiwis

1 El Zitronensaft

SCHOKOLADENSAUCE

50 g Butter

50 g Zartbitter-Schokolade, in Stücke gebrochen

½ EL Kakaopulver

2 EL heller Sirup

GLASUR

4 EL klarer Honig

geriebene Schale und Saft von ½ Orange

1 Für die Schokoladensauce Butter, Schokolade, Kakaopulver und hellen Sirup in einen kleinen Topf geben und auf dem Herd sanft erwärmen. Dabei ständig rühren, bis alle Zutaten geschmolzen und gut vermischt sind.

2 Die Früchte schälen, bei Bedarf entkernen, dann in mundgerechte Stücke, Würfel oder Spalten schneiden. Äpfel, Birnen und Bananen mit Zitronensaft beträufeln, damit sie sich nicht braun verfärben. Die Fruchtstücke auf Spieße stecken.

3 Honig, Orangensaft und Orangenschale erwärmen, verrühren und die Früchte damit bestreichen.

4 Die Fruchtspieße 5–10 Minuten grillen. Mit der Schokoladensauce servieren.

Weiße Schokosauce

Ergibt 225 ml

150 g Crème double

55 g Butter, gewürfelt

3 EL Zucker

175 g weiße Schokolade, in Stücke gebrochen

2 EL Weinbrand

1 Crème double in eine ofenfeste Glasschüssel geben. Butter und Zucker zugeben und unter ständigem Rühren mit einem Holzlöffel im Wasserbad erwärmen, bis alles gleichmäßig vermengt ist. Vom Herd nehmen.

2 Nach und nach die Schokolade unterrühren – immer nur ein paar Stücke auf einmal. Jede Portion ganz schmelzen lassen, bevor die nächste zugegeben wird. Weinbrand zugießen und die Sauce glatt rühren. Vor dem Servieren auf Zimmertemperatur abkühlen lassen.

Dunkle Schokosauce

Ergibt 150 ml

100 g Zucker

4 EL Wasser

175 g Zartbitter-Schokolade, in Stücke gebrochen

25 g Butter, gewürfelt

2 EL Orangensaft

1 Zucker und Wasser in einen kleinen Topf geben und bei schwacher Hitze rühren, bis sich der Zucker aufgelöst hat. Dann portionsweise die Schokolade unterrühren; jede Portion schmelzen lassen, bevor die nächste zugegeben wird. Die Butter ebenfalls portionsweise unterrühren. Die Sauce nicht kochen lassen!

1

1

2

2 Den Orangensaft unterrühren und den Topf vom Herd nehmen. Sofort servieren oder bis zum Servieren warm stellen. Man kann die Sauce aber auch abkühlen lassen, in einen Gefrierbehälter geben und bis zu 3 Monate einfrieren. Vor dem Servieren bei Zimmertemperatur auftauen lassen und dann vorsichtig erwärmen.

Französische Schokosauce

Ergibt 150 ml

6 EL Crème double
85 g Zartbitter-Schokolade, in kleinen Stücken
2 EL Orangenlikör

1 Die Crème double in einem kleinen Topf bei schwacher Hitze unter Rühren aufkochen. Topf vom Herd nehmen, die Schokolade zugeben und so lange rühren, bis eine glatte Sauce entstanden ist.

2 Den Orangenlikör unterrühren, in eine hitzebeständige Sauciere umfüllen und sofort servieren oder bis zum Servieren warm stellen.

1

1

2

Kalte Desserts

Kühl, cremig, opulent und überaus lecker – so lässt sich die Vielfalt der in diesem Kapitel enthaltenen Nachspeisen zusammenfassen.

Dabei sind einige dieser Desserts erstaunlich rasch und mühelos zuzubereiten, während andere etwas mehr Aufwand erfordern. Besonders praktisch ist, dass sie teils schon Tage im Voraus zubereitet werden können, bevor man sie braucht – ideal z. B., wenn man Gäste erwartet. Bevor sie auf den Tisch kommen, werden sie dann allenfalls noch rasch dekoriert. Selbst die Gebackene Eistorte (s. S. 404) kann man einfrieren und erst unmittelbar vor dem Servieren kurz in den Ofen schieben.

Eis aus weißer Schokolade

Für 8 Personen

2 EL Kristallzucker

5 EL Wasser

300 g weiße Schokolade

3 Eier, getrennt

300 g Schlagsahne

TIPP

Für Fruchtcoulis geben Sie 225 g weiche Früchte wie Mangos oder Erdbeeren in den Mixer. Fügen Sie 1–2 Esslöffel Puderzucker zu und verarbeiten Sie beides zu einem glatten Püree. Bei Früchten mit Samen drücken Sie das Püree durch ein Sieb.

1 Eine Kastenform (850 ml Inhalt) so glatt wie möglich mit Alufolie oder Frischhaltefolie auslegen.

2 Den Kristallzucker unter Rühren bei schwacher Hitze im Wasser auflösen. Zum Kochen bringen und 1–2 Minuten sprudelnd zu Sirup einkochen, dann den Topf vom Herd nehmen.

3 Die Schokolade in kleine Stücke brechen und unter Rühren in dem Sirup auflösen. Leicht abkühlen lassen.

4 Das Eigelb kräftig in die Schokoladenmischung einrühren und diese völlig abkühlen lassen.

5 Die Sahne schlagen und unter die Schokoladenmischung heben.

6 Das Eiweiß steif schlagen, bis der Eischnee feste Spitzen bildet, dann unter die Schokoladenmischung heben. In die Form geben und über Nacht in die Gefriertruhe stellen.

7 10–15 Minuten vor dem Servieren aus der Gefriertruhe nehmen, auf einen Servierteller stürzen und in dünne Scheiben schneiden.

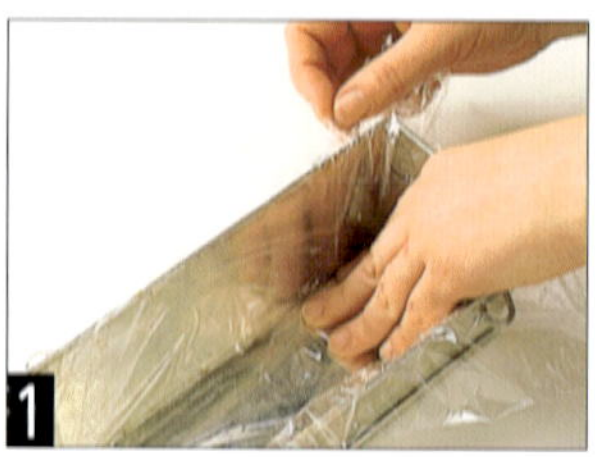

1

2

3

Bananen-Kokos-Käse-Torte

Für 10 Personen

225 g Schokoladenkekse
50 g Butter
350 g Frischkäse
75 g Zucker
50 g Kokosnuss, frisch geraspelt
2 EL Kokoslikör
2 reife Bananen
125 g Zartbitter-Schokolade
1 Päckchen Gelatine
3 EL Wasser
150 g Schlagsahne
DEKORATION
1 Banane
Zitronensaft
geschmolzene Schokolade

TIPP

Zum Öffnen der Kokosnuss zwei der „Augen" aufstechen. Dann das Wasser ablaufen lassen. In der Mitte mit einem Hammer aufschlagen und öffnen. Das Fleisch in Stücke schneiden oder klein hacken.

1 Die Kekse in einem Gefrierbeutel mit einem Nudelholz zerbröseln. In eine Schüssel geben, die Butter zerlassen und gut mit den Bröseln vermengen. Den Boden einer Springform (20 cm Ø) mit der Mischung belegen und gut andrücken.

1

2 Frischkäse und Zucker glatt rühren, dann Kokosnuss und Kokoslikör unterrühren. Die Bananen zerdrücken und zugeben. Die Schokolade schmelzen und sorgfältig einrühren.

2

3 Die Gelatine in das Wasser einstreuen und quellen lassen. Im Wasserbad auflösen und unter die Schokoladenmischung rühren. Die Sahne steif schlagen und unterheben. Die Masse auf den Keksboden geben, glatt streichen und in den Kühlschrank stellen, bis sie fest geworden ist.

4 Zum Servieren auf eine Kuchenplatte heben. Die Banane in Scheiben schneiden, im Zitronensaft wenden und den Kuchen mit den Scheiben garnieren. Mit etwas geschmolzener Schokolade beträufeln und fest werden lassen.

4

Schoko-Rum-Töpfchen

Für 6 Personen

225 g Zartbitter-Schokolade
4 Eier, getrennt
75 g Zucker
4 EL brauner Rum
4 EL Crème double
DEKORATION
etwas Schlagsahne
marmorierte Schokoformen
(s. S. 396)

1 Die Schokolade schmelzen und leicht abkühlen lassen.

2 Eigelb und Zucker zu einer hellen und schaumigen Masse schlagen (5 Minuten mit dem elektrischen Handrührer, etwas länger per Hand).

3 Schokolade, Rum und Crème double sorgfältig unter die Mischung heben.

4 Das Eiweiß steif schlagen, bis der Eischnee steife Spitzen bildet. In 2 Portionen vorsichtig unter die Schokoladenmischung heben. Auf 6 Servierschalen verteilen und mindestens 2 Stunden im Kühlschrank kühlen.

5 Nach Wunsch mit etwas Schlagsahne und Schokoformen servieren.

Schoko-Haselnuss-Töpfchen

Für 6 Personen

2 Eier
2 Eigelb
20 g Zucker
1 TL Speisestärke
600 ml Milch
75 g Zartbitter-Schokolade
4 EL Nuss-Nougat-Creme
geriebene Schokolade oder Borkenschokolade (s. S. 263), zum Dekorieren

1 Eier, Eigelb, Zucker und Speisestärke gut mischen. Die Milch fast bis zum Siedepunkt erhitzen.

2 Die Milch unter die Eimischung gießen, dabei kräftig schlagen. Schokolade und Nuss-Nougat-Creme in einem heißen Wasserbad schmelzen und unter die Masse rühren.

3 Die Mischung in 6 kleine hitzebeständige Förmchen gießen und mit Alufolie abdecken. Die Förmchen in eine Backform stellen. Kochendes Wasser in die Form gießen, bis die Förmchen zur Hälfte im Wasser stehen.

4 Im vorgeheizten Backofen bei 170 °C 35–40 Minuten backen. Aus der Form nehmen und abkühlen lassen. Bis zum Verzehr in den Kühlschrank stellen. Nach Belieben dekorieren und servieren.

3

2

3

Schoko-Ramequins

Für 4 Personen

300 g fettarmer Frischkäse oder fettarmer, ungesüßter Naturjoghurt
150 g fettarmer Naturjoghurt
25 g Puderzucker
4 TL fettarmes Instant-Kakaopulver
4 TL Kakaopulver
5 Tropfen Vanillearoma
2 EL brauner Rum (nach Belieben)
2 mittelgroße Eiweiß
4 Schokoladensterne, zum Dekorieren

ZUM SERVIEREN
Kiwi, Orange und Banane, in Stücken
Erdbeeren und Himbeeren

1 Frischkäse und Joghurt in einer Schüssel verrühren. Zucker, Instant-Kakaopulver und Kakaopulver einrühren und vermischen.

2 Vanillearoma und nach Belieben Rum zugeben.

3 In einer zweiten Schüssel das Eiweiß steif schlagen und mit einem Metalllöffel unter die Frischkäse-Joghurt-Creme heben.

4 Die Creme in 4 kleine Porzellantöpfchen füllen und 30 Minuten in den Kühlschrank stellen.

5 Jede Portion mit einem Schokoladenstern dekorieren. Mit frischen Früchten servieren.

Schnelles Schokodessert

Für 4 Personen

125 ml Wasser

4 EL Zucker

175 g Zartbitter-Schokolade, in Stücke gebrochen

3 Eigelb

300 g Crème double

Kekse, zum Servieren

1 Das Wasser in einen Topf geben. Den Zucker zugeben und bei schwacher Hitze rühren, bis er vollständig aufgelöst ist. Zum Kochen bringen und 3 Minuten kochen lassen, ohne umzurühren. Vom Herd nehmen und etwas abkühlen lassen.

2 Die Schokolade in eine Küchenmaschine geben und den heißen Sirup zugießen. Verrühren, bis die Schokolade geschmolzen ist, dann das Eigelb zugeben und zu einer glatten Masse verarbeiten. Zuletzt die Crème double zugeben und gut unterrühren.

3 Die Mischung in 4 Gläser oder Schälchen gießen, mit Frischhaltefolie abdecken und 2 Stunden im Kühlschrank fest werden lassen. Mit den Keksen servieren.

Champagner-Mousse

Für 4 Personen

BISKUITTEIG
- 4 Eier
- 100 g Zucker
- 75 g Mehl
- 1 TL Backpulver
- 15 g Kakaopulver
- 25 g Butter, zerlassen

MOUSSE
- 1 Päckchen Gelatine
- 3 EL Wasser
- 300 ml Sekt oder Champagner
- 300 g Schlagsahne
- 2 Eiweiß
- 75 g Zucker
- 50 g dunkle Kuvertüre, geschmolzen, zum Dekorieren

1 Ein Backblech mit Backpapier auslegen. Eier und Zucker 10 Minuten kräftig schlagen. Mehl, Backpulver und Kakao in die Mischung sieben und unterheben, dann die Butter einrühren. Den Teig gleichmäßig auf dem Backblech verteilen und im vorgeheizten Backofen bei 200 °C 8 Minuten backen. 5 Minuten abkühlen lassen, dann auf ein Kuchengitter heben. 4 Backringe von 10 cm Ø mit Backpapier auskleiden. Aus dem Biskuitboden 4 entsprechend große runde Scheiben ausstechen und in die Backringe legen. Den restlichen Boden in 2,5 cm breite Streifen schneiden, und die Backringe an den Seiten damit auskleiden.

2 Für die Mousse die Gelatine in das Wasser einstreuen und quellen lassen. Im Wasserbad auflösen und Sekt oder Champagner unterrühren.

3 Die Sahne verquirlen und die Champagner-Gelatine-Mischung unterheben. Kalt stellen, bis die Mischung beinahe fest ist, dann umrühren. Das Eiweiß steif schlagen, nach und nach Zucker zugeben. Unter die Champagnermischung heben und die Teigförmchen damit füllen. 2 Stunden in den Kühlschrank stellen. Für die Garnierung die Kuvertüre in Schlangenlinien auf Backpapier spritzen, nach dem Erstarren vorsichtig abziehen und die Mousse damit verzieren.

1

3

3

Schwarzwälder-Kirsch-Trifle

Für 6 Personen

6 dünne Scheiben Schokoladen-Biskuitrolle mit Buttercreme
800 g Schattenmorellen aus dem Glas
2 EL Kirschwasser
1 EL Speisestärke
2 EL Zucker
425 ml Milch
3 Eigelb
1 Ei
75 g Zartbitter-Schokolade, in Stücke gebrochen
300 g Sahne, leicht geschlagen

DEKORATION
Borkenschokolade (s. S. 263)
Maraschinokirschen (nach Belieben)

1 Den Boden einer großen Glasschüssel mit den Kuchenscheiben auslegen.

2 Die Schattenmorellen gut abtropfen lassen und 6 Esslöffel Saft auffangen. Kirschen und Saft auf den Kuchen geben und mit Kirschwasser beträufeln.

3 Speisestärke und Zucker mit etwas Milch zu einer glatten Paste verrühren, dann unter kräftigem Rühren Eigelb und Ei einrühren.

4 Die restliche Milch bis kurz vor den Siedepunkt erhitzen und in die Eimasse gießen, kräftig verrühren.

5 Unter Rühren im Wasserbad erhitzen, bis die Mischung eingedickt ist, dann die Schokolade einrühren.

6 Die Creme über die Kirschen geben und zum Abkühlen in den Kühlschrank stellen. Dann die Sahne darauf verteilen und mit dem Löffelrücken dekorative Spitzen ziehen. Erneut in den Kühlschrank stellen.

7 Mit Borkenschokolade und Maraschinokirschen dekoriert servieren.

Schokoladen-Marquise

Für 6 Personen

200 g Zartbitter-Schokolade

100 g Butter

3 Eigelb

75 g Zucker

1 TL Schokoladenlikör

300 g Schlagsahne

ZUM SERVIEREN

Kakaopulver, zum Bestäuben

Früchte, in Schokolade getaucht

Crème fraîche

1

2

1 Die Schokolade in kleine Stücke brechen und mit der Butter im Wasserbad bei schwacher Hitze schmelzen, vom Herd nehmen und abkühlen lassen.

2 Eigelb und Zucker zu einer hellen, schaumigen Masse schlagen, dann unter ständigem Rühren die geschmolzene Schokolade und den Schokoladenlikör zugeben.

3 Die Sahne steif schlagen und in die Schokoladenmischung unterheben. Auf 6 Keramik- oder Metallförmchen verteilen und mindestens 2 Stunden in den Kühlschrank stellen.

4 Die Desserts zum Servieren auf Teller stürzen – wenn Sie damit Schwierigkeiten haben, die Förmchen zuvor ein paar Sekunden in heißes Wasser tauchen. Mit Kakaopulver bestäuben, dazu in Schokolade getauchte Früchte und Crème fraîche reichen.

Schoko-Minz-Dessert

Für 6 Personen

300 g Schlagsahne
150 g Mascarpone
25 g Puderzucker
1 EL Crème de Menthe
175 g Zartbitter-Schokolade
Schokolade, zum Dekorieren

TIPP

Sie können die Muster auch zunächst mit einem Stift auf das Backpapier zeichnen, dann das Papier umdrehen und mit der Schokolade die Linien nachziehen.

1 Die Sahne in eine Schüssel gießen und mit dem Handrührgerät steif schlagen.

2 Mascarpone und Puderzucker unterheben. 1 Drittel der Mischung in eine kleine Schüssel geben und mit der Crème de Menthe verrühren. Die Zartbitter-Schokolade schmelzen und unter die restliche Mischung heben.

3 Die Quarkmischungen abwechselnd in Serviergläser schichten und nur leicht verrühren, um einen Marmoreffekt zu erzielen. Bis zum Servieren in den Kühlschrank stellen.

5

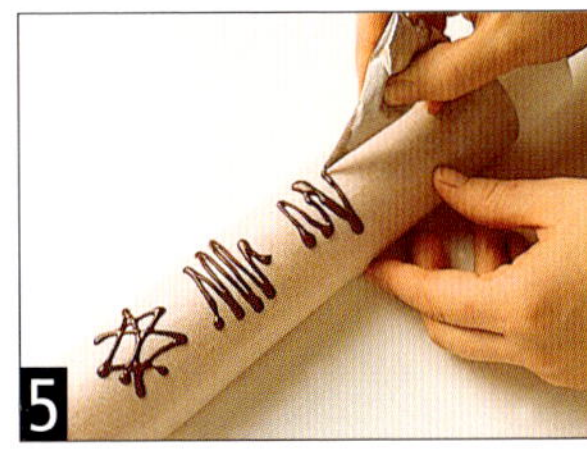
5

4 Für die Dekoration die Schokolade im Wasserbad schmelzen, eine Tüte aus Backpapier drehen und die Spitze abschneiden, dann mit der Schokolade füllen.

5 Sterne, Blumen oder andere dekorative Muster auf einen Bogen Backpapier spritzen. Für leicht gebogene Verzierungen ein Nudelholz mit Backpapier umhüllen (mit Klebeband festkleben) und die Muster darauf spritzen. Fest werden lassen und vorsichtig vom Papier abziehen.

6 Das Dessert entweder unmittelbar vor dem Servieren mit der Schokolade dekorieren oder fertig dekoriert bis zum Servieren im Kühlschrank aufbewahren.

Schoko-Bananen-Eisbecher

Für 4 Personen

SCHOKOSAUCE

60 g Zartbitter-Schokolade

4 EL heller Sirup

15 g Butter

1 EL Weinbrand oder Rum (nach Belieben)

EISBECHER

4 Bananen

150 g Schlagsahne

8–12 Kugeln Vanilleeis

75 g gehackte Mandeln, geröstet

geriebene Schokolade, zum Bestreuen

4 Eiswaffeln

1 Für die Schokoladensauce die Schokolade in kleine Stücke brechen und mit Sirup und Butter in eine hitzebeständige Schüssel geben. Im Wasserbad schmelzen und mischen. Vom Herd nehmen und nach Belieben Weinbrand oder Rum unterrühren.

2 Die Bananen in Scheiben schneiden und die Sahne steif schlagen. Je 1 Kugel Vanilleeis in 4 große Eisbecher geben. Die Bananenscheiben, etwas Schokoladensauce, 1 Esslöffel Sahne und einige Mandeln darauf geben.

3 In dieser Reihenfolge weiter schichten, dabei mit Sahne abschließen. Mit Mandeln und etwas geriebener Schokolade bestreuen und mit den Eiswaffeln servieren.

1

2

2

Weißes Schokoladeneis in Biskuit

Für 6 Personen

EISCREME

1 Ei

1 Eigelb

40 g Zucker

150 g weiße Schokolade

300 ml Milch

150 g Schlagsahne

BISKUITSCHALEN

1 Eiweiß

50 g Zucker

15 g Mehl, gesiebt

15 g Kakaopulver, gesiebt

25 g Butter, zerlassen

1 Zwei Backbleche mit Backpapier auslegen. Für das Eis Ei, Eigelb und Zucker mischen. Die Schokolade in Stücke brechen und mit 3 Esslöffeln Milch in eine Schüssel geben. Im Wasserbad schmelzen. Die Milch fast aufkochen und in die Eimischung rühren. Dann im heißen Wasserbad unter Rühren eindicken lassen (die Mischung soll an einem Holzlöffel haften bleiben). Die Schokolade unterrühren. Mit feuchtem Backpapier abdecken und fest werden lassen.

2 Die Sahne schlagen und unter die Mischung heben. In einer Tiefkühldose 1–2 Stunden ins Tiefkühlfach stellen. Dann in eine Schüssel füllen und weich rühren. Fest frieren lassen.

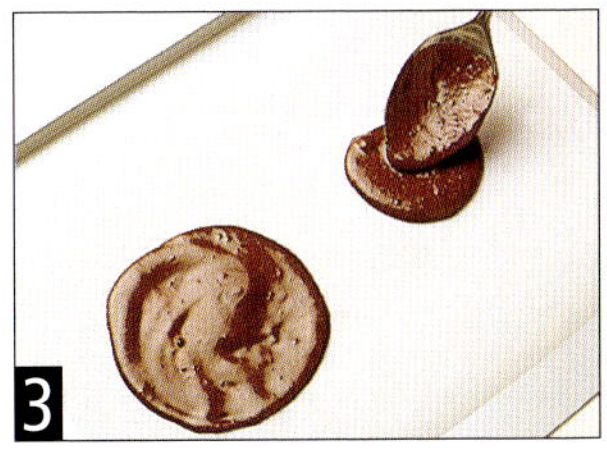

3 Eiweiß und Zucker vermischen. Mehl und Kakao unterrühren, dann die Butter. Je 1 Esslöffel Teig auf ein Backblech geben und zu 12 cm großen Kreisen ausbreiten. Im vorgeheizten Backofen bei 200 °C 4–5 Minuten backen. Vom Blech nehmen und auf umgekehrte Tassen stülpen. Nach dem Festwerden auf einem Kuchengitter abkühlen lassen. Das Eis in den Teigschalen servieren.

Marmor-Käse-Kuchen

Für 10 Personen

225 g knuspriges Müsli
50 g geröstete Haselnüsse, gehackt
50 g Butter
25 g Zartbitter-Schokolade
FÜLLUNG
350 g Frischkäse
100 g Zucker
200 g Naturjoghurt
300 g Schlagsahne
3 EL Wasser
1 Päckchen Gelatine
175 g Zartbitter-Schokolade, geschmolzen
175 g weiße Schokolade, geschmolzen

1 Das Müsli in einem Gefrierbeutel mit dem Nudelholz zerdrücken. Mit den Haselnüssen in einer Schüssel vermengen.

2 Butter und Schokolade im Wasserbad schmelzen, die Müsli-Nuss-Mischung zugeben und gut verrühren.

3 Eine Auflaufform (20 cm Ø) mit der Masse auskleiden, dabei mit dem Boden eines Trinkglases kräftig andrücken.

3

4 Frischkäse und Zucker mit einem Holzlöffel glatt rühren, dann den Joghurt zugeben. Die Sahne steif schlagen und unter die Käsemischung heben. Das Wasser in eine ofenfeste Schüssel gießen, die Gelatine einstreuen und quellen lassen, dann im Wasserbad auflösen und unter die Käsemischung heben.

4

5 Die Mischung halbieren und die Hälften mit je 1 Schokoladensorte verrühren.

6 Abwechselnd beide Käsemischungen auf den Kuchenboden löffeln und mit einem Messer verrühren, um einen Marmoreffekt zu erzielen. Mit einem Kuchenspachtel oder Palettenmesser glatt streichen. Im Kühlschrank fest werden lassen.

6

Schoko-Obst-Törtchen

Für 6 Personen

250 g Mehl
3 EL Kakaopulver
150 g Butter
40 g Zucker
2–3 EL Wasser
50 g Zartbitter-Schokolade
50 g gemischte Nüsse, geröstet
350 g Obst, küchenfertig
3 EL Johannisbeergelee
1 EL Wasser

VARIATION

Füllen Sie die Törtchen vor dem Belegen mit etwas gesüßter Schlagsahne. Für eine Schokofüllung mischen Sie 225 g Nuss-Nougat-Creme mit 5 Esslöffeln Sahnejoghurt oder Schlagsahne.

1 Mehl und Kakaopulver in eine Schüssel sieben, die Butter in Flöckchen zugeben und mit den Fingern verreiben, bis die Mischung krümelig ist.

2 Zucker und Wasser zugeben und verkneten, bis ein weicher Teig entsteht. 15 Minuten abgedeckt in den Kühlschrank stellen.

3 Den Teig auf einer Arbeitsfläche ausrollen und 6 kleine Törtchenformen damit auslegen. Die Kuchenböden mit einer Gabel mehrmals einstechen und mit leicht zerknüllter Alufolie abdecken. Im vorgeheizten Backofen bei 190 °C 10 Minuten blindbacken.

4 Die Folie entfernen und weitere 5–10 Minuten backen. Die Böden in den Förmchen vollständig abkühlen lassen.

5 Die Schokolade im Wasserbad schmelzen und die gehackten Nüsse auf einen Teller geben. Die Törtchen aus den Formen nehmen, die Ränder mit Schokolade einpinseln und in die Nüsse tauchen.

6 Die Törtchen mit dem Obst belegen. Das Gelee mit dem Wasser in einem Topf zerlassen und das Obst damit einpinseln. Bis zum Servieren in den Kühlschrank stellen.

Käsekuchen mit Schokolade

Für 12 Personen

100 g Mehl

100 g gemahlene Mandeln

200 g Farinzucker

150 g Margarine

675 g fester Tofu

175 ml Pflanzenöl

125 ml Orangensaft

175 ml Weinbrand

50 g Kakaopulver, plus etwas mehr, zum Dekorieren

2 TL Bittermandelaroma

DEKORATION

Puderzucker

Physalis

1 Mehl, gemahlene Mandeln und 1 EL Zucker in eine Schüssel geben und gut vermengen. Margarine in die Mischung kneten und zu einem Teig verarbeiten.

2 Eine Springform (23 cm Ø) leicht einfetten und den Boden mit Backpapier auslegen. Den Teig darauf verteilen und bis zum Rand der Form ziehen.

3 Tofu grob zerkleinern und in der Küchenmaschine mit Öl, Orangensaft, Weinbrand, Kakaopulver, Mandelaroma und dem restlichen Zucker zu einer glatten und cremigen Masse verarbeiten. Auf den Teigboden geben und im vorgeheizten Ofen bei 160 °C 1–1¼ Stunden backen, bis die Masse fest ist.

4 In der Form 5 Minuten abkühlen lassen, dann herausnehmen und in den Kühlschrank stellen. Mit Puderzucker und Kakaopulver bestäuben. Mit Physalis dekorieren und servieren.

Tiramisu

Für 6 Personen

300 g dunkle Schokolade

400 g Mascarpone

150 g Sahne, geschlagen

400 ml kalter Kaffee, mit 50 g Zucker vermischt

6 EL brauner Rum oder Weinbrand

54 Löffelbiskuits (ca. 400 g)

Kakaopulver, zum Bestäuben

VARIATION

Geben Sie in Schritt 1 50 g gehackte und geröstete Haselnüsse in die Schokoladenmischung.

1 Die Schokolade in einer Schüssel im Wasserbad schmelzen. Dabei gelegentlich umrühren. Leicht abkühlen lassen, dann mit dem Mascarpone und der Sahne verrühren.

2 Kaffee und Rum in einer Schüssel mischen. Die Löffelbiskuits kurz in die Mischung tauchen – sie sollen die Flüssigkeit aufsaugen, aber nicht zu weich werden.

3 Je 3 Löffelbiskuits nebeneinander auf 1 Dessertteller legen.

4 Je 1 Lage Mascarponecreme über die Löffelbiskuits schichten.

5 Erneut 3 Löffelbiskuits auf die Mascarponeschicht legen, diese abermals mit Mascarponecreme bedecken und mit einer letzten Lage Löffelbiskuits abschließen.

6 Die fertige Tiramisu mindestens 1 Stunde in den Kühlschrank stellen und vor dem Servieren mit Kakaopulver bestäuben.

1

1

2

Erdbeer-Käsekuchen

Für 8 Personen

BODEN
60 g Butter
225 g Vollkorn-Butterkekse, zerbröselt
60 g Walnusskerne, gehackt

FÜLLUNG
450 g Mascarpone
2 Eier, verquirlt
3 EL Zucker
250 g weiße Schokolade, in Stücke gebrochen
225 g Erdbeeren, entstielt und geviertelt

ZUM DEKORIEREN
175 g Mascarpone
Borkenschokolade (s. S. 263)
16 ganze Erdbeeren

1 Für den Boden die Butter bei schwacher Hitze zerlassen, dann Keksbrösel und gehackte Walnüsse unterrühren. Die Mischung in eine Springform (23 cm Ø) füllen und mit einem Löffel gleichmäßig festdrücken. Beiseite stellen.

2 Den Backofen auf 150 °C vorheizen. Für die Füllung den Mascarpone glatt rühren, dann die Eier und den Zucker unterrühren. Schokolade im Wasserbad bei schwacher Hitze schmelzen. Vom Herd nehmen, etwas abkühlen lassen, dann unter die Mascarponemischung ziehen. Zuletzt die Erdbeeren untermengen.

3 Füllung in die Springform geben, auf dem Kuchenboden verteilen und glatt streichen. Im vorgeheizten Backofen 1 Stunde backen, bis die Füllung gerade fest ist. Ofen ausschalten, aber den Käsekuchen erst herausnehmen, wenn er völlig abgekühlt ist.

1

2

4 Den Kuchen auf eine Kuchenplatte gleiten lassen und mit Mascarpone bestreichen. Mit Borkenschokolade und ganzen Erdbeeren dekorieren.

Schoko-Weinbrand-Torte

Für 12 Personen

BODEN

250 g Ingwerkekse

75 g Zartbitter-Schokolade

100 g Butter

FÜLLUNG

225 g Zartbitter-Schokolade

250 g Mascarpone

2 Eier, getrennt

3 EL Weinbrand

300 g Schlagsahne

50 g Zucker

100 g Schlagsahne und Schoko-Kaffeebohnen, zum Dekorieren

1 Die Kekse in einem Gefrierbeutel mit einem Nudelholz zerbröseln. Schokolade und Butter zusammen schmelzen und über die Brösel gießen. Gut mischen. Wände und Boden einer Springform (26 cm Ø) mit der Masse auskleiden. Kalt stellen und unterdessen die Füllung zubereiten.

2 Die Zartbitter-Schokolade schmelzen, vom Herd nehmen und Mascarpone, Eigelb und Weinbrand unterrühren.

3 Die Sahne schlagen und unter die Schokoladenmischung heben.

4 Das Eiweiß in einer fettfreien Schüssel steif schlagen. Nach und nach Zucker zufügen und schlagen, bis der Eischnee fest und glänzend ist. In 2 Portionen sorgfältig unter die Schokoladenmischung heben.

5 Die Mischung in die Form füllen und mindestens 2 Stunden kalt stellen. Vorsichtig auf eine Kuchenplatte heben. Für die Garnierung die Sahne schlagen und Rosetten auf den Kuchen spritzen. Die Schoko-Kaffeebohnen auf die Rosettenspitzen setzen.

1

3

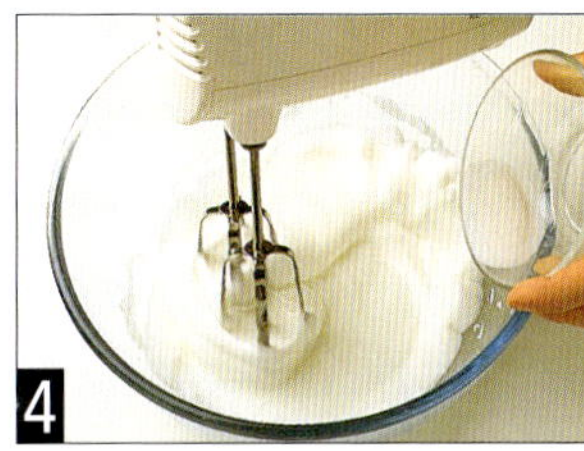
4

Schokoladeneis im Körbchen

Für 6 Personen

EIS

1 Ei

3 Eigelb

90 g Zucker

300 ml Milch

250 g Zartbitter-Schokolade

300 g Schlagsahne

KÖRBCHEN

100 g Zartbitter-Schokolade

1 Ei, Eigelb und Zucker zu einer hellen, schaumigen Masse schlagen. Die Milch fast aufkochen.

2 Unter ständigem Rühren die Milch zur Eimischung gießen. Die Masse im Wasserbad rühren und eindicken lassen, bis sie am Rücken eines Holzlöffels haften bleibt.

3 Die Schokolade in Stücke brechen und unter Rühren in der Masse auflösen. Mit angefeuchtetem Backpapier abdecken und abkühlen lassen.

4 Die Sahne schlagen und unter die abgekühlte Mischung heben. In einer Gefrierdose 1–2 Stunden in die Gefriertruhe stellen, bis die Mischung etwa 2,5 cm um den Rand gefroren ist.

3

5 Die Eiscreme in eine Rührschüssel löffeln und mit dem Handrührgerät glatt rühren, dann erneut einfrieren.

6 Für die Schokoladenkörbchen eine Muffin-Form umdrehen und 6 Förmchen mit Frischhaltefolie überziehen. Die Schokolade schmelzen. Ein Stück Backpapier zu einer Tüte drehen und die Spitze abschneiden, die Schokolade hineinfüllen.

7 Einen Kranz Schokolade rund um jede Form spritzen, dann über Kreuz Linien darüber ziehen, bis eine körbchenartige Struktur entsteht. Vorsichtig eine zweite Schicht darüber spritzen und eine weitere Linie um die Basis herum ziehen. Zum Festwerden in den Kühlschrank stellen, dann von der Form heben und die Folie abziehen. Mit Eis füllen und servieren.

7

7

Schokoring mit Eisfüllung

Für 8 Personen

4 Eier
175 g Zucker
100 g Mehl
1 TL Backpulver
40 g Kakaopulver
500 ml Schokoladen-Pfefferminz-Eis
Dunkle Schokoladensauce (s. S. 360)

1 Eine Kranzform (23 cm Ø) leicht einfetten. Eier und Zucker in eine große Schüssel geben und mit einem Handrührgerät verquirlen, bis die Mischung steife Spitzen bildet. Alternativ mit einem Schneebesen im Wasserbad schlagen.

2 Mehl, Backpulver und Kakao in die Eimasse sieben und unterrühren. In die Backform füllen und im vorgeheizten Backofen bei 180 °C 30 Minuten backen, bis der Kuchen beim Andrücken leicht nachgibt. 5 Minuten in der Form ruhen lassen, auf ein Kuchengitter heben und vollständig auskühlen lassen.

3 Die Backform ausspülen und mit Frischhaltefolie auslegen. Einen etwa 1 cm dicken Deckel vom Kuchen abschneiden.

4 Den Kuchen wieder in die Backform legen. Mit einem Löffel aushöhlen, dabei einen etwa 1 cm breiten Rand stehen lassen.

5 Das Eis aus dem Tiefkühlfach nehmen und einige Minuten stehen lassen. Mit einem Holzlöffel leicht rühren. Den Kuchen mit dem Eis füllen und glatt streichen. Den Kuchendeckel auflegen.

6 Mit Frischhaltefolie abdecken und mindestens 2 Stunden ins Tiefkühlfach stellen.

7 Den Kuchen auf eine Kuchenplatte stürzen und mit etwas Schokoladensauce in einem dekorativen Muster verzieren. In Scheiben schneiden und servieren. Die Sauce separat reichen.

Mousse au chocolat

Für 8 Personen

100 g Bitterschokolade, geschmolzen
300 ml Naturjoghurt
150 ml Quark
4 EL Zucker
1 EL Orangensaft
1 EL Weinbrand
1½ TL Agar-Agar
9 EL kaltes Wasser
2 große Eiweiß

DEKORATION

dunkle und weiße Schokolade, grob gerieben
Orangenschale

1 Schokolade, Joghurt, Quark, Zucker, Orangensaft und Weinbrand mit der Küchenmaschine 30 Sekunden pürieren. Die Mischung in eine große Schüssel füllen.

2 Gelatine in das Wasser geben und unter Rühren auflösen.

3 In einem Topf 2 Minuten kochen. Langsam abkühlen lassen und in die Schokolade einrühren.

4 Eiweiß steif schlagen und mit einem Metalllöffel unter die Schokoladenmischung ziehen.

5 Eine 500-g-Kastenform mit Frischhaltefolie ausschlagen. Die Mousse hineingeben. 2 Stunden zum Festwerden in den Kühlschrank stellen. Die Mousse auf einen Servierteller stürzen, dekorieren und servieren.

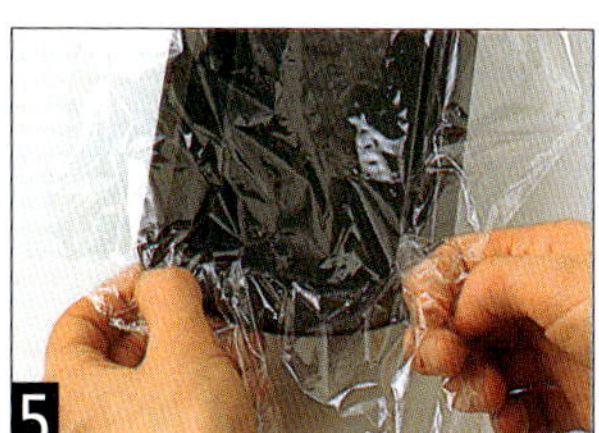

Schoko-Charlotte

Für 8 Personen

22 Löffelbiskuits
4 EL Orangenlikör
250 g Zartbitter-Schokolade
150 g Crème double
4 Eier
150 g Zucker
ZUM DEKORIEREN
150 g Schlagsahne
2 EL Zucker
2–3 Tropfen Vanillearoma
Borkenschokolade (s. S. 263)
andere Schokoladendekoration

1 Den Boden einer Charlotten-Form oder einer tiefen Springform (18 cm Ø) mit Backpapier auslegen.

2 Die Löffelbiskuits auf ein Backblech legen und mit der Hälfte des Orangenlikörs tränken. Dann die Löffelbiskuits an den Wänden der Springform aufrecht zu einem Kranz anordnen – sie müssen ganz dicht aneinander stehen.

3 Die Schokolade in kleine Stücke brechen und im Wasserbad schmelzen. Vom Herd nehmen und die Crème double sorgfältig einrühren.

4 Die Eier trennen und das Eiweiß in eine große fettfreie Schüssel geben. Das Eigelb unter die Schokoladenmischung rühren.

5 Das Eiweiß steif schlagen, dann allmählich den Zucker zufügen, bis der Schnee fest und glänzend ist. Vorsichtig in 2 Portionen unter die Schokoladenmischung heben. Dann alles in die Mitte der Springform füllen. Die Löffelbiskuits bis zur Höhe der Schokoladenmischung abschneiden. Mindestens 5 Stunden kalt stellen.

6 Die Sahne mit Zucker und Vanillearoma schlagen. Die Charlotte auf einen Kuchenteller heben. Sahnerosetten rund um die Charlotte spritzen und mit Borkenschokolade oder anderen Formen dekorieren.

Mokka-Marmor-Mousse

Für 4 Personen

- 1 EL Instant-Kaffee
- 1 EL Instant-Getreidekaffee
- 2 TL Kakaopulver, plus etwas mehr, zum Bestäuben
- 1 TL fettarmes Instant-Kakaopulver
- 150 ml fettreduzierte Crème fraîche, plus 4 TL zum Dekorieren
- 2 TL Gelatinepulver
- 2 EL kochendes Wasser
- 2 große Eiweiß
- 2 EL Zucker
- 4 Schoko-Kaffeebohnen, zum Dekorieren

1 Kaffee- und Getreidekaffeepulver in eine Schüssel geben, Kakao und Instantpulver in eine zweite. Die Crème fraîche gleichmäßig auf die beiden Schüsseln verteilen und jeweils gut verrühren.

2 Die Gelatine in kochendem Wasser auflösen und beiseite stellen. In einer fettfreien Schüssel das Eiweiß steif schlagen, dabei den Zucker einrieseln lassen. Den Eischnee auf beide Crèmes verteilen.

3 Die Gelatine auf die beiden Cremes verteilen und mit einem Metalllöffel behutsam mischen.

4 Die Crèmes löffelweise abwechselnd in Portionsgläser füllen, und mit dem Löffelstiel behutsam ein spiralförmiges Muster ziehen. 1 Stunde in den Kühlschrank stellen.

5 Zum Servieren jede Portion mit 1 Esslöffel Crème fraîche und 1 Schoko-Kaffeebohne dekorieren.

Dreierlei Schokoladenmousse

Für 4 Personen

3 Eier
1 TL Speisestärke
50 g Zucker
300 ml Milch
1 Päckchen Gelatine
3 EL Wasser
300 g Schlagsahne
75 g Zartbitter-Schokolade
75 g weiße Schokolade
75 g Vollmilch-Schokolade
Borkenschokolade (s. S. 263)

4

5

1 Eine Kastenform (850 ml Inhalt) mit Backpapier auslegen. Die Eier trennen und jedes Eiweiß in ein separates Schüsselchen geben. Eigelb, Speisestärke und Zucker in einer großen Schüssel verrühren. Die Milch unter Rühren vorsichtig aufkochen, dann nach und nach zum Eigelb gießen, dabei immer kräftig schlagen.

2 Die Schüssel in ein heißes Wasserbad stellen und rühren, bis die Mischung eingedickt ist.

3 Gelatine und Wasser in eine Schüssel geben und quellen lassen. Im heißen Wasserbad unter Rühren auflösen. Unter die Eimischung rühren und abkühlen lassen.

4 Die Sahne schlagen und vorsichtig unter die Mischung heben. Die Mischung in 3 Portionen teilen. Die 3 Schokoladensorten getrennt schmelzen. Die Zartbitter-Schokolade mit einer Portion Eimischung verrühren. 1 Eiweiß steif schlagen und unter die Zartbitter-Ei-Creme heben. In die Backform füllen und glatt streichen. Im Kühlschrank fest werden lassen.

5 Unterdessen die weiße Schokolade mit der zweiten Portion der Eimischung verrühren. Das zweite Eiweiß steif schlagen und unterheben. Auf die erste Mousseschicht gießen und rasch kalt stellen. Den Vorgang mit der Vollmilch-Schokolade abschließen, dann die Mousse noch einmal kalt stellen und fest werden lassen. Zum Servieren vorsichtig auf einen Servierteller stürzen und mit Borkenschokolade dekorieren.

Schokokästchen mit Himbeeren

Für 12 Personen

200 g Zartbitter-Schokolade, in Stücke gebrochen
1 1/2 TL kalter Espressokaffee
1 Eigelb
1 1/2 TL Kaffeelikör
2 Eiweiß
200 g frische Himbeeren

BISKUITTEIG

1 Ei und 1 zusätzliches Eiweiß
4 EL Zucker
5 EL Mehl

1 Für die Mokkamousse 50 g Schokolade im Wasserbad schmelzen. Den Kaffee zugeben und bei schwacher Hitze mit der Schokolade glatt rühren. Vom Herd nehmen, etwas abkühlen lassen. Eigelb und Kaffeelikör unterrühren.

4

2 Eiweiß steif schlagen und unter die Mokkamousse ziehen. Mit Frischhaltefolie abgedeckt 2 Stunden im Kühlschrank fest werden lassen.

3 Biskuitteig: Den Boden einer quadratischen 20-cm-Kastenform mit Backpapier auslegen. Das Ei mit Eiweiß und Zucker im Wasserbad bei schwacher Hitze 5–10 Minuten zu einer dicken, schaumigen Masse schlagen. Vom Herd nehmen und weitere 10 Minuten schlagen, bis die Masse abgekühlt ist.

4 Den Backofen auf 180 °C vorheizen. Mehl auf die Eimasse sieben und vorsichtig unterheben. In die Form gießen und 20–25 Minuten backen, bis sich der Teig etwas von den Seiten der Form gelöst hat. Mit dem Backpapier auf ein Kuchengitter stürzen und abkühlen lassen, dann umdrehen, ohne das Backpapier abzuziehen.

6

5 Für die Schokokästchen eine flache Form von 30 cm x 23 cm einfetten und mit Backpapier auslegen. Die restliche Schokolade unter Rühren im Wasserbad nicht zu dünnflüssig schmelzen. In die Form gießen und zu einer gleichmäßigen Schicht verlaufen lassen. An einem kühlen Ort ca. 30 Minuten fest werden lassen.

6 Schokolade aus der Form heben. Mit einem Lineal und einem scharfen Messer in 36 Rechtecke von je 7,5 cm x 2,5 cm schneiden. 12 davon halbieren, sodass 24 Rechtecke von 3,75 cm x 2,5 cm entstehen.

7 Vom Biskuitteig die braunen Ränder abschneiden. Den Teig in 12 Scheiben von je 7,5 cm x 3 cm schneiden. Die Außenkanten jeder Biskuitscheibe mit etwas Mokkamousse bestreichen und je 2 lange und 2 kurze Schokoladenrechtecke dagegen drücken, sodass kleine Kästchen entstehen. Die restliche Mousse in die Kästchen füllen und die Himbeeren darauf setzen.

Mokkacreme

Für 4 Personen

225 g Zartbitter-Schokolade
1 EL Instant-Kaffee
300 ml kochendes Wasser
1 Päckchen Gelatine
3 EL kaltes Wasser
5 Tropfen Vanillearoma
1 EL Kaffeelikör (nach Belieben)
300 g Schlagsahne
4 Schoko-Kaffeebohnen
8 Amarettini

VARIATION

Für ein delikates Mandelaroma ersetzen Sie den Kaffeelikör durch Mandellikör wie z. B. Amaretto.

1 Die Schokolade in kleine Stücke brechen und mit dem Kaffee in einen Topf geben. Wasser zugießen und bei schwacher Hitze unter Rühren schmelzen.

2 Die Gelatine ins kalte Wasser streuen und quellen lassen, dann unter die heiße Schokoladenmischung rühren, bis sie sich aufgelöst hat.

3 Vanillearoma und nach Belieben Kaffeelikör zugießen. An einem kühlen Ort ruhen lassen, bis die Masse einzudicken beginnt, dabei von Zeit zu Zeit verquirlen.

4 Die Sahne steif schlagen, ein wenig für die Garnierung zurückbehalten und den Rest unter die Mischung heben. In Dessertschalen füllen und fest werden lassen.

5 Mit der restlichen Sahne und den Kaffeebohnen garnieren und servieren. Dazu die Amarettini reichen.

1

2

4

Windbeutel mit Bananensahne

Für 4 Personen

BRANDTEIG

60 g Butter

150 ml Wasser

90 g Mehl, gesiebt

2 Eier

SCHOKOSAUCE

100 g Zartbitter-Schokolade, in kleinen Stücken

2 EL Wasser

50 g Puderzucker

25 g Butter

FÜLLUNG

300 g Schlagsahne

1 Banane

25 g Puderzucker

2 EL Bananenlikör

1 Ein Backblech leicht einfetten und mit etwas Wasser besprenkeln. Für den Brandteig die Butter in kleine Stückchen schneiden und mit dem Wasser erhitzen, bis sie geschmolzen ist, dann kurz aufkochen. Den Topf vom Herd nehmen und das Mehl zugeben und kräftig rühren, bis sich der Teig vom Topfrand löst. Leicht abkühlen lassen, dann unter ständigem Rühren nach und nach die Eier zugeben, bis ein glatter, glänzender Teig entsteht. In einen Spritzbeutel mit Lochtülle (10 mm Ø) füllen.

2 Auf das Backblech 18 kleine Teigbällchen spritzen, dabei auf genügend Abstand achten. Im vorgeheizten Backofen bei 220 °C 15–20 Minuten knusprig backen. Aus dem Backofen nehmen und seitlich je 1 kleinen Schlitz schneiden, damit der Dampf entweichen kann. Auf einem Kuchengitter abkühlen lassen.

3 Für die Sauce Zartbitter-Schokolade, Wasser, Puderzucker und Butter im Wasserbad erhitzen und zu einer glatten Masse verrühren.

4 Die Sahne steif schlagen, die Bananen zerdrücken und mit Zucker und Likör verrühren. Die Masse unter die Sahne heben. In einen Spritzbeutel mit Lochtülle (10 mm Ø) füllen und die Windbeutel mit der Bananensahne füllen. Mit Schokoladensauce übergießen und servieren.

1

2

Schoko-Kardamom-Hörnchen

Für 6 Personen

1 Eiweiß
50 g Zucker
15 g Mehl
15 g Kakaopulver
25 g Butter, zerlassen
50 g Zartbitter-Schokolade

KARDAMOM-CREME
150 g Schlagsahne
1 EL Puderzucker
1/4 TL gemahlener Kardamom
1 Prise geriebener Ingwer
25 g frischer Ingwer, fein gehackt

1 Zwei Backbleche mit Backpapier auslegen. 2 Hörnchenformen leicht einfetten. Für die Hörnchen Eiweiß und Zucker gut mischen. Mehl und Kakao sieben und unter die Ei-Zucker-Mischung rühren. Die Butter sorgfältig unterrühren.

2 Auf ein Backblech 1 Esslöffel Teig setzen und zu einer runden Scheibe von 12 cm Ø formen. Im vorgeheizten Backofen bei 200 °C 5 Minuten backen.

3 Die Scheibe mit einem Palettenmesser rasch vom Blech nehmen und um eine Hörnchenform wickeln. Fest werden lassen und abziehen. Auf die gleiche Weise 5 weitere Hörnchen herstellen.

4 Die Schokolade schmelzen und die Hörnchen mit dem offenen Ende eintauchen. Auf Backpapier legen und fest werden lassen.

5 Für die Creme die Sahne in eine Schüssel gießen, Puderzucker und Gewürze darüber sieben. Steif schlagen. Den gehackten Ingwer unterheben und die Hörnchen füllen.

Himbeercreme-Türmchen

Für 6 Personen

MÜRBETEIG
225 g Butter
75 g brauner Zucker
50 g geraspelte Zartbitter-Schokolade
275 g Mehl

FÜLLUNG
350 g frische Himbeeren
25 g Puderzucker
300 g Schlagsahne
3 EL Milch
100 g weiße Schokolade, geschmolzen

1 Ein Backblech einfetten. Für den Mürbeteig Butter und Zucker schaumig schlagen. Die Zartbitter-Schokolade unterrühren. Das Mehl zugeben und zu einem glatten Teig verarbeiten.

2 Den Teig auf einer leicht bemehlten Arbeitsfläche ausrollen und 18 etwa 8 cm große Scheiben ausstechen. Auf das Backblech setzen und im vorgeheizten Backofen bei 200 °C 10 Minuten backen. Die Kekse auf dem Backblech abkühlen lassen.

3 Etwa 100 g Himbeeren beiseite stellen, den Rest in der Küchenmaschine mit dem Puderzucker pürieren, dann durch ein Sieb streichen. Kalt stellen. 2 Teelöffel Sahne beiseite stellen, die restliche steif schlagen. Milch und weiße Schokolade unterrühren.

4 Für jedes Türmchen etwas Himbeer-Püree auf einen Teller geben. Mit der zurückbehaltenen Sahne kleine Punkte an den Rand des Tellers in das Püree tropfen. Mit einem Holzspieß dekorative Muster durch die Sahnepunkte ziehen.

3

4

5 Auf den Teller 1 Keks, etwas Schokoladencreme und 2 oder 3 Himbeeren schichten. Wiederholen und mit einem Keks abschließen. Großzügig mit Puderzucker bestäuben.

Gebackene Eistorte

Für 6 Personen

2 Eier

50 g Zucker

40 g Mehl

15 g Kakaopulver

3 Eiweiß

150 g Zucker

1 l hochwertiges Schokoladeneis

1 Eine Springform (20 cm Ø) leicht einfetten und den Boden mit Backpapier auslegen.

2 Eier und 4 Esslöffel Zucker schaumig schlagen. Mehl und Kakaopulver sieben und vorsichtig einrühren.

3 Den Teig in die Form füllen und im vorgeheizten Backofen bei 220 °C 7 Minuten backen, bis der Kuchen beim Andrücken leicht nachgibt. Auf einem Kuchengitter abkühlen lassen.

4 Das Eiweiß steif schlagen. Unter Rühren allmählich den restlichen Zucker zugeben, bis der Eischnee fest und glänzend ist.

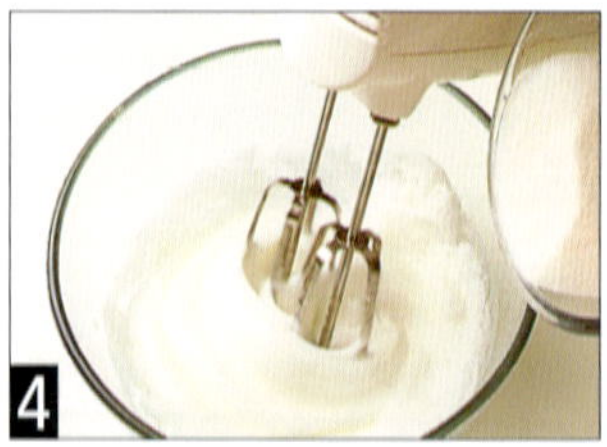

5 Den Biskuitboden auf ein Backblech legen. Das Schokoladeneis in der Mitte des Bodens platzieren.

TIPP

Eine Coulis aus schwarzen Johannisbeeren schmeckt köstlich zur Eistorte. Dazu einige Johannisbeeren in etwas Orangensaft aufkochen, pürieren, durch ein Sieb streichen und leicht süßen.

6 Den Eischnee über das Eis spritzen oder streichen – das Eis muss vollständig bedeckt sein. Jetzt kann die Torte tiefgefroren werden oder ...

7 ... wieder in den Backofen gestellt und 5 Minuten gebacken werden, bis die Oberseite des Baisers goldbraun ist. Sofort servieren.

Schoko-Orangen-Sorbet

Für 4 Personen

225 g Zartbitter-Schokolade, in kleinen Stücken
1 l zerstoßenes Eis
300 ml frisch gepresster Orangensaft
150 ml Wasser
4 EL Zucker
geriebene Schale von 1 Orange
Saft und geriebene Schale von 1 Zitrone
1 TL Gelatinepulver
3 EL Orangenlikör
Minzezweige, zum Dekorieren

1 Eine ofenfeste Puddingform (850 ml Inhalt) mit Öl einfetten, gut abtropfen lassen, in den Kühlschrank stellen. Schokolade im Wasserbad unter Rühren schmelzen. Vom Herd nehmen.

2 Die Form aus dem Kühlschrank nehmen und die geschmolzene Schokolade hineingießen. Schwenken, bis die gesamte Innenseite bedeckt ist. Form auf eine dicke Schicht zerstoßenes Eis setzen, weiter schwenken, bis die Schokolade fest wird. Zurück in den Kühlschrank stellen.

2

3 In eine kleine, ofenfeste Schüssel 3 EL Orangensaft gießen, den Rest in einen Topf. Wasser, Zucker, Orangenschale sowie Zitronensaft und -schale zugeben. Bei schwacher Hitze rühren, bis der Zucker aufgelöst ist, dann bei stärkerer Hitze aufkochen. Vom Herd nehmen.

3

4 Gelatine in den beiseite gestellten Orangensaft streuen, 2 Minuten einweichen, dann im Wasserbad erwärmen und auflösen. Gelatine und Likör in den Orangensaftsirup rühren. In einem Gefrierbehälter 30 Minuten einfrieren, bis das Sorbet körnig ist.

5 Sorbet aus dem Gefrierschrank nehmen, in einer Schüssel gründlich durchrühren, um die Eiskristalle zu zerkleinern. Zurück in den Gefrierbehälter geben und 1 weitere Stunde tiefkühlen. Den Vorgang noch dreimal wiederholen.

5

6 Das Sorbet herausnehmen und gut durchrühren. Die Puddingform aus dem Kühlschrank nehmen und das Sorbet hineinfüllen. Über Nacht einfrieren. Das Sorbet vor dem Servieren aus der Form stürzen und mit frischen Minzezweigen dekorieren.

Mandelkuchen mit weißer Schokolade

Für 8 Personen

TEIG
150 g Mehl
25 g Zucker
125 g Butter, in kleinen Stücken
1 EL Wasser

FÜLLUNG
150 g heller Sirup
50 g Butter
75 g brauner Zucker
3 Eier, leicht verquirlt
100 g geschälte Mandeln, grob gehackt
100 g weiße Schokolade, grob gehackt
Schlagsahne, zum Servieren (nach Belieben)

1 Für den Teig Mehl und Zucker in eine Schüssel geben. Die Butter mit den Fingern in der Mischung verreiben. Wasser zufügen und zu einem weichen Teig verarbeiten. Den Teig in Frischhaltefolie wickeln und 30 Minuten kalt stellen.

2 Den Teig auf einer leicht bemehlten Arbeitsfläche ausrollen und in eine Springform (24 cm Ø) einpassen. Mit einer Gabel einstechen und erneut 30 Minuten kalt stellen. Dann mit Backpapier und Backbohnen bedecken und bei 190 °C im vorgeheizten Backofen 15 Minuten blindbacken. Papier und Bohnen entfernen und den Teig weitere 15 Minuten backen.

3 Für die Füllung Sirup, Butter und Zucker in einem kleinen Topf erhitzen, bis sich der Zucker aufgelöst hat. Vom Herd nehmen und leicht abkühlen lassen. Eier, Mandeln und Schokolade einrühren.

4 Die Mischung auf den Kuchenboden geben. 30–35 Minuten backen, bis die Füllung fest geworden ist. Den fertigen Kuchen etwas abkühlen lassen, dann aus der Form nehmen und nach Belieben mit Schlagsahne servieren.

2

3

Schoko-Birnen-Torte

Für 8 Personen

BODEN
120 g Mehl
1 Prise Salz
2 EL Zucker
120 g Butter, gewürfelt
1 Eigelb
1 EL Zitronensaft

BELAG
120 g Zartbitter-Schokolade
4 Birnen
125 g Schlagsahne
1 Ei und 1 zusätzliches Eigelb
2 Tropfen Bittermandelaroma
3 EL Zucker

1 Boden: Mehl und Salz in eine Schüssel sieben. Zucker und Butter zugeben und mit den Knethaken des Handrührgeräts vermengen. Eigelb und Zitronensaft unterkneten. Eine Kugel formen, in Frischhaltefolie wickeln und 30 Minuten kühlen.

2 Backofen auf 200 °C vorheizen. Teig auf einer bemehlten Arbeitsfläche ausrollen und eine Obstkuchenform (25 cm Ø) damit auskleiden. Schokolade reiben und auf dem Tortenboden verteilen. Birnen schälen, längs halbieren, entkernen. Jede Birnenhälfte mehrfach längs einschneiden und die Spalten etwas auffächern. Mit einem Spachtel auf dem Tortenboden verteilen.

3 Sahne, Ei, Eigelb und Bittermandelaroma miteinander verquirlen und über die Birnen gießen. Die Torte mit Zucker bestreuen.

4 Die Torte 10 Minuten im vorgeheizten Backofen backen, dann auf 180 °C herunterschalten und weitere 20 Minuten backen, bis die Birnen zu bräunen beginnen und der Belag fest wird. Abkühlen lassen und mit Minzezweigen dekoriert servieren.

2

3

Schoko-Pecan-Torte

Für 10 Personen

BODEN

280 g Mehl

6 EL Kakaopulver

120 g Puderzucker

1 Prise Salz

200 g Butter, gewürfelt

1 Eigelb

BELAG

90 g Zartbitter-Schokolade, in kleinen Stücken

350 g Pecannüsse

85 g Butter

175 g brauner Zucker

3 Eier

2 EL Crème double

2 EL Mehl

1 EL Puderzucker, zum Bestäuben

1 Mehl, Kakao, Zucker und Salz in eine Schüssel sieben, eine Mulde in die Mitte drücken. Butter und Eigelb hineingeben. Trockenzutaten nach und nach von außen untermischen. Durchkneten und zu einer Kugel formen. In Frischhaltefolie gewickelt 1 Stunde in den Kühlschrank stellen.

2 Teig auswickeln, auf einer mit Mehl bestäubten Arbeitsfläche ausrollen. Eine beschichtete Obstkuchenform (25 cm Ø) damit auskleiden. Teig mehrfach mit einer Gabel einstechen. Den Backofen auf 180 °C vorheizen. Den Teig mit Backpapier bedecken und mit Backbohnen beschweren. Im vorgeheizten Ofen 15 Minuten backen. Herausnehmen, Bohnen und Backpapier entfernen und den Tortenboden abkühlen lassen.

3 Belag: Schokolade im Wasserbad unter Rühren schmelzen. Vom Herd nehmen und beiseite stellen. 225 g Pecannüsse grob hacken und beiseite stellen. Butter mit 55 g braunem Zucker verrühren. Die Eier einzeln unterrühren, dann den übrigen braunen Zucker zugeben und gut verrühren. Crème double, Mehl, geschmolzene Schokolade und die gehackten Pecannüsse unterheben.

4 Belag auf dem Tortenboden verteilen. Die übrigen Pecannüsse halbieren und im Kreis auf die Torte verteilen.

5 Im vorgeheizten Backofen 30 Minuten backen, dann mit Alufolie abdecken und weitere 25 Minuten backen. Torte etwas abkühlen lassen, aus der Form lösen und auf einem Kuchengitter vollständig auskühlen lassen. Mit Puderzucker bestäuben.

Mississippi Mud Pie

Für 8 Personen

225 g Mehl
30 g Kakaopulver
150 g Butter
30 g Zucker
2 EL kaltes Wasser

FÜLLUNG
175 g Butter
350 g brauner Zucker
4 Eier, leicht verquirlt
4 EL Kakaopulver, gesiebt
150 g Zartbitter-Schokolade
300 g Schlagsahne

DEKORATION
400 g Sahne, geschlagen
Schokoraspel (s. S. 263)

1 Für den Teig Mehl und Kakaopulver in eine Schüssel sieben und die Butter in Flöckchen zugeben. Mit den Fingern verreiben, bis die Mischung krümelig ist. Zucker und kaltes Wasser einarbeiten, bis ein weicher Teig entsteht.

2 Den Teig auf einer leicht bemehlten Arbeitsfläche ausrollen und eine Auflauf- oder Springform (26 cm Ø) damit auskleiden. Mit Backpapier abdecken und mit Backbohnen beschweren. Im vorgeheizten Backofen bei 190 °C 15 Minuten blindbacken. Bohnen und Papier entfernen und noch einmal 10 Minuten backen.

3 Für die Füllung Butter und Zucker zu einer hellen, schaumigen Masse schlagen, unter ständigem Rühren nach und nach die Eier und das Kakaopulver zugeben. Die Schokolade im Wasserbad schmelzen und mit der Sahne in die Mischung einrühren.

4 Füllung auf den Teig gießen und bei 170 °C 45 Minuten backen, bis sie fest ist.

4

5 Den Pie abkühlen lassen, dann auf eine Kuchenplatte heben und die geschlagene Sahne darauf verteilen. In den Kühlschrank stellen.

5

6 Den Mud Pie mit Schokoladenspänen dekorieren und kalt servieren.

6

Weiße Schokoschaumspeise

Für 6 Personen

125 g weiße Schokolade, in Stücke gebrochen
250 g Crème double
3 EL Crème fraîche
2 Eier, getrennt
3 EL Wasser
1 ½ TL Gelatinepulver
140 g Erdbeeren, in Scheiben
140 g Himbeeren
140 g schwarze Johannisbeeren
5 EL Zucker
125 ml Himbeerlikör
12 Johannisbeerblätter

1 Schokolade im Wasserbad unter Rühren schmelzen. Glatt rühren, vom Herd nehmen und beiseite stellen.

2 Die Crème double in einen Topf geben, bei schwacher Hitze bis knapp unter den Siedepunkt erwärmen. Vom Herd nehmen, mit der Crème fraîche unter die Schokolade rühren. Etwas abkühlen lassen. Zuerst das eine, dann das zweite Eigelb unterrühren.

3 Das Wasser in eine kleine ofenfeste Schüssel geben. Die Gelatine hineinstreuen. 2–3 Minuten stehen lassen, dann im Wasserbad bei schwacher Hitze auflösen. Unter die Schokoladenmasse heben und diese ruhen lassen, bis sie fast fest ist.

4 Innenseiten von 6 Becherförmchen, kleinen Auflaufförmchen, Tassen o. Ä. mit Öl einpinseln und die Böden mit Backpapier auslegen. Eiweiß halbsteif schlagen und unter die Schokoladenmasse heben. Schokoladenmasse in die Förmchen verteilen und glatt streichen. Mit Frischhaltefolie abdecken und im Kühlschrank 2 Stunden fest werden lassen.

5 Erdbeeren, Himbeeren und Johannisbeeren in eine Schüssel geben und mit dem Zucker bestreuen. Den Likör zugießen und vorsichtig unterrühren. Mit Frischhaltefolie abgedeckt 2 Stunden kühlen.

6 Die Schaumspeise vor dem Servieren mit einem Messer vorsichtig rundum von den Förmchen lösen und auf Portionsteller stürzen. Beerenmischung auf die Teller verteilen und mit Johannisbeerblättern dekorieren.

Schokosorbet

Für 6 Personen

280 g Zartbitter-Schokolade, grob gehackt

450 ml Wasser

200 g Zucker

Katzenzungen, zum Servieren

1 Die Schokolade in der Küchenmaschine sehr fein zermahlen.

2 Das Wasser in einen Topf gießen und den Zucker zugeben. Bei mittlerer Hitze den Zucker auflösen, dann aufkochen. 2 Minuten ohne Rühren kochen lassen und vom Herd nehmen.

3 Den heißen Zuckersirup bei laufender Küchenmaschine zur Schokolade gießen. Küchenmaschine ca. 2 Minuten weiterlaufen lassen, bis die Schokolade geschmolzen und eine glatte Masse entstanden ist. Die Schokolade von den Wänden des Behälters abstreifen. Schokoladenmasse durch ein Sieb in einen Gefrierbehälter gießen und abkühlen lassen.

4 Die abgekühlte Schokoladenmasse ca. 1 Stunde in den Gefrierschrank stellen, bis sie körnig und an den Rändern fest ist. Zurück in die Küchenmaschine geben und rühren, bis die Masse wieder glatt ist. Erneut in den Gefrierbehälter geben und mindestens 2 Stunden im Gefrierschrank fest werden lassen.

5 Das Sorbet ca. 10 Minuten vor dem Servieren aus dem Gefrierschrank nehmen und bei Zimmertemperatur kurz ruhen lassen, damit es etwas weicher wird. In Portionsschälchen mit ein paar Katzenzungen dekoriert servieren.

Schoko-Honig-Eis

Für 6 Personen

500 ml Milch
200 g Zartbitter-Schokolade, in Stücke gebrochen
4 Eier, getrennt
80 g Zucker
1 Prise Salz
2 EL klarer Honig
12 frische Erdbeeren, gewaschen und entstielt

2

3

4

1 Die Milch in einen Topf geben, 150 g Schokolade zugeben und bei mittlerer Hitze 3–5 Minuten rühren, bis die Schokolade geschmolzen ist. Vom Herd nehmen.

2 Das Eigelb in einer Schüssel mit dem Zucker (bis auf 1 EL) schaumig rühren. Die Schokoladenmischung portionsweise unterrühren. In einen sauberen Topf geben und bei schwacher Hitze unter ständigem Rühren erwärmen, bis die Masse glatt und dickflüssig ist. Vom Herd nehmen und vollständig abkühlen lassen. Mit Frischhaltefolie bedeckt 30 Minuten in den Kühlschrank stellen.

3 Eiweiß mit dem Salz halbsteif schlagen. Nach und nach den restlichen Zucker zugeben und weiter schlagen, bis ein steifer, glänzender Eischnee entsteht. Die Schokoladenmasse aus dem Kühlschrank nehmen. Zuerst den Honig unterrühren, dann den Eischnee mit einem Metalllöffel unterheben.

4 Die Masse in 6 gefrierschranktaugliche Förmchen füllen und mindestens 4 Stunden in den Gefrierschrank geben, bis sie vollständig gefroren ist. Inzwischen die restliche Schokolade im Wasserbad unter Rühren schmelzen, die Erdbeeren jeweils zur Hälfte hineintauchen und auf Backpapier legen, bis die Schokoglasur fest ist. Eiscreme 10 Minuten vor dem Servieren aus dem Gefrier- in den Kühlschrank stellen. Dann auf Portionsteller stürzen und mit den Erdbeeren dekorieren.

Marshmallow-Eiscreme

Für 4 Personen

90 g Zartbitter-Schokolade, in Stücke gebrochen

175 g weiße Marshmallows

150 ml Milch

300 g Crème double

1

1 Schokolade und Marshmallows mit der Milch in einem Topf bei sehr schwacher Hitze unter Rühren schmelzen. Vom Herd nehmen und vollständig abkühlen lassen.

1

2 Crème double halbsteif schlagen, dann mit einem Metalllöffel unter die kalte Schokoladenmasse heben. In eine Kastenform gießen und mindestens 2 Stunden im Gefrierschrank fest werden lassen (hält sich tiefgefroren bis zu 1 Monat). Mit frischem Obst servieren.

2

Schoko-Nuss-Parfaits

Für 6 Personen

180 g Haselnusskerne, geschält
180 g Zartbitter-Schokolade, in kleinen Stücken
600 g Crème double
3 Eier, getrennt
250 g Puderzucker
1 EL Kakaopulver, zum Bestäuben
6 frische Minzezweige, zum Dekorieren
Waffelgebäck, zum Servieren

1 Haselnüsse auf einem Backblech verteilen und bei mittlerer Hitze auf der obersten Backofenschiene ca. 5 Minuten rösten (dabei das Blech gelegentlich schütteln), bis sie rundum goldbraun sind. Abkühlen lassen.

2 Schokolade im Wasserbad unter Rühren schmelzen, vom Herd nehmen und abkühlen lassen. Geröstete Haselnüsse in der Küchenmaschine fein zermahlen.

3 Die Crème double steif schlagen, die Haselnüsse unterheben und beiseite stellen. Eigelb mit 3 Esslöffeln Zucker ca. 10 Minuten schaumig rühren.

4 Eiweiß in einer sauberen Schüssel halbsteif schlagen. Nach und nach den restlichen Zucker zugeben und zu einem steifen Eischnee schlagen. Die Schokolade unter die Eigelbmasse rühren, die Crème double und dann den Eischnee unterheben. Die Masse in 6 gefrierschranktaugliche Förmchen füllen, mit Frischhaltefolie abdecken und mindestens 8 Stunden, besser aber über Nacht einfrieren.

3

4

5 Die Parfaits ca. 10 Minuten vor dem Servieren in den Kühlschrank stellen, damit sie weicher werden. Auf Portionsteller stürzen, mit Kakaopulver bestäuben, mit Minzezweigen dekorieren und mit Waffelgebäck servieren.

Schoko-Reis-Dessert

Für 8 Personen

100 g weißer Langkornreis
1 Prise Salz
600 ml Milch
100 g Zucker
200 g Vollmilch- oder Zartbitter-Schokolade, gehackt
4 EL Butter, gewürfelt
5 Tropfen Vanillearoma
2 EL Weinbrand
180 g Schlagsahne, geschlagen
DEKORATION
Sahne, geschlagen
Schokoraspel (s. S. 263)

VARIATION

Um das Dessert zu stürzen, 1 Päckchen Gelatine in 50 ml Wasser einweichen, dann sanft erhitzen und auflösen. Die Gelatine vor dem Unterheben der Sahne einrühren. Die Masse in eine kalt ausgespülte Form füllen, erstarren lassen und stürzen.

1 Wasser zum Kochen bringen. Den Reis einstreuen und das Salz zugeben. Die Hitze reduzieren und 15–20 Minuten köcheln, bis der Reis gerade gar ist. Abgießen, abspülen und abtropfen lassen.

2 Milch und Zucker in einem großen Topf bei mittlerer Hitze unter Rühren erwärmen, bis sich der Zucker auflöst. Schokolade und Butter zugeben und unter Rühren gut vermengen.

3 Den Reis unterrühren und die Hitze reduzieren. Den Deckel auflegen und 30 Minuten köcheln, bis die Milch absorbiert und die Mischung eingedickt ist. Vanillearoma und Weinbrand einrühren. Vom Herd nehmen. Abkühlen lassen.

4 Die Sahne halbsteif schlagen. 1 gehäuften Esslöffel Sahne unter den Schokoladenreis heben, um ihn aufzulockern. Dann die restliche Sahne unterheben.

5 In Portionsgläser füllen, abdecken und 2 Stunden kalt stellen. Mit Schlagsahne und Schokoraspeln dekorieren. Gekühlt servieren.

Zuccotto

Für 8 Personen

600 g Crème double

2 EL Puderzucker

60 g Haselnüsse, leicht geröstet

225 g Kirschen, halbiert und entsteint

120 g Zartbitter-Schokolade, fein gehackt

2 runde Schokobiskuitkuchen von etwa 20 cm Ø

4 EL Weinbrand

4 EL Amaretto

DEKORATION

2 EL Puderzucker

2 EL Kakaopulver

1 Crème double in einer großen Schüssel steif schlagen. Zucker, Haselnüsse, Kirschen und Schokolade unterheben. Bis zur weiteren Verwendung mit Frischhaltefolie abgedeckt in den Kühlschrank stellen.

2 Biskuitkuchen horizontal zweimal durchschneiden. Aus zwei Kuchenscheiben passende Stücke schneiden, um damit eine 1,2-l-Puddingform komplett auszukleiden. Die verbleibende Kuchenscheibe beiseite legen. Weinbrand und Amaretto mischen und den Biskuitteig in der Puddingform damit gleichmäßig beträufeln.

3 Creme aus dem Kühlschrank nehmen und in die Puddingform füllen. Die Form mit der verbleibenden Kuchenplatte bedecken (falls nötig, passend schneiden). Mit Frischhaltefolie abgedeckt mindestens 2 Stunden oder bis zum Servieren in den Kühlschrank stellen.

4 Puderzucker und Kakaopulver in zwei Schüsseln sieben. Zuccotto aus dem Kühlschrank nehmen und mit einem Messer rundum vorsichtig von der Form lösen. Dann auf eine Servierplatte stürzen. Rundum abwechselnd mit Puderzucker und Kakaopulver bestäuben.

Zuccherini

1

4

Für 6 Personen

180 g Zartbitter-Schokolade, in Stücke gebrochen
10 Amaretti, zerbröselt

MOUSSE

60 g Zartbitter-Schokolade, in Stücke gebrochen
1 EL starker schwarzer Kaffee, kalt
2 Eier, getrennt
2 TL Orangenlikör

DEKORATION

150 g Crème double
2 EL Kakaopulver
6 Schoko-Kaffeebohnen

1 Zur Herstellung der Schokoförmchen die Schokolade im Wasserbad unter Rühren schmelzen, bis die Masse glatt, aber nicht zu dünnflüssig ist. Vom Herd nehmen. 12 Pralinenmanschetten aus Papier innen gleichmäßig mit geschmolzener Schokolade einpinseln. Pralinenmanschetten mindestens 8 Stunden oder über Nacht in den Kühlschrank stellen.

2 Mousse: Schokolade mit dem Kaffee im Wasserbad unter Rühren schmelzen. Vom Herd nehmen. Leicht abkühlen lassen, dann das Eigelb und den Likör unterrühren.

3 Eiweiß in einer separaten Schüssel zu steifem Eischnee schlagen. Dann mit einem Metalllöffel vorsichtig unter die Schokomousse heben. Abkühlen lassen.

4 Die Schokoförmchen aus dem Kühlschrank nehmen und vorsichtig aus den Papiermanschetten lösen. Die zerbröselten Amaretti gleichmäßig in die Schokoförmchen verteilen und mit der Schokomousse bedecken. Noch einmal mindestens 30 Minuten kühlen. Unmittelbar vor dem Servieren die Crème double steif schlagen und in einen Spritzbeutel mit Sterntülle geben. 1 Klecks Crème auf jedes Schokoförmchen spritzen. Die Hälfte der Zuccherini mit Kakao bestäuben, die übrigen mit den Schoko-Kaffeebohnen dekorieren.

Knusperteignester

Für 4 Personen

20 g Butter

6 Filo-Teigplatten, je etwa 30 cm x 15 cm groß

40 g Zartbitter-Schokolade, in Stücke gebrochen

120 g Ricotta

16 kernlose grüne Trauben, halbiert

24 kernlose blaue Trauben, halbiert

1 Butter in einem kleinen Topf bei schwacher Hitze zerlassen. Vom Herd nehmen. Backofen auf 190 °C vorheizen. Jede Teigplatte in 4 Stücke schneiden, sodass 24 Rechtecke von je etwa 15 cm x 7,5 cm entstehen. Alle aufeinander stapeln. 4 flache Torteletteförmchen mit zerlassener Butter einpinseln. 1 Förmchen mit 1 Teigrechteck auslegen, dieses mit zerlassener Butter bestreichen, 1 weiteres Teigrechteck leicht versetzt auf das erste legen. So fortfahren, bis jedes Förmchen mit 6 Teigrechtecken ausgelegt und jedes mit zerlassener Butter bestrichen ist. Die obersten Lagen der Teignester ebenfalls mit Butter bestreichen.

2 Im vorgeheizten Backofen ca. 7–8 Minuten knusprig goldbraun backen. Teignester aus dem Ofen nehmen und in den Förmchen abkühlen lassen.

3 Schokolade im Wasserbad unter Rühren schmelzen. Vom Herd nehmen und etwas abkühlen lassen. Die Innenseiten der Teignester mit etwa der Hälfte der geschmolzenen Schokolade bestreichen. Den Ricotta glatt rühren und die restliche Schokolade unterheben.

4 Die Schokoladen-Ricotta-Creme gleichmäßig auf die Teignester verteilen. Grüne und blaue Trauben abwechselnd rund um den Rand legen. Die Teignester vorsichtig aus den Förmchen heben und sofort servieren.

Schokoladen-Pernod-Creme

Für 4 Personen

- 55 g Zartbitter-Schokolade, in Stücke gebrochen
- 250 ml Milch
- 300 g Crème double
- 2 EL Zucker
- 1 EL Pfeilwurzmehl, in 2 EL Milch aufgelöst
- 3 EL Pernod
- Katzenzungen oder Waffelröllchen, zum Servieren

1 Schokolade im Wasserbad unter Rühren schmelzen. Vom Herd nehmen und etwas abkühlen lassen.

2 Milch und Crème double in einen Topf geben und unter gelegentlichem Rühren bis knapp unter den Siedepunkt erwärmen. Vom Herd nehmen und beiseite stellen.

3 Zucker mit der Pfeilwurzmischung unter die geschmolzene Schokolade rühren. Nach und nach die heiße Milchcreme und dann den Pernod unterrühren. Dann im Wasserbad bei schwacher Hitze unter ständigem Rühren 10 Minuten erwärmen, bis die Creme dickflüssig und glatt ist. Vom Herd nehmen und abkühlen lassen.

4 Die Schokoladen-Pernod-Creme in 4 Portionsgläser füllen, mit Frischhaltefolie abdecken und 2 Stunden in den Kühlschrank stellen. Dann mit Katzenzungen oder Waffelröllchen servieren.

2

3

3

Kleingebäck

Dieses Kapitel präsentiert eine faszinierende Auswahl verlockender Kleinigkeiten für große und kleine Schokoladenfans. Schokoplätzchen zum Kaffee, als kleiner Snack zwischendurch oder als passende Ergänzung zum Nachtisch, machen jeden Tag zu einem besonderen Tag. Kleingebäck ist in der Regel rasch und einfach zubereitet und kann nach Belieben mit mehr oder weniger aufwändigen Verzierungen versehen werden.

Hier finden Sie köstliche, beliebte Rezepte wie Rum-Schoko-Babas (s. S. 430) und Pain au chocolat (s. S. 434), Schachbrettkekse (s. S. 454) und Creme-Brownies (s. S. 432) neben jungen Kreationen wie Schoko-Kokos-Würfel (s. S. 442) und Malz-Schoko-Ecken (s. S. 452). Auch traditionelles Teegebäck wird durch Schokolade noch verführerischer – probieren Sie nur Schoko-Scones (s. S 439) oder Schoko-Hafer-Happen (s. S. 468).

Rum-Schoko-Babas

Für 4 Personen

100 g Mehl
25 g Kakaopulver
6 g Trockenhefe
1 Prise Salz
1 TL Zucker
40 g Zartbitter-Schokolade, gerieben
2 Eier
3 EL lauwarme Milch
50 g Butter, zerlassen

SIRUP
4 EL klarer Honig
2 EL Wasser
4 EL Rum

ZUM SERVIEREN
Sahne, geschlagen
Kakaopulver, zum Bestäuben
frische Früchte (nach Belieben)

1 Vier Mini-Savarin-Formen einfetten. Mehl und Kakaopulver in eine angewärmte Rührschüssel sieben, Hefe, Salz, Zucker und Schokolade zugeben. Die Eier verquirlen, Milch und Butter zugeben und gut verrühren.

2 Eine Vertiefung in die Mitte der trockenen Zutaten drücken, die Eimischung zugießen und gut verrühren. Etwa 10 Minuten weiterrühren, am besten mit einem Handrührer mit Knethaken. Den Teig auf die Backformen verteilen – sie sollten etwa halb gefüllt werden.

2

2

3 Die Backformen auf ein Backblech stellen und mit einem feuchten Küchentuch abdecken. An einem warmen Ort gehen lassen, dann im vorgeheizten Backofen bei 200 °C 15 Minuten backen.

3

4 Die Zutaten für den Sirup in einem Topf erhitzen. Die Babas auf ein Kuchengitter stürzen, das auf einem Backblech ruht. Den Sirup über die Küchlein träufeln und 2 Stunden ziehen lassen. Dabei von Zeit zu Zeit den heruntergetropften Sirup wieder über die Kuchen löffeln.

5 Zum Servieren die Babas mit Schlagsahne füllen und mit Kakaopulver bestäuben. Nach Belieben frisches Obst dazu reichen.

Creme-Brownies

Ergibt 16 Stück

200 g Frischkäse
2–3 Tropfen Vanillearoma
250 g Zucker
2 Eier
100 g Butter
3 EL Kakaopulver
100 g Mehl, gesiebt
1 TL Backpulver
50 g Pecannüsse, gehackt

GLASUR
50 g Butter
1 EL Milch
100 g Puderzucker
2 EL Kakaopulver

1 Eine quadratische 20-cm-Backform leicht mit Fett einpinseln und den Boden mit Backpapier auslegen.

2 Frischkäse, Vanillearoma und 25 g Zucker glatt rühren und beiseite stellen.

2

3 Die Eier mit dem restlichen Zucker 10 Minuten schaumig schlagen. Butter und Kakaopulver unter ständigem Rühren im Wasserbad erhitzen und die Mischung unter die Eimasse heben, dann Mehl, Backpulver und Nüsse zugeben und gut verrühren.

3

4 Die Hälfte des Teigs in die Backform geben und glatt streichen. Die Frischkäsemischung vorsichtig darauf verteilen, dann den restlichen Teig darüber geben. Im vorgeheizten Backofen bei 180 °C 40–45 Minuten backen. In der Form abkühlen lassen.

4

5 Für die Glasur Butter und Milch erhitzen und mit Puderzucker und Kakaopulver glatt rühren. Den Kuchen mit der Glasur überziehen und nach Belieben mit Pecannüssen dekorieren. Zum Servieren in 16 kleine Quadrate schneiden.

VARIATION

Sie können den Frischkäse auch weglassen und statt der Pecannüsse Walnüsse verwenden.

Pain au chocolat

Ergibt 12 Stück

450 g Mehl
½ TL Salz
6 g Trockenhefe
30 g festes Pflanzenfett
1 Ei, leicht verquirlt
225 ml lauwarmes Wasser
180 g weiche Butter
1 Ei, verquirlt, zum Einpinseln
100 g Zartbitter-Schokolade, in 12 Stücke gebrochen
Puderzucker, zum Bestäuben

1 Ein Backblech leicht einfetten. Mehl und Salz in eine Schüssel sieben und die Hefe einrühren. Das Fett einarbeiten. Das Ei und etwas Wasser zugeben. Zu einem glatten und elastischen Teig kneten.

2 Den Teig zu einem 38 cm x 20 cm großen Rechteck ausrollen. Die Butter dritteln. 1 Drittel in kleinen Flöckchen über 2 Drittel des Teiges verteilen.

3 Den Teig von der Schmalseite aus zusammenfalten – dabei zuerst den butterfreien Teil zur Mitte hin klappen, dann das andere Ende darüber legen. Die Kanten mit dem Nudelholz zusammendrücken. Die Teigtaschen um 90° drehen, sodass sie mit der Schmalseite wieder zu Ihnen zeigen. Erneut ausrollen und zusammenfalten, dann in Klarsichtfolie wickeln und 30 Minuten kalt stellen.

4 Arbeitsschritte 2 und 3 wiederholen, bis die Butter aufgebraucht ist. Den Teig zwischendurch immer wieder kalt stellen. Noch zweimal ausrollen und zusammenfalten und 30 Minuten kalt stellen.

5 Den Teig zu einem Rechteck ausrollen und dieses halbieren. Jede Hälfte in 6 Rechtecke schneiden und mit Ei einpinseln. 1 Schokoladenstück auf 1 Ende jedes Teigstücks legen und dieses zu einer Rolle formen. Die Enden gut zusammendrücken und auf das Backblech legen. Zugedeckt an einem warmen Ort 40 Minuten gehen lassen. Mit Ei einpinseln und im vorgeheizten Backofen bei 220 °C 20–25 Minuten backen. Abkühlen lassen, mit Puderzucker bestäuben und servieren.

1

2

3

Schoko-Sahne-Taschen

Für 6 Personen

2 Eier

50 g Zucker

50 g Mehl

1½ EL Kakaopulver

4 EL Aprikosenmarmelade

150 g Sahne, geschlagen

Puderzucker, zum Bestäuben

1 Zwei Backbleche mit Backpapier auslegen. Eier und Zucker schaumig schlagen, bis die Masse steife Spitzen bildet.

2 Mehl und Kakaopulver sieben und mit einem Metalllöffel vorsichtig unter die Ei-Zucker-Masse heben.

3 Den Teig esslöffelweise auf die Backbleche geben und jeweils zu ovalen Küchlein formen. Abstand halten, da sie beim Backen aufgehen.

4 Im vorgeheizten Backofen bei 220 °C 6–8 Minuten backen, bis die Küchlein beim Andrücken leicht nachgeben. Auf den Backblechen abkühlen lassen.

5 Die kleinen Kuchen vorsichtig vom Backpapier abziehen. Die flachen Seiten jeweils mit Marmelade bestreichen. Die Sahne in einen Spritzbeutel mit Sterntülle füllen und jeweils in die Mitte der Küchlein spritzen.

6 Die Küchlein in der Mitte einschlagen und vorsichtig auf eine Kuchenplatte heben. Mit Puderzucker bestäuben und servieren.

3

5

5

Schoko-Ecken

Ergibt 16 Stück

- 280 g Zartbitter-Schokolade
- 180 g Butter
- 4 EL heller Sirup
- 2 EL Rum (nach Belieben)
- 180 g Butterkekse
- 30 g Puffreis
- 50 g gehackte Nüsse (z. B. Walnüsse oder Pecannüsse)
- 100 g Belegkirschen, grob gehackt
- 30 g weiße Schokolade, zum Dekorieren

1 Schokolade, Butter, Sirup und eventuell Rum unter ständigem Rühren im Wasserbad erhitzen, bis sich die Zutaten gut verbunden haben.

2 Kekse in kleine Stücke brechen, mit Puffreis, Nüssen und Kirschen unter die Schokomasse rühren.

3 Eine quadratische Backform von 20 cm Seitenlänge mit Backpapier auslegen. Die Mischung hineingeben, glatt streichen und gut andrücken. 2 Stunden kalt stellen.

4 Weiße Schokolade schmelzen und über Kreuz über den Kuchen träufeln. Zum Servieren aus der Form heben und mit einem scharfen Messer in mundgerechte Ecken schneiden.

VARIATION

Verwenden Sie statt Rum einmal Orangenlikör oder Cognac. Auch Kirschwasser passt sehr gut zu diesem Rezept.

Schmetterling-Muffins

Ergibt 12 Stück

125 g weiche Margarine
125 g Zucker
150 g Mehl
1½ TL Backpulver
2 große Eier
2 EL Kakaopulver
30 g Zartbitter-Schokolade, geschmolzen

ZITRONEN-BUTTERCREME
100 g weiche Butter
225 g Puderzucker, gesiebt
geriebene Schale von ½ Zitrone
1 EL Zitronensaft
Puderzucker, zum Bestäuben

1 Die Vertiefungen einer Muffin-Form mit Papierkapseln auslegen. Alle Zutaten bis auf die geschmolzene Schokolade in einer großen Schüssel mit dem Handrührgerät zu einem weichen Teig verarbeiten. Die Schokolade sorgfältig unterrühren.

2 Die Papierkapseln mit dem Teig zu 2 Dritteln füllen. Im vorgeheizten Backofen bei 180 °C 15 Minuten backen, bis die Muffins auf Druck leicht nachgeben. Auf einem Kuchengitter abkühlen lassen.

3 Für die Zitronen-Buttercreme die Butter schaumig aufschlagen. Nach und nach den Puderzucker unterrühren. Zitronenschale und -saft zufügen und gut verrühren.

4 Von den kalten Muffins einen Deckel abschneiden und diesen längs halbieren.

5 Die Buttercreme auf den Muffins verteilen und die beiden Deckelhälften darauf wie Flügel anordnen. Mit Puderzucker bestäuben.

1

4

Schoko-Scones

Für 4 Personen

225 g Mehl
2 TL Backpulver
60 g Butter
1 EL Zucker
50 g Schokokostückchen
150 ml Milch

TIPP

Am besten schmecken die Scones ofenfrisch. Schneiden Sie sie auf und bestreichen Sie sie mit etwas Nuss-Nougat-Creme oder einem Klecks Schlagsahne.

1 Ein Backblech leicht einfetten. Mehl und Backpulver in eine Schüssel sieben und die Butter in Flöckchen zugeben. Mit den Fingern zu einem krümeligen Teig verreiben.

2 Zucker und Schokostückchen hinzugeben.

3 Mit Milch zu einem weichen Teig verrühren.

4 Den Teig auf einer leicht bemehlten Arbeitsfläche zu einem 12 cm x 12 cm großen, ca. 2,5 cm dicken Rechteck ausrollen und dieses in 9 Quadrate schneiden.

5 Die Scones mit genügend Abstand auf das Backblech legen.

6 Die Scones mit etwas Milch einpinseln und im vorgeheizten Backofen bei 220 °C 10–12 Minuten backen, bis sie aufgegangen und goldbraun sind.

1

2

4

Schoko-Kokos-Würfel

Ergibt 9 Stück

225 g Vollkorn-Schokoladenkekse
75 g Butter oder Margarine
170 ml Kondensmilch
1 Ei, verquirlt
5 Tropfen Vanillearoma
25 g Zucker
50 g Mehl, gesiebt
½ TL Backpulver
125 g Kokosraspel
50 g Zartbitter-Schokolade (nach Belieben)

1 Eine quadratische Backform von 20 cm Seitenlänge leicht einfetten

und den Boden mit Backpapier auslegen.

2 Die Kekse in einem Gefrierbeutel mit einem Nudelholz oder in einer Küchenmaschine zerkleinern.

3 Butter oder Margarine zerlassen, die Kekskrümel gut unterrühren.

4 Die Mischung in die Backform füllen und fest andrücken.

5 Milch, Ei, Vanillearoma und Zucker zu einer glatten Masse verrühren. Mehl, Backpulver und Kokosraspel unterrühren. Über die Keksmischung geben und glatt streichen.

6 Im vorgeheizten Backofen bei 190 °C 30 Minuten backen, bis der Kokosbelag fest und goldbraun ist.

7 Fünf Minuten ruhen lassen, in Quadrate schneiden und abkühlen.

8 Die Kokoswürfel vorsichtig aus der Form nehmen und auf einer Kuchenplatte anrichten. Zartbitter-Schokolade (falls verwendet) schmelzen und über die Würfel sprenkeln. Vor dem Servieren fest werden lassen.

TIPP

Luftdicht verschlossen halten sich die Würfel bis zu 4 Tage. Sie können bis zu 2 Monate tiefgefroren werden. Bei Zimmertemperatur auftauen lassen.

Schoko-Eclairs

Ergibt 10 Stück

BRANDTEIG
150 ml Wasser
60 g Butter, in kleinen Stücken
90 g Mehl, gesiebt
2 Eier

CRÈME PÂTISSIÈRE
2 Eier, leicht verquirlt
50 g Zucker
2 EL Speisestärke
300 ml Milch
2 Tropfen Vanillearoma

GLASUR
25 g Butter
1 EL Milch
1 EL Kakaopulver
100 g Puderzucker
etwas weiße Schokolade, geschmolzen (nach Belieben)

1 Ein Backblech leicht einfetten. Wasser und Butter in einem Topf erhitzen. Wenn das Wasser sprudelnd kocht, vom Herd nehmen, das Mehl zugeben und mit dem Schneebesen kräftig schlagen, bis ein weicher Teig entsteht. Etwas abkühlen lassen, dann die Eier einrühren. In einen Spritzbeutel füllen.

2 Das Backblech mit Wasser besprenkeln. 7,5 cm lange Eclairs darauf spritzen, zwischen ihnen ausreichend Abstand lassen, da sie aufgehen. Im vorgeheizten Backofen bei 200 °C 30–35 Minuten backen. Die Eclairs seitlich aufschlitzen, damit der Dampf entweichen kann. Anschließend zum Abkühlen auf ein Kuchengitter setzen.

3 Für die Crème Pâtissière Eier und Zucker 10 Minuten aufschlagen, dann die Speisestärke unterheben. Die Milch fast aufkochen, dann unter Rühren zur Eimischung gießen. Die Mischung wieder in den Topf gießen und bei schwacher Hitze zu einer dicken Creme verrühren. Vom Herd nehmen und das Vanillearoma zugeben, mit Backpapier abdecken und abkühlen lassen.

4 Butter und Milch in einem Topf erhitzen, dann vom Herd nehmen und Kakaopulver und Puderzucker zugeben. Die Eclairs längs durchschneiden und mit der Crème Pâtissière füllen, anschließend die Glasur auftragen. Nach Belieben etwas flüssige weiße Schokolade auf die Glasur träufeln.

2

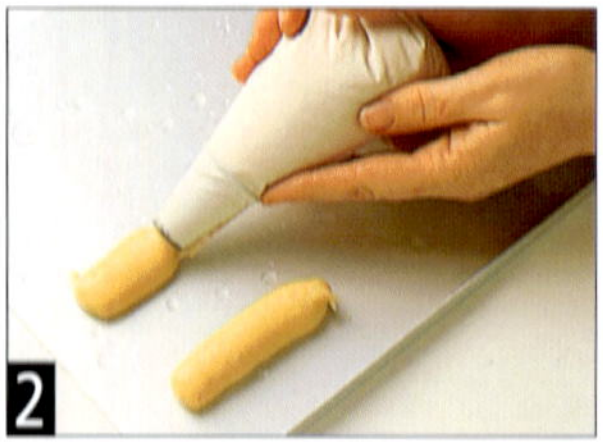
2

3

Schoko-Muffins

Ergibt 12 Stück

- 100 g weiche Margarine
- 225 g Zucker
- 2 große Eier
- 150 g Naturjoghurt
- 5 EL Milch
- 275 g Mehl
- 4 TL Backpulver
- 175 g Zartbitter-Schokolade, geraspelt

VARIATION

Mit diesem Teig können Sie auch 6 große oder 24 Mini-Muffins backen. Die Backzeit für die kleinen Muffins liegt bei 10 Minuten.

1 Die Vertiefungen einer Muffin-Form mit Papierkapseln auslegen.

2 Margarine und Zucker zu einer hellen, lockeren Masse verquirlen. Nach und nach Eier, Joghurt und Milch einrühren.

3 Mehl und Backpulver in die Mischung sieben und zu einem glatten Teig verrühren.

2

3

4

4 Schokoladenraspel unterrühren und den Teig auf die Förmchen verteilen. Im vorgeheizten Backofen bei 190 °C 25 Minuten backen.

5 Einige Minuten ruhen lassen, aus der Form nehmen und auf einem Kuchengitter abkühlen lassen.

Schokobiscotti

Ergibt 16 Stück

1 Ei

100 g Zucker

5 Tropfen Vanillearoma

125 g Mehl

½ TL Backpulver

1 TL Zimt

50 g Zartbitter-Schokolade, grob gehackt

50 g Mandelblätter, geröstet

50 g Pinienkerne

1 Ein großes Backblech leicht einfetten.

2 Eier, Zucker und Vanillearoma schaumig schlagen – der Teig sollte in Fäden herabtropfen.

3 Mehl, Backpulver und Zimt in eine zweite Schüssel geben, dann in die Eiermischung geben und vorsichtig unterrühren. Zuletzt Schokolade, Mandeln und Pinienkerne einrühren.

4 Den Teig auf einer leicht bemehlten Arbeitsfläche zu einer flachen, etwa 24 cm langen und 2 cm breiten Rolle formen. Diese auf das vorbereitete Backblech legen.

5 Bei 180 °C im vorgeheizten Backofen 20–25 Minuten goldbraun backen. Herausnehmen und etwa 5 Minuten abkühlen lassen.

6 Die Rolle auf ein Schneidebrett legen und mit einem Brotmesser schräg in etwa 1 cm dicke Scheiben schneiden. Diese erneut auf das Backblech legen und weitere 10–15 Minuten backen; nach der Hälfte der Zeit wenden.

7 Die fertigen Biscotti auf dem Blech 5 Minuten abkühlen lassen, dann auf ein Rost legen und vollständig auskühlen lassen.

3

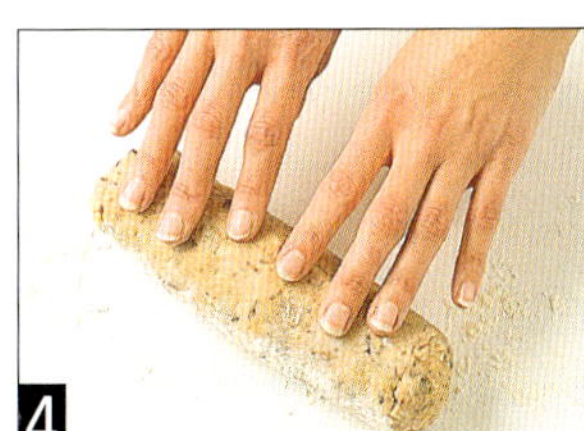

4

Schoko-Torteletts

Ergibt 6 Stück

50 g Haselnüsse, geröstet
150 g Mehl
1 EL Puderzucker
75 g weiche Margarine
FÜLLUNG
2 EL Speisestärke
1 EL Kakaopulver
1 EL Zucker
300 ml fettarme Milch
3 EL Nuss-Nougat-Creme
25 g Zartbitter-Schokolade, geraspelt
25 g Vollmilch-Schokolade, geraspelt
25 g weiße Schokolade, geraspelt

1 Die Nüsse in einer Küchenmaschine fein hacken. Mehl, Puderzucker und Margarine zugeben. Zu einer krümeligen Mischung verarbeiten. Mit 2–3 Esslöffeln Wasser zu einem glatten Teig kneten. Abdecken und 10 Minuten ins Tiefkühlfach stellen.

2 Den Teig flach ausrollen und 6 Tortelett-Förmchen damit auslegen. Den Teig mit einer Gabel einstechen und mit leicht geknüllter Alufolie abdecken. Im vorgeheizten Backofen bei 200 °C 15 Minuten backen. Die Folie abnehmen und weitere 5 Minuten knusprig und goldbraun backen. Abkühlen lassen.

3 Speisestärke, Kakaopulver und Zucker mit etwas Milch zu einer glatten Paste verrühren. Die restliche Milch einrühren. In einem Topf bei schwacher Hitze unter ständigem Rühren eindicken lassen. Die Nuss-Nougat-Creme sorgfältig unterrühren.

4 Die Schokoladenraspel mischen und 1 Viertel beiseite stellen. Die Hälfte der Schokoladenraspel unter die Creme rühren. Mit Backpapier abdecken und etwas abkühlen lassen, dann die zweite Hälfte der Raspel zugeben. Die Creme auf die Torteletts verteilen und abkühlen lassen. Mit den zurückbehaltenen Raspeln dekorieren und servieren.

2

1

3

Schoko-Orangen-Kekse

Ergibt 30 Stück

75 g weiche Butter
75 g Zucker
1 Ei
1 EL Milch
225 g Mehl
25 g Kakaopulver
GLASUR
175 g Puderzucker, gesiebt
3 EL Orangensaft
Zartbitter-Schokolade, geschmolzen

1 Zwei Backbleche mit Backpapier auslegen.

2 Butter und Zucker schaumig schlagen. Ei und Milch zufügen und gut verrühren. Mehl und Kakaopulver gesiebt mischen und nach und nach unterrühren. Mit den Händen zu einem glatten Teig verarbeiten.

3 Den Teig etwa 6 mm dick ausrollen. Mit einer großen runden Plätzchenform so viele Kekse wie möglich ausstechen. Die Reste verkneten, erneut ausrollen und noch weitere Kekse ausstechen.

4 Die Kekse auf die Backbleche verteilen und im vorgeheizten Backofen bei 180 °C 10–12 Minuten goldbraun backen.

5 Auf dem Blech einige Minuten ruhen lassen, dann auf einem Kuchengitter abkühlen lassen.

6 Puderzucker und Orangensaft in einer Schüssel zu einer dickflüssigen Creme verrühren. Auf die Kekse streichen und fest werden lassen. Mit geschmolzener Schokolade besprenkeln. Vor dem Servieren fest werden lassen.

Schoko-Karamell-Würfel

Ergibt 16 Stück

100 g weiche Margarine
50 g brauner Zucker
125 g Mehl
40 g Haferflocken

KARAMELLFÜLLUNG
25 g Butter
25 g brauner Zucker
200 ml Kondensmilch

BELAG
100 g Zartbitter-Schokolade
25 g weiße Schokolade

1 Eine quadratische 20-cm-Backform mit Backpapier auslegen. Margarine und Zucker schaumig schlagen, dann Mehl und Haferflocken einrühren. Den Teig, wenn nötig, zusätzlich mit den Händen kneten.

2 Den Teig in die Backform geben und mit den Händen glatt streichen.

3 Im vorgeheizten Backofen bei 180 °C 25 Minuten goldgelb backen. In der Form abkühlen lassen.

4 Für die Karamellfüllung die Zutaten unter ständigem Rühren in einem Topf erhitzen, bis eine glatte Masse entsteht. Bei schwacher Hitze langsam aufkochen und unter Rühren 3–4 Minuten köcheln, bis die Masse eingedickt ist.

5 Den Karamell auf den Biskuitboden gießen und fest werden lassen.

6 Die Zartbitter-Schokolade schmelzen und auf den Karamell gießen. Nach Belieben geschmolzene weiße Schokolade darüber träufeln und darin mit einem Holzspieß dekorative Linien ziehen. Fest werden lassen und zum Servieren in Würfel schneiden.

TIPP

Wenn Sie die Backform mit Backpapier auslegen, können Sie den Keksboden vor dem Zerschneiden im Ganzen herausheben.

Schachbrettkekse

Ergibt 18 Stück

180 g weiche Butter
80 g Puderzucker
5 Tropfen Vanillearoma oder geriebene Schale von ½ Orange
250 g Mehl
30 g Zartbitter-Schokolade
etwas Eiweiß, verquirlt

1 Ein Backblech leicht mit Fett einpinseln. Butter und Puderzucker schaumig schlagen. Vanillearoma oder Orangenschale unterrühren.

2 Nach und nach das Mehl zufügen und unterrühren. Mit den Händen zu einem glatten Teig verarbeiten.

3 Die Schokolade schmelzen, den Teig halbieren und die Schokolade in eine Hälfte des Teigs einarbeiten. Beide Teighälften abdecken und 30 Minuten kalt stellen.

4 Beide Teighälften jeweils 3 cm dick ausrollen und rechteckige Scheiben (8 cm x 20 cm) formen. Das eine Teigstück mit Eiweiß bepinseln und das andere darauf legen.

4

5 Den Teigblock längs halbieren und die eine Hälfte umdrehen. Die Seite einer Hälfte mit Eiweiß bestreichen und den Block zu einem Schachbrettmuster zusammensetzen.

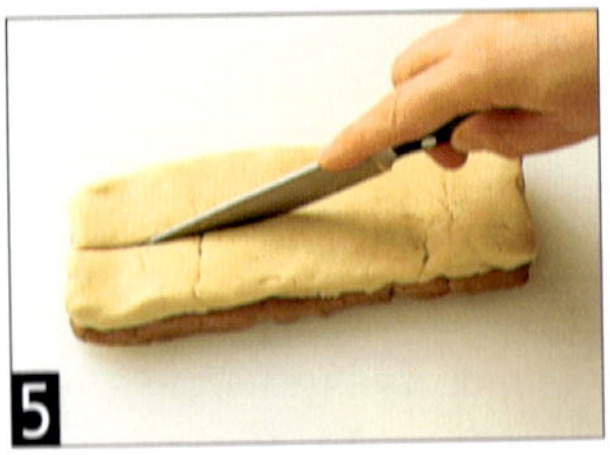
5

6 Den Block in dünne Scheiben schneiden und diese mit ausreichend Abstand zueinander auf das Backblech setzen.

6

7 Im vorgeheizten Backofen bei 180 °C 10 Minuten backen, bis die Kekse fest sind. Einige Minuten auf dem Backblech ruhen lassen, dann vorsichtig auf ein Kuchengitter heben. Abkühlen lassen.

Schoko-Baisers

Ergibt 8 Stück

4 Eiweiß

225 g Zucker

1 TL Speisestärke

40 g Zartbitter-Schokolade, gerieben

FÜLLUNG

100 g Zartbitter-Schokolade

150 g Schlagsahne

1 EL Puderzucker

1 EL Weinbrand (nach Belieben)

1 Zwei Backbleche mit Backpapier auslegen. Das Eiweiß steif schlagen und nach und nach die Hälfte des Zuckers unterrühren. Zu einem steifen glänzenden Schnee schlagen.

2 Vorsichtig den restlichen Zucker, Speisestärke und Schokolade unterheben.

3 In einen Spritzbeutel mit großer Sterntülle füllen. 16 große Rosetten auf die Backbleche spritzen.

4 Im vorgeheizten Backofen bei 140 °C 1 Stunde backen, dabei nach der halben Backzeit die Position der Backbleche tauschen. Den Ofen ausschalten und die Baisers im geschlossenen Ofen abkühlen lassen. Das Backpapier vorsichtig abziehen.

5 Für die Füllung die Zartbitter-Schokolade schmelzen und auf den Boden der Baisers streichen. Kopfüber auf einem Kuchengitter fest werden lassen. Sahne, Puderzucker und eventuell Weinbrand verrühren und steif schlagen. In einen Spritzbeutel füllen und jeweils 2 Baisers mit der Sahne verbinden. Servieren.

1

2

3

VARIATION

Für Mini-Baisers 24 kleine Rosetten auf das Backblech spritzen. 40 Minuten backen, bis sie leicht gebräunt und knusprig sind.

Mexikanische Schoko-Baisers

Ergibt 25 Stück

4–5 Eiweiß, zimmerwarm
1 Prise Salz
1/4 TL Weinstein
2–3 Tropfen Vanillearoma
175–200 g Zucker
1/8–1/4 TL Zimt
120 g Zartbitter-Schokolade, gerieben

ZUM SERVIEREN
Zimt
125 g Erdbeeren, gezuckert
Schoko-Sahne (siehe Tipp)

1 Das Eiweiß schaumig schlagen. Salz und Weinstein zugeben und die Masse so lange weiterschlagen, bis ein fester Eischnee entsteht. Nach und nach das Vanillearoma und den Zucker zugeben. Beim Verrühren per Hand sollte dies etwa 3 Minuten, mit einem Handrührgerät weniger als 1 Minute dauern.

2 Zimt und Schokolade unter die Baisermasse rühren. Jeweils etwa 2 Esslöffel große Eischneehäufchen mit Abstand auf ein mit Backpapier ausgelegtes Backblech setzen.

3 Die Baisers bei 150 °C im vorgeheizten Backofen etwa 2 Stunden backen, bis sie fest sind.

4 Vorsichtig vom Backpapier lösen. Sollten die Baisers noch weich sein, so lange weiterbacken, bis sie vollkommen trocken sind. Danach vollständig auskühlen lassen.

TIPP

Für die Schoko-Sahne halb geschmolzene Schokoladenstücke unter geschlagene Sahne heben. Kühlen und fest werden lassen.

5 Das fertige Gebäck mit Zimt bestreuen und zusammen mit den gezuckerten Erdbeeren und der Schoko-Sahne servieren.

Wiener Schokofinger

Ergibt 18 Stück

125 g Butter
75 g Puderzucker
175 g Mehl, gesiebt, 2 TL Backpulver
25 g Speisestärke
200 g Zartbitter-Schokolade

1 Zwei Backbleche leicht mit Fett einpinseln. Butter und Zucker schaumig aufschlagen. Nach und nach Mehl, Backpulver und Speisestärke unterrühren.

2 Ein Drittel der Schokolade schmelzen und unter den Teig rühren.

3 Den Teig in einen Spritzbeutel mit großer Sterntülle füllen und damit etwa 5 cm lange „Finger" auf die Backbleche setzen, dabei ausreichend Abstand halten.

4 Die Schokofinger im vorgeheizten Backofen bei 190 °C 12–15 Minuten backen.

TIPP

Ist der Teig zu dick zum Spritzen, so viel Milch zugeben, bis das Spritzen gelingt.

1

3

6

5 Auf den Backblechen leicht abkühlen lassen, dann auf ein Kuchengitter heben und vollständig auskühlen lassen.

6 Die restliche Schokolade schmelzen und die Kekse darin ein Stück eintauchen. Die überschüssige Schokolade gut abtropfen lassen.

7 Die Kekse auf Backpapier legen und vor dem Servieren fest werden lassen.

Schoko-Haselnuss-Brezeln

Ergibt 26 Stück

375 g fertiger Blätterteig

8 EL Nuss-Nougat-Creme

50 g Haselnüsse, geröstet und gehackt

20 g Zucker

1 Ein Backblech mit Backpapier auslegen. Den Blätterteig auf einer leicht bemehlten Arbeitsfläche zu einem Rechteck (37 cm x 23 cm) ausrollen.

2 Die Nuss-Nougat-Creme über den Teig streichen und mit den Haselnüssen bestreuen.

3 Den Teig von einer langen Seite her bis zur Mitte aufrollen, mit der anderen Seite ebenso verfahren. Die Rollen zur Mitte hin mit etwas Wasser befeuchten, um sie zu verbinden. Mit einem scharfen Messer in dünne Scheiben schneiden. Die Scheiben auf das Backblech geben und mit einem Messer leicht flach drücken. Großzügig mit Zucker bestreuen.

VARIATION

Noch schokoladiger wird es, wenn Sie die Brezeln jeweils zur Hälfte in geschmolzene Schokolade tauchen. Abtropfen und auf einem Stück Backpapier fest werden lassen.

4 Im vorgeheizten Backofen bei 220 °C 10–15 Minuten goldbraun backen. Auf einem Kuchengitter abkühlen lassen.

Reistörtchen

Für 6 Personen

1 fertiger Mürbeteig (Tiefkühlware)

1 l Milch

1 Prise Salz

100 g Arborio- oder weißer Langkornreis

1 Vanilleschote, aufgeschlitzt und ausgekratzt (Mark aufbewahren)

1 EL Speisestärke

2 EL Zucker

Kakaopulver, zum Bestäuben

geschmolzene Schokolade, zum Dekorieren

SCHOKO-GANACHE

200 g Crème double

1 EL heller Sirup

180 g Vollmilch- oder Zartbitter-Schokolade, gehackt

1 EL Butter

1 Den Mürbeteig auftauen. Auf 6 Tortelett-Förmchen (10 cm Ø) verteilen, mit Backbohnen füllen und bei 200 °C im Backofen etwa 20 Minuten blindbacken. Die Bohnen entfernen, die Törtchen auf einem Kuchengitter abkühlen lassen.

2 Für die Schoko-Ganache Crème double und Sirup aufkochen. Vom Herd nehmen und die gehackte Schokolade gut unterrühren. Die Butter einrühren. Auf jedes Törtchen etwas Ganache geben. Beiseite stellen.

3 Milch und Salz in einem Topf aufkochen. Den Reis einrieseln lassen und wieder zum Kochen bringen. Vanilleschote und -mark zugeben. Bei reduzierter Hitze gar köcheln.

4 Speisestärke und Zucker in einer kleinen Schüssel mischen, 2 Esslöffel Wasser zugeben und glatt rühren. Einige Löffel Reismasse einrühren, dann diese Mischung zum Reis geben, verrühren und zum Kochen bringen. 1 Minute kochen, bis die Masse eindickt. Den Topf in Eiswasser stellen und rühren, bis die Creme kalt ist.

5 Die Törtchen bis zum Rand mit der Masse füllen. Bei Zimmertemperatur erstarren lassen. Mit Kakaopulver bestäuben und mit geschmolzener Schokolade verzieren.

2

2

5

Schoko-Brownies

Ergibt 12 Stück

60 g ungesüßte Datteln, entsteint und gehackt
60 g Backpflaumen, gehackt
6 EL ungesüßter Apfelsaft
4 Eier, verquirlt
300 g brauner Zucker
5 Tropfen Vanillearoma
4 EL fettarmes Instant-Kakaopulver
2 EL Kakaopulver
175 g Mehl
60 g dunkle Schokoladenstückchen

GLASUR
120 g Puderzucker
1–2 TL Wasser
5 Tropfen Vanillearoma

TIPP

Bereiten Sie die doppelte Menge zu, schneiden Sie einen der Kuchen in Streifen, die Sie in Gefrierbeuteln einfrieren. So können Sie nach Bedarf so viele Schnitten auftauen, wie Sie benötigen.

1 Den Backofen auf 180 °C vorheizen. Eine Backform (18 cm x 28 cm) einfetten und mit Backpapier auslegen. Datteln und Pflaumen in einen kleinen Topf geben, den Apfelsaft zugießen, aufkochen und mit geschlossenem Deckel bei geringer Hitze 10 Minuten weich kochen. Pürieren und abkühlen lassen.

2 Das Püree in eine Schüssel geben. Eier, Zucker und Vanillearoma einrühren. Instant-Kakaopulver, Kakao und Mehl sieben, mit den Schokoladenstückchen und den Früchten zu einem glatten Teig verrühren.

3 Den Teig in die Form geben und glatt streichen. 25–30 Minuten backen, bis er fest ist (Stäbchenprobe). Den Teig in 12 Stücke schneiden und in der Form 10 Minuten abkühlen lassen. Auf einem Kuchengitter auskühlen lassen.

4 Für die Glasur den Puderzucker mit Vanillearoma und Wasser zu einer dickflüssigen Masse verrühren.

5 Die Glasur über den Kuchen träufeln und fest werden lassen. Mit etwas Kakaopulver bestäuben und servieren.

2

3

2

Cannoli

Ergibt 20 Stück

3 EL Zitronensaft
3 EL Wasser
1 großes Ei
250 g Mehl
1 EL Zucker
1 TL Lebkuchen-Gewürzmischung
1 Prise Salz
30 g weiche Butter
Sonnenblumenöl, zum Frittieren
1 kleines Eiweiß, leicht verquirlt
Puderzucker

FÜLLUNG
750 g Ricotta, abgetropft
4 EL Puderzucker
5 Tropfen Vanillearoma
geriebene Schale von 1 großen Orange
4 EL fein gehackte kandierte Früchte
50 g Schokolade, gerieben
1 Prise Zimt
2 EL Marsala oder Orangensaft

1 Zitronensaft, Wasser und Ei verrühren. Mehl, Zucker, Gewürz und Salz in einer Küchenmaschine (höchste Stufe) verrühren. Butter zufügen und die Eiermischung zugießen, bis ein glatter Teig entsteht.

2 Den Teig auf einer bemehlten Arbeitsfläche kneten. In ein Tuch wickeln und 1 Stunde kalt stellen.

3 Inzwischen für die Füllung den Ricotta in einer Schüssel zu einer weichen Masse verrühren. Den Puderzucker hineinsieben und die restlichen Zutaten unterrühren. Abdecken und kalt stellen.

4 Den Teig auf einer bemehlten Arbeitsfläche 2 mm dick ausrollen und 9 cm x 7,5 cm große Stücke ausstechen. Die Teigreste erneut ausrollen und weitere Stücke ausstechen.

5 Eine Pfanne 5 cm hoch mit Öl füllen und auf 190 °C erhitzen. Die Teigstücke auf eingefettete Cannoli-Formen rollen, sodass sich die Enden überlappen. Mit Eiweiß einpinseln und festdrücken. Jeweils 2 oder 3 Cannoli goldbraun backen.

6 Cannoli mit einem Schaumlöffel aus dem Öl heben und auf Küchenpapier abtropfen lassen.

Abkühlen lassen und vorsichtig von den Formen lösen. Den gesamten Teig auf diese Weise verarbeiten.

7 Die Cannoli sind in einem luftdichten Behälter ungefüllt bis zu 2 Tage haltbar. Die Füllung erst 30 Minuten vor dem Servieren einspritzen, da der Teig sonst weich wird. Mit Puderzucker bestäuben und servieren.

Schoko-Kokos-Cookies

Ergibt 24 Stück

125 g weiche Margarine

5 Tropfen Vanillearoma

90 g Puderzucker, gesiebt

125 g Mehl

2 EL Kakaopulver

50 g Kokosraspel

30 g Butter

100 g weiße Marshmallows

25 g Kokosraspel

Zartbitter-Schokolade, geschmolzen

1 Ein Backblech leicht einfetten. Margarine, Vanillearoma und Puderzucker in einer Schüssel schaumig schlagen. Mehl und Kakaopulver hineinsieben und mit den Kokosraspeln zu einer glatten Masse verrühren.

2 Jeweils 1 Teelöffel Teig zu 1 Kugel formen und mit genügend Abstand auf das Backblech setzen.

3 Die Kugeln leicht flach drücken und im vorgeheizten Backofen bei 180 °C 12–15 Minuten backen, bis sie fest sind.

4 Auf dem Backblech einige Minuten abkühlen lassen, dann auf ein Kuchengitter heben und vollständig auskühlen lassen.

5 Butter und Marshmallows in einem kleinen Topf vorsichtig erhitzen und gut verrühren. Jeweils ein wenig von der Creme auf die Plätzchen geben und mit Kokosraspeln bestreuen. Fest werden lassen. Die Plätzchen mit etwas geschmolzener Schokolade dekorieren und fest werden lassen.

2

3

5

Holländische Makronen

Ergibt 20 Stück

Backoblaten

2 Eiweiß

225 g Zucker

175 g gemahlene Mandeln

225 g Zartbitter-Schokolade

TIPP

Sie können die Backoblaten auch ganz entfernen, bevor Sie die Makronen in die Schokolade tauchen. Da sie essbar sind, müssen Sie dies aber nicht.

1 Zwei Backbleche mit Backoblaten auslegen. Das Eiweiß sehr steif schlagen, dann Zucker und Mandeln unterheben.

2 Die Mischung in einen Spritzbeutel mit einer Lochtülle (10 mm Ø) füllen und mit ausreichend Abstand ca. 8 cm lange Stäbchen auf das Backblech spritzen.

3 Im vorgeheizten Backofen bei 180 °C 15–20 Minuten goldbraun backen. Auf einem Kuchengitter abkühlen lassen. Die überstehenden Oblaten entfernen.

4 Die Schokolade schmelzen und die Böden der Makronen hineintauchen. Zum Trocknen kopfüber auf einen Bogen Backpapier setzen.

5 Die restliche Schokolade (eventuell erneut etwas erhitzen) über die Makronen träufeln und vor dem Servieren gut fest werden lassen.

1

2

3

Schoko-Hafer-Happen

Ergibt 12 Stück

125 g Butter
80 g Zucker
1 EL heller Sirup
350 g Haferflocken
80 g Zartbitter-Schokolade, geraspelt
50 g Rosinen

TIPP
Die Schoko-Hafer-Happen halten sich luftdicht verschlossen bis zu 1 Woche – doch sind sie meist schon vorher verschwunden.

1 Eine quadratische Backform (20 cm Seitenlänge) leicht einfetten.

2 Butter, Zucker und Sirup in einem großen Topf bei schwacher Hitze verrühren, bis Butter und Zucker geschmolzen sind.

3 Vom Herd nehmen und die Haferflocken unterrühren. Schokoraspel und Rosinen zugeben und gut verrühren.

4 Die Mischung in die Backform geben und fest andrücken.

2

3

3

5 Im vorgeheizten Backofen bei 180 °C 30 Minuten backen. Ein wenig abkühlen lassen, dann in Würfel schneiden. Vorsichtig auf ein Kuchengitter heben und vollständig auskühlen lassen.

Kekse mit Schokoladenstücken

Ergibt 18 Stück

180 g Mehl

1 TL Backpulver

125 g weiche Margarine

90 g brauner Zucker

60 g Zucker

3 Tropfen Vanillearoma

1 Ei

125 g Zartbitter-Schokoladenstückchen

VARIATION

Verwenden Sie eine Mischung aus Zartbitter-, Vollmilch- und weißen Schokoladenstückchen. Oder Sie mischen für Kokoskekse zusätzlich 25 g Kokosflocken unter den Teig oder für Nusskekse 40 g gehackte Haselnüsse.

1 Zwei Backbleche leicht mit Butter einfetten. Alle Zutaten in einer großen Schüssel gut verrühren.

2 Mit einem Esslöffel den Teig portionsweise und mit genügend Abstand auf die Backbleche setzen.

3 Im vorgeheizten Backofen bei 190 °C 10–12 Minuten goldbraun backen.

4 Mit einem Palettenmesser die Kekse auf ein Kuchengitter heben und auskühlen lassen.

1

2

4

Millionärsschnitten

Für 4 Personen

TEIG

175 g Mehl

125 g Butter, in kleinen Stücken

50 g brauner Zucker

BELAG

50 g Butter

50 g brauner Zucker

400 g Kondensmilch

150 g Vollmilchschokolade

1 Eine Backform (24 cm Seitenlänge) leicht einfetten.

2 Das Mehl in eine Schüssel sieben. Die Butter mit den Fingern darin verreiben, bis ein krümeliger Teig entsteht. Den Zucker zufügen und zu einem glatten Teig verarbeiten.

2

3 Den Teig in die vorbereitete Form einpassen und mit einer Gabel einstechen.

3

4 Den Teig bei 190 °C im vorgeheizten Backofen 20 Minuten goldbraun backen. Dann in der Form abkühlen lassen.

5 Für den Belag Butter, Zucker und Kondensmilch in einer beschichteten Pfanne bei schwacher Hitze unter ständigem Rühren erhitzen, bis die Mischung kocht.

TIPP

Die Karamellschicht muss völlig abgekühlt sein, bevor Sie sie mit der geschmolzenen Schokolade bedecken – sonst mischen sich beide.

6 Bei reduzierter Hitze die Mischung weitere 4–5 Minuten kochen, bis der Karamell hellbraun und dickflüssig ist und sich von den Rändern der Pfanne löst. Dann auf dem Teigboden verteilen und abkühlen lassen.

6

7 Die Schokolade im Wasserbad schmelzen und über dem Karamell verteilen. Das Gebäck erneut abkühlen lassen und vor dem Servieren in Würfel oder Schnitten schneiden.

Florentiner

Ergibt 10 Stück

50 g Butter
50 g Zucker
25 g Mehl, gesiebt
50 g gehackte Mandeln
50 g Zitronat und Orangeat, gehackt
30 g Rosinen, gehackt
30 g kandierte Kirschen, gehackt
fein geriebene Schale von 1/2 Zitrone
125 g Bitterschokolade, geschmolzen

VARIATION

Ersetzen Sie die Bitterschokolade durch weiße Schokolade, oder bedecken Sie die Florentiner zur Hälfte mit weißer und zur Hälfte mit Bitterschokolade.

1 Zwei große Backbleche mit Backpapier auslegen.

2 Butter und Zucker in einem kleinen Topf erhitzen, bis die Butter geschmolzen und der Zucker aufgelöst ist. Dann den Topf vom Herd nehmen.

3 Das Mehl zugeben und gut verrühren. Mandeln, Zitronat, Orangeat, Rosinen, Kirschen und Zitronenschale zugeben und gut unterrühren. Die fertige Mischung teelöffelweise mit genügend Abstand auf die vorbereiteten Bleche geben.

4 Die Teighäufchen bei180 °C im vorgeheizten Backofen etwa 10 Minuten goldbraun backen.

5 Die Florentiner herausnehmen und ihre Ränder mit einem Kuchenmesser gerade richten. Auf dem Blech abkühlen lassen, bis sie fest geworden sind, dann auf einem Kuchengitter vollständig auskühlen lassen.

6 Die Schokolade auf die glatte Seite der Florentiner streichen und abkühlen lassen. Kurz bevor die Schokolade fest wird, mit einer Gabel ein Wellenmuster hineinzeichnen.

Schoko-Zitronen-Wirbel

Ergibt 40 Stück

175 g Butter
300 g Zucker
1 Ei, verquirlt
350 g Mehl
25 g Zartbitter-Schokolade, geschmolzen und leicht abgekühlt
geriebene Schale von 1 Zitrone

TIPP
Das Ausrollen fällt leichter, wenn Sie jedes Teigstück zwischen 2 Blatt Backpapier legen.

1 Mehrere Backbleche einfetten und mit Mehl bestäuben.

2 Butter und Zucker in einer großen Schüssel schaumig schlagen.

3 Nach und nach das Ei zugeben und gut unterrühren.

4 Das Mehl in die Mischung sieben und alles zu einem weichen Teig verarbeiten.

5 Die Hälfte des Teigs in eine zweite Schüssel geben und mit der geschmolzenen Schokolade mischen.

6 Die Zitronenschale mit der anderen Teighälfte vermengen.

7 Die beiden Teighälften auf einer leicht bemehlten Arbeitsfläche zu 2 gleich großen Rechtecken ausrollen (siehe Tipp).

8 Den Zitronenteig auf den Schokoladenteig legen, beide auf 1 Lage Backpapier geben und mithilfe des Papiers fest zusammenrollen. Diese Rolle in den Kühlschrank legen und abkühlen lassen.

9 Die Rolle in etwa 40 Scheiben schneiden. Die Scheiben auf die vorbereiteten Backbleche legen und bei 190 °C im vorgeheizten Backofen 10–12 Minuten goldbraun backen. Vor dem Servieren auf einem Kuchengitter vollständig abkühlen lassen.

5

8

9

Schokoladenbrezeln

Ergibt 30 Stück

100 g Butter

100 g Zucker

1 Ei

225 g Mehl

20 g Kakaopulver

GLASUR

20 g Butter

100 g Zartbitter-Schokolade

Puderzucker, zum Bestäuben

2

3

1 Ein Backblech leicht einfetten. Butter und Zucker schaumig schlagen, dann das Ei zugeben und sorgfältig unterrühren.

2 Mehl und Kakaopulver sieben, mischen und nach und nach in die Buttermischung einarbeiten, bis ein glatter Teig entsteht. Zum Schluss mit den Händen kneten. 15 Minuten in den Kühlschrank stellen.

3 Den Teig in 30 Portionen teilen und mit den Händen zu etwa 10 cm langen, dünnen Strängen rollen, dann zu Brezeln formen (die Stränge zu einem Kreis legen und die Enden zu einem „B" verdrehen).

4 Die Brezeln mit genügend Abstand auf dem Backblech verteilen, damit sie beim Backen nicht aneinander festkleben.

5 Im vorgeheizten Backofen bei 190 °C 8–12 Minuten backen. Abkühlen lassen, dann auf ein Kuchengitter legen.

6 Für die Glasur Butter und Schokolade im Wasserbad schmelzen, dabei ständig rühren, bis eine glatte Masse entsteht.

7 Die Brezeln jeweils zur Hälfte in die Schokolade tauchen, die überschüssige Schokolade in die Schüssel abtropfen lassen. Zum Trocknen auf einen Bogen Backpapier legen.

8 Die andere Hälfte der Brezeln mit Puderzucker bestäuben.

Schokokästchen

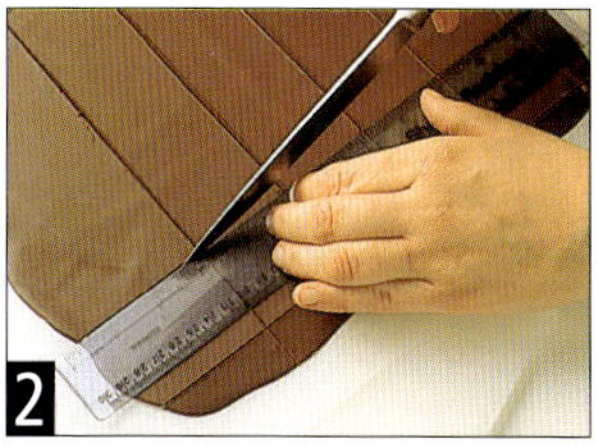

Für 6 Personen

225 g Zartbitter-Schokolade
225 g Schokoladenkuchen, fertig oder selbst gemacht
2 EL Aprikosenmarmelade
150 g Schlagsahne
1 EL Ahornsirup
100 g frische Früchte, z. B. Erdbeeren, Kirschen, Himbeeren oder Johannisbeeren

1 Die Schokolade schmelzen und gleichmäßig auf einem großen Bogen Backpapier verteilen. An einem kühlen Ort fest werden lassen.

2 Die Schokolade in Quadrate von 5 cm Seitenlänge schneiden. Mit möglichst kalten Händen zügig vom Backpapier lösen.

3 Den Kuchen in 5 cm große Würfel schneiden, jeden Würfel halbieren. Die Marmelade erwärmen und die Seiten der Würfel damit bestreichen. Vorsichtig an jede Seite der Kuchenwürfel je 1 Schokoladenquadrat drücken. So entstehen 4 Boxen mit einem Boden aus Kuchen. Die Boxen 20 Minuten kalt stellen.

4 Die Sahne mit dem Ahornsirup steif schlagen und in die Schokokästchen füllen.

5 Jede Box mit einer Frucht dekorieren. Man kann die Früchte zuvor auch in geschmolzene Schokolade tauchen, die man vor dem Dekorieren fest werden lässt.

Gebratene Schokostreifen

Ergibt 24 Stück

- 4 Eier, verquirlt
- 600 ml Milch
- 5 EL Sherry
- 8 Weißbrotscheiben vom Vortag, 1 cm dick
- 4 EL Sonnenblumenöl
- 120 g Zucker
- 225 g Zartbitter-Schokolade, fein geraspelt

1 Eier, Milch und Sherry in einer flachen Schüssel verquirlen. Brotscheiben längs in je 3 Streifen schneiden. Diese gründlich in der Eimischung einweichen, dann auf Küchenpapier abtropfen lassen.

2 Öl in einer großen, gusseisernen Pfanne erhitzen. Die Brotstreifen darin portionsweise bei mittlerer Hitze vorsichtig von jeder Seite 1–2 Minuten goldbraun anbraten. Auf Küchenpapier abtropfen lassen.

3 Die Schokostreifen zuerst in Zucker, dann in der geraspelten Schokolade wälzen. Auf einer vorgewärmten Servierplatte sofort servieren. Dazu passt Vanilleeis.

Schoko-Meringen

Ergibt 30 Stück

1 Eiweiß

4 EL Zucker

1½ TL Kakaopulver

140 g Zartbitter-Schokolade, in Stücke gebrochen

1 Ein Backblech mit Backpapier auslegen. Das Eiweiß halbsteif schlagen. Die Hälfte des Zuckers unterrühren und zu steifem, glänzendem Eischnee schlagen. Restlichen Zucker und Kakao unterheben.

2 Die Masse in einen Spritzbeutel mit Rundtülle (1 cm Ø) füllen. Ca. 7,5 cm lange Stränge mit mindestens 2,5 cm Abstand voneinander auf das Backblech spritzen. Bei 120 °C im vorgeheizten Backofen mindestens 1 Stunde backen, bis die Stränge vollständig trocken sind. Aus dem Ofen nehmen und auf einem Kuchengitter auskühlen lassen.

3 Schokolade im Wasserbad schmelzen. Vom Herd nehmen und leicht abkühlen lassen. Die Baisers nacheinander jeweils zur Hälfte in die Schokolade tauchen – entweder längs oder quer. Auf Backpapier legen, bis die Schokolade fest ist.

2

3

Konfekt & Getränke

Mit diesen hausgemachten Konfektspezialitäten kann sich keine maschinell hergestellte Praline messen. Ein Kapitel voller kleiner Köstlichkeiten für jeden Geschmack: exquisite, im Mund zergehende Italienische Trüffeln (s. S. 500), Marzipankonfekt (s. S. 494), Collettes (s. S. 493), Schoko-Mascarpone-Konfekt (s. S. 489) und gehaltvolle Rumtrüffeln (s. S. 490) sind nur einige der Verlockungen, die Sie zum Kaffee, als Nachtisch oder einfach zwischendurch verwöhnen.

Und wenn Sie ein Getränk mit Schokolade zubereiten möchten, haben Sie die Wahl zwischen erfrischend kühlen Schokoladendrinks für den Sommer oder wohlig wärmenden Heißgetränken für kalte Winterabende, nach denen Sie über Instantkakao nur noch die Nase rümpfen werden.

Schoko-Likör-Pralinen

Ergibt ca. 40 Stück

100 g Zartbitter-Schokolade
5 Belegkirschen, halbiert
10 Macadamia- oder Haselnüsse
150 g Schlagsahne
25 g Puderzucker
4 EL Likör

ZUM DEKORIEREN
50 g Zartbitter-Schokolade, geschmolzen
weiße Schokolade, geschmolzen, Schokoraspel (s. S. 263), Nüsse oder Belegkirschen (nach Belieben)

TIPP

Verwenden Sie für dieses Rezept möglichst kleine Pralinenkapseln.

1 Ein Backblech mit Backpapier auslegen. Die Schokolade schmelzen und 20 Pralinenkapseln aus Papier mit je 1 Teelöffel Schokolade füllen. Dabei die Schokolade mit einem kleinen Pinsel oder Holzlöffel verstreichen, um die Seiten gut auszukleiden. Kopfüber auf das Backblech stellen und fest werden lassen.

2 Die Papierkapseln vorsichtig abziehen. Je 1 Kirschenhälfte oder 1 Nuss in die Schokoladenform legen.

3 Für die Likörfüllung die Sahne mit dem Puderzucker steif schlagen und den Likör einrühren.

4 Die Sahne in einen Spritzbeutel mit Lochtülle (10 mm Ø) füllen und in die Schokoladenkapseln spritzen. 20 Minuten in den Kühlschrank stellen.

5 Für die Garnierung die flüssige Schokolade über die Sahne löffeln, bis diese ganz bedeckt ist. Nach Geschmack mit Raspeln aus weißer Schokolade, Nüssen oder Belegkirschen dekorieren oder geschmolzene weiße Schokolade darüber träufeln und mit einem Holzspieß marmorieren. Vor dem Servieren fest werden lassen.

5

5

5

Nussige Schokostückchen

Ergibt ca. 30 Stück

180 g weiße Schokolade

100 g Vollkornkekse

100 g Macadamia-Nüsse, gehackt

30 g frisch gehackter Ingwer (nach Belieben)

180 g Zartbitter-Schokolade

1 Ein Backblech mit Backpapier auslegen. Die weiße Schokolade in kleine Stücke brechen und im Wasserbad unter Rühren vorsichtig schmelzen.

2 Die Kekse in kleine Stücke brechen. Kekskrümel, Macadamia-Nüsse und, falls verwendet, Ingwer unter die geschmolzene Schokolade rühren.

2

3

5

3 Jeweils 1 gehäuften Teelöffel Schokoladenmischung auf das Backblech setzen.

4 Im Kühlschrank fest werden lassen, dann vom Backpapier lösen.

5 Zartbitter-Schokolade schmelzen und leicht abkühlen lassen. Die Stückchen hineintauchen, überschüssige Schokolade abtropfen lassen. Die Stückchen wieder auf das Blech setzen und im Kühlschrank fest werden lassen.

Schokowürfel mit Früchten & Nüssen

Ergibt ca. 25 Stück

250 g Zartbitter-Schokolade

25 g Butter

4 EL Kondensmilch

450 g Puderzucker, gesiebt

50 g Haselnüsse, grob gehackt

50 g Rosinen

VARIATION

Variieren Sie die Nüsse: Auch Mandeln, Walnüsse oder Pecannüsse schmecken herrlich in den Würfeln.

1 Eine rechteckige Backform leicht mit Fett einpinseln.

2 Die Schokolade in Stücke brechen und mit Butter und Milch in eine Schüssel geben. Im Wasserbad unter Rühren schmelzen, bis alle Zutaten gut vermischt sind.

3 Die Schüssel vom Herd nehmen und nach und nach den Puderzucker unterrühren. Haselnüsse und Rosinen zugeben. Die Masse in die Backform geben, fest andrücken und glatt streichen. Dann im Kühlschrank fest werden lassen.

4 Aus der Form nehmen und in kleine Würfel schneiden. In Papierkapseln setzen und bis zum Verzehr kalt stellen.

Mini-Torteletts

Ergibt 18 Stück

175 g Mehl
80 g Butter
20 g Zucker
ca. 1 EL Wasser

FÜLLUNG

100 g Frischkäse
25 g Zucker
1 kleines Ei, leicht verquirlt
50 g Zartbitter-Schokolade

ZUM DEKORIEREN

100 g Schlagsahne
Scokoraspel (s. S. 263)
Kakaopulver, zum Bestäuben

TIPP

Man kann die Torteletts schon 3 Tage im Voraus backen, sollte sie aber erst am Tag des Verzehrs füllen und dekorieren.

1 Das Mehl in eine Schüssel sieben. Die Butter in kleine Stucke schneiden, zugeben und mit den Fingern verreiben, bis die Masse krümelig ist. Den Zucker unterrühren. So viel Wasser zufügen, bis ein weicher Teig entsteht, dann abdecken und 15 Minuten kalt stellen.

2 Den Teig auf einer leicht bemehlten Arbeitsfläche ausrollen. Auf 18 Mini-Tortelett-Formen aufteilen und diese mit dem Teig auskleiden. Den Boden mehrfach einstechen.

3 Frischkäse und Zucker verrühren. Das Ei untermischen. Die Schokolade schmelzen und untermischen. In die kleinen Förmchen füllen und im vorgeheizten Backofen bei 190 °C 15 Minuten backen, bis der Boden knusprig und die Füllung fest ist. Auf einem Kuchengitter vollständig abkühlen lassen.

4 Die Torteletts kalt stellen. Die Sahne steif schlagen und in einen Spritzbeutel mit Sterntülle füllen. Kleine Rosetten auf die Torteletts setzen. Mit einigen Schokoladenspänen dekorieren und mit Kakaopulver bestäuben.

2

3

4

Schoko-Knusper-Batzen

Ergibt 18 Stück

130 g Vollmilch-Schokolade

50 g bunte Mini-Marshmallows

30 g Walnusskerne, sehr fein gehackt

30 g getrocknete Aprikosen, gehackt

VARIATION

Marshmallows gibt es weiß oder farbig. Wenn Sie keine Mini-Marshmallows finden, nehmen Sie große und schneiden sie in kleine Stücke, bevor Sie sie unter die Schokolade rühren.

1 Ein Backblech mit Backpapier auslegen.

2 Die Schokolade in kleine Stücke brechen und im Wasserbad unter Rühren schmelzen.

3 Marshmallows, Nüsse und Aprikosen gründlich in der Schokolade wälzen.

4 Mit einem Teelöffel kleine Portionen abstechen und auf das Backblech setzen.

5 In den Kühlschrank stellen, bis das Konfekt fest geworden ist.

6 Das fertige Konfekt vorsichtig vom Backpapier lösen.

7 Zum Servieren nach Belieben in Pralinenkapseln stecken.

Schoko-Mascarpone-Konfekt

Ergibt 20 Stück

100 g Zartbitter-Schokolade

FÜLLUNG

100 g Vollmilch- oder Zartbitter-Schokolade

200 g Mascarpone

3 Tropfen Vanillearoma

Kakaopulver, zum Bestäuben

VARIATION

Sie können den Mascarpone durch Schlagsahne ersetzen, die ebenfalls großartig zur Schokolade schmeckt.

1 Ein Backblech mit Backpapier auslegen. Die Schokolade schmelzen und 20 Pralinenkapseln aus Papier mit je 1 Teelöffel Schokolade füllen. Mit einem kleinen Pinsel oder Holzlöffel sorgfältig die Seiten auskleiden. Kopfüber auf das Backblech stellen und vollständig aushärten lassen.

2 Vorsichtig die Papierkapseln abziehen.

3 Für die Füllung die Schokolade schmelzen. Mascarpone und Vanillearoma in eine Schüssel geben. Die Schokolade zugießen und gründlich verrühren. Unter gelegentlichem Rühren abkühlen lassen, bis die Mischung dick genug ist, um sie in einen Spritzbeutel füllen zu können.

4 Die Füllung in einen Spritzbeutel mit Sterntülle (10 mm Ø) geben und die Schokoladenkapseln damit füllen. Zum Servieren mit Kakaopulver bestäuben.

Rumtrüffeln

Ergibt ca. 20 Stück

130 g Zartbitter-Schokolade

20 g Butter

2 EL Rum

50 g Kokosraspel

100 g Kuchenkrümel

75 g Puderzucker

2 EL Kakaopulver

TIPP

Brechen Sie die Schokolade in möglichst gleich große Stücke – so wird sie auch gleichmäßig schmilzen.

1 Die Schokolade in Stücke brechen und mit der Butter in eine Schüssel geben. Im Wasserbad vorsichtig unter Rühren schmelzen.

2 Vom Herd nehmen und den Rum zugießen. Kokosraspel, Krümel und 50 g Puderzucker zugeben und gut vermischen. Ist die Mischung zu fest, noch ein wenig Rum zugeben.

3 Aus der Masse kleine Kugeln formen und auf einen Bogen Backpapier setzen. Im Kühlschrank fest werden lassen.

4 Den restlichen Puderzucker auf ein großes Küchenbrett sieben, das Kakaopulver auf ein anderes. Die Hälfte der Trüffeln im Puderzucker wälzen, bis sie vollständig bedeckt sind, die andere Hälfte im Kakaopulver.

5 Die Trüffeln in Papierkapseln setzen und bis zum Verzehr gut kalt stellen.

2

3

4

VARIATION

Machen Sie die Trüffeln mit weißer Schokolade, und ersetzen Sie den Rum durch Kokoslikör oder Milch. Wälzen Sie die Trüffeln in Kakaopulver, oder tauchen Sie sie in geschmolzene Milchschokolade.

Mini-Schoko-Hörnchen

Ergibt 10 Stück

80 g Zartbitter-Schokolade

100 g Schlagsahne

20 g Puderzucker

1 EL Crème de Menthe

Schoko-Kaffeebohnen, zum Dekorieren (nach Belieben)

1

2

3

1 10 Kreise (etwa 8 cm Ø) aus Backpapier ausschneiden. Aus jedem Kreis ein Hörnchen formen und mit Klebestreifen fixieren.

2 Die Schokolade schmelzen. Mit einem kleinen Pinsel jedes Hörnchen von innen mit Schokolade einpinseln.

3 Eine zweite Schicht Schokolade aufpinseln und die Hörnchen im Kühlschrank fest werden lassen. Dann vorsichtig das Papier abziehen.

4 Sahne, Puderzucker und Crème de Menthe in einer Schüssel steif schlagen. Die Sahne in einen Spritzbeutel mit Sterntülle füllen und in die Schokoladenhörnchen spritzen.

5 Die Hörnchen nach Belieben mit Schoko-Kaffeebohnen dekorieren und kalt servieren.

Collettes

Ergibt 20 Stück

100 g weiße Schokolade

FÜLLUNG

150 g Zartbitter-Schokolade mit Orange

150 g Schlagsahne

30 g Puderzucker

TIPP

Sind die Papierkapseln zu weich, stellen Sie zwei ineinander, bevor Sie sie mit der Schokolade bestreichen. Sie können auch Metallkapseln verwenden.

1 Ein Backblech mit Backpapier auslegen. Die Schokolade schmelzen und in 20 Papierkapseln füllen, dabei auch die Seiten mit Schokolade einpinseln. Die Kapseln kopfüber auf das Backblech stellen und vollständig aushärten lassen.

2 Die Papierkapseln vorsichtig abziehen.

2

3

4

3 Für die Füllung die Zartbitter-Schokolade schmelzen. Mit Sahne und Puderzucker in einer Schüssel zu einer glatten Masse mixen. Abkühlen lassen, bis die Mischung fest genug zum Spritzen ist, dabei gelegentlich umrühren.

4 Die Mischung in einen Spritzbeutel mit Sterntülle füllen und die Schokoladenkapseln füllen. Bis zum Verzehr kalt stellen.

Marzipankonfekt

Ergibt ca. 30 Stück

450 g Marzipanrohmasse
30 g Belegkirschen, sehr fein gehackt
25 g frisch gehackter Ingwer
50 g getrocknete Aprikosen, sehr fein gehackt
350 g Zartbitter-Schokolade
25 g weiße Schokolade

1 Ein Backblech mit Backpapier auslegen. Die Marzipanrohmasse dritteln und jeweils durchkneten, damit sie weich wird.

2 Auf einer mit Puderzucker bestäubten Arbeitsfläche 1 Drittel des Marzipans mit den Belegkirschen verkneten.

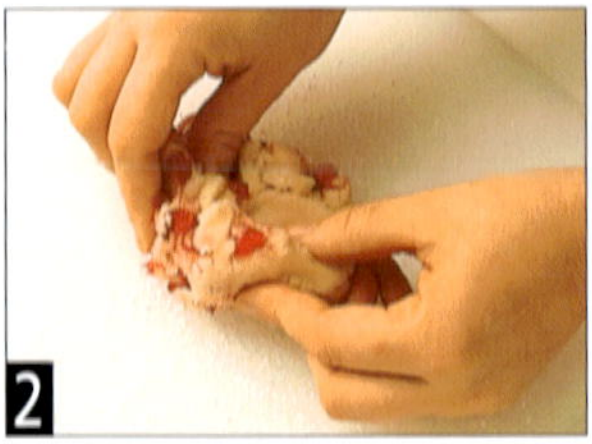
2

3 Diesen Vorgang mit der 2. Portion Marzipan und dem Ingwer sowie mit der 3. Portion und den Aprikosen wiederholen.

4 Die Marzipanportionen jeweils zu kleinen Kugeln formen, dabei die verschiedenen Geschmacksrichtungen getrennt halten.

5 Die Zartbitter-Schokolade schmelzen. Die Marzipankugeln auf einen Cocktailspieß oder Zahnstocher stecken und in die Schokolade tauchen. Die überschüssige Schokolade zurück in die Schüssel tropfen lassen.

5

6 Die Marzipankugeln in Dreiergruppen von je 1 Geschmacksrichtung auf das Backblech setzen und kalt stellen.

6

7 Die weiße Schokolade schmelzen und das Konfekt damit beträufeln. Wieder in den Kühlschrank stellen. Zum Servieren vorsichtig vom Backpapier abziehen.

VARIATION

Tauchen Sie das Konfekt in weiße Schokolade und verzieren Sie es mit Fäden von geschmolzener Zartbitter-Schokolade.

Mini-Florentiner

Ergibt ca. 40 Stück

80 g Butter
80 g Zucker
30 g Rosinen
30 g kandierte Kirschen, gehackt
30 g kandierter Ingwer, gehackt
30 g Sonnenblumenkerne
100 g Mandelblätter
2 EL Crème double
175 g Zartbitter- oder Vollmilchschokolade

1 Zwei Backbleche mit Backpapier auslegen.

2 Die Butter in einem kleinen Topf bei schwacher Hitze zerlassen. Den Zucker zufügen und unter Rühren auflösen. Aufkochen. Vom Herd nehmen und Rosinen, Kirschen, Ingwer, Sonnenblumenkerne und Mandelblätter zugeben. Gut verrühren, dann die Crème double unterheben.

3 Je 1 Teelöffel der Früchte-Nuss-Mischung auf die Backbleche setzen, dabei ausreichend Abstand halten. Im vorgeheizten Backofen bei 180 °C 10–12 Minuten backen, bis die Häufchen goldbraun sind.

3

4 Aus dem Ofen nehmen. Aus den Häufchen, solange sie noch heiß sind, mit einer Plätzchenform runde Florentiner ausstechen. Abkühlen lassen und vom Backblech nehmen.

4

5 Den Großteil der Schokolade schmelzen und auf Backpapier ausbreiten. Wenn die Schokolade hart zu werden beginnt, die Plätzchen mit der flachen Seite nach unten auflegen und vollständig aushärten lassen.

5

6 Die Schokolade rund um die Florentiner einschneiden und vom Backpapier lösen. Die zurückbehaltene Schokolade schmelzen und auf die bereits feste Schokolade streichen. Mit einer Gabel Muster einziehen und fest werden lassen. Die Florentiner auf einem Teller anrichten. Im Kühlschrank aufbewahren.

Schokowürfel

Ergibt 25 Stück

500 g Zartbitter-Schokolade

80 g Butter

400 ml Kondensmilch

3 Tropfen Vanillearoma

1 Eine 1-l-Kastenform einfetten, den Boden mit Backpapier auslegen.

2 Schokolade in kleine Stücke brechen und mit Butter und Kondensmilch verrühren.

3 Die Mischung unter Rühren erwarmen, bis alle Zutaten geschmolzen sind. Nicht kochen.

4 Vom Herd nehmen, das Vanillearoma zugeben und weiterrühren, bis eine dickflüssige Masse entsteht. In die Kastenform geben und glatt streichen.

5 In den Kühlschrank stellen, bis die Masse fest geworden ist.

6 Die Schokoladenmasse aus der Form stürzen und in ca. 25 mundgerechte Würfel schneiden.

TIPP

Die Schokoladenwürfel halten sich bis zu 1 Monat im Kühlschrank. Nicht einfrieren.

Schokokirschen

Ergibt 24 Stück

12 Belegkirschen
2 EL Rum oder Weinbrand
250 g Marzipanrohmasse
125 g Zartbitter-Schokolade
etwas Vollmilch-, Zartbitter- oder weiße Schokolade (nach Belieben)

VARIATION

Sie können die Marzipanstücke auch flach drücken und die Kirschen ganz umhüllen. Dann in die Schokolade tauchen.

1 Ein Backblech mit Backpapier auslegen.

2 Kirschen halbieren und in eine kleine Schüssel legen. Rum oder Weinbrand zugießen, Kirschen darin wälzen. Mindestens 1 Stunde unter gelegentlichem Rühren ziehen lassen.

3 Das Marzipan in 24 gleichmäßige Stücke teilen und jedes Stück zu einer Kugel formen. Jeweils 1 Kirschhälfte auf 1 Marzipankugel setzen und fest andrücken.

4 Die Schokolade in kleine Stücke brechen und im Wasserbad unter Rühren schmelzen.

5 Die Marzipankugeln in die Schokolade tauchen, die überschüssige Schokolade abtropfen lassen. Auf Backpapier setzen und im Kühlschrank fest werden lassen.

6 Nach Belieben die Schokokirschen mit geschmolzener Schokolade dekorieren. Vor dem Servieren fest werden lassen.

3

5

Italienische Trüffeln

Ergibt 24 Stück

175 g Zartbitter-Schokolade
2 EL Mandellikör (z. B. Amaretto) oder Orangenlikör
40 g Butter
50 g Puderzucker
50 g gemahlene Mandeln
50 g Schokolade, gerieben

VARIATION

Amaretto verleiht diesen Trüffeln ihren echt italienischen Geschmack. Der bekannteste Amaretto kommt aus dem Ort Saronno.

1 Die Zartbitter-Schokolade mit dem Likör in eine Schüssel geben. Im Wasserbad unter Rühren schmelzen und sorgfältig verrühren.

2 Die Butter zufügen und unter Rühren zerlassen. Puderzucker und gemahlene Mandeln einrühren.

3 Die Masse an einem kühlen Ort leicht fest werden lassen und zu 24 Kugeln formen.

4 Die geriebene Schokolade auf einen Teller geben und die Trüffeln rundum darin wälzen.

5 Die Trüffeln in Papierkapseln setzen und kalt stellen.

Weiße Trüffeln

Ergibt 20 Stück

30 g Butter
80 g Crème double
225 g beste weiße Schokolade
1 EL Orangenlikör (nach Belieben)
100 g weiße Schokolade, zum Dekorieren (nach Belieben)

1 Eine sehr flache Backform mit Backpapier auslegen.

2 Butter und Crème double in einem kleinen Topf unter ständigem Rühren vorsichtig aufkochen. 1 Minute kochen, dann vom Herd nehmen.

3 Die Schokolade in Stücke brechen und zugeben. Unter Rühren schmelzen. Falls verwendet, den Likör unterrühren.

4 In die Backform füllen und 2 Stunden kalt stellen.

5 Kleine Stücke von der Masse abbrechen und zu Kugeln formen. Weitere 30 Minuten kalt stellen.

6 Für den Überzug die weiße Schokolade schmelzen. Die Kugeln eintauchen, überschüssige Schokolade abtropfen lassen. Auf Backpapier setzen und mit den Zinken einer Gabel mit Mustern verzieren. Aushärten lassen.

7 Nach Belieben mit etwas geschmolzener weißer Schokolade besprenkeln und fest werden lassen.

4

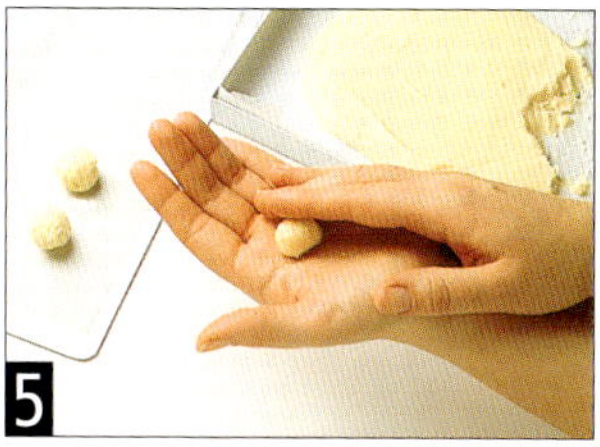

5

6

Warmer Schoko-Eierlikör

Für 4 Personen

8 Eigelb

200 g Zucker

225 g Zartbitter-Schokolade

1 l Milch

150 ml dunkler Rum

1 Eigelb mit dem Zucker schaumig rühren.

2 Die Schokolade reiben, dann Milch in einen großen Topf gießen, die Schokolade zugeben und unter Rühren aufkochen. Vom Herd nehmen. Nach und nach die Eigelbmasse unterrühren. Dann den Rum unterrühren, in hitzebeständige Gläser gießen und servieren.

1

2

2

Heiße Schokolade mit Schuss

Für 4 Personen

1 l Milch

115 g Zartbitter-Schokolade, in Stücke gebrochen

2 EL Zucker

5 EL Weinbrand

6 EL Schlagsahne und 4 TL Kakaopulver, gesiebt, zum Dekorieren

1 Milch in einen Topf geben, unter Rühren aufkochen, vom Herd nehmen. Schokolade in einen kleinen Topf geben, 2 Esslöffel heiße Milch zufügen. Schokolade bei schwacher Hitze unter Rühren schmelzen, dann unter die übrige heiße Milch rühren. Zucker unterrühren.

2 Weinbrand unterziehen. In 4 hitzebeständige Gläser geben. Auf jedes Glas eine Schlagsahnehaube geben; diese mit Kakao bestäuben.

Kalte Schokoladendrinks

Für 2 Personen

SCHOKO-MILCHSHAKE
450 ml eiskalte Milch
3 EL Instant-Kakaopulver
3 Kugeln Schokoladeneis
Kakaopulver, zum Bestäuben

SCHOKOLADENEIS-SODA
5 EL dunkle Schokoladensauce (s. S. 360)
Mineralwasser
2 Kugeln Schokoladeneis
Schlagsahne
Zartbitter-Schokolade, gerieben

1 Für den Schoko-Milchshake die Hälfte der Milch in einen Mixer gießen.

2 Trinkschokoladenpulver und 1 Kugel Eiscreme zugeben. Mixen, bis die Mischung schaumig ist. Die restliche Milch unterrühren.

3 Die restlichen 2 Eiskugeln auf 2 Gläser verteilen und vorsichtig mit der Schokoladenmilch übergießen.

3

4 Nach Belieben mit etwas Kakaopulver bestäuben und servieren.

5 Für das Schokoladeneis-Soda die Schokoladensauce auf 2 Gläser verteilen.

5

6 Etwas Mineralwasser in jedes Glas gießen und mit der Sauce verrühren. 1 Kugel Eis in jedes Glas geben und mit ein wenig Mineralwasser übergießen.

6

7 Nach Belieben einen Klecks Sahne zugeben und mit geriebener Schokolade bestreuen.

TIPP

In großen gekühlten Gläsern serviert, sind diese Drinks eine köstliche Erfrischung. Reichen Sie dazu Strohhalme.

A

B

C

D

E

L

M

N

O

P

T

U

V

W

Z